循化

民族地区内源式扶贫的生动实践

XUNHUA
NZU DIQU NEIYUANSHI FUPIN DE
SHENGDONG SHIJIAN

田丰韶　汪来杰　等 ◎ 著

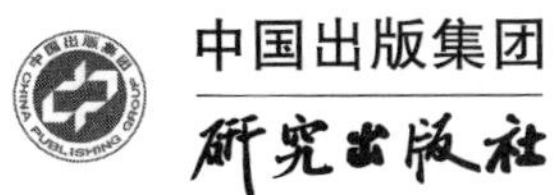

中国出版集团
研究出版社

图书在版编目 (CIP) 数据

循化：民族地区内源式扶贫的生动实践 / 国务院扶贫办组织编写 . -- 北京：研究出版社，2021.4

ISBN 978-7-5199-0882-9

Ⅰ . ①循… Ⅱ . ①国… Ⅲ . ①扶贫 – 研究 – 循化撒拉族自治县 Ⅳ . ① F127.444

中国版本图书馆 CIP 数据核字 (2021) 第 042928 号

循化：民族地区内源式扶贫的生动实践

XUNHUA：MINZU DIQU NEIYUANSHI FUPIN DE SHENGDONG SHIJIAN

国务院扶贫办　组织编写

责任编辑：刘春雨

研究出版社 出版发行

（100011　北京市朝阳区安华里 504 号 A 座）

河北赛文印刷有限公司　新华书店经销

2021 年 6 月第 1 版　2021 年 6 月北京第 1 次印刷

开本：710 毫米 ×1000 毫米　1/16　印张：17

字数：218 千字

ISBN 978 – 7 – 5199 – 0882 – 9　定价：39.00 元

邮购地址 100011　北京市朝阳区安华里 504 号 A 座

电话（010）64217619　64217612（发行中心）

“新时代中国县域脱贫攻坚研究丛书”
编审指导委员会

《循化：民族地区内源式脱贫攻坚的生动实践》编写组

主　　编：田丰韶

副 主 编：汪来杰　马翠军　凌文豪

编写人员：南　晗　修路遥　刘超辉　刘玉灵　王玉杰

唐莉晶　董玉清　孙　琪　王耀辉　张泽民

吴柯豫　王治超

目 录

第一章　循化撒拉族自治县脱贫攻坚情况

贫困是人类社会所面临的普遍难题，与贫困做斗争伴随着中华民族文明史而生生不息。中华人民共和国成立后，在党和国家的战略部署下，循化县委、县政府在不同历史时期，依托社会主义制度优势，依托社会革命与生产要素调整、包容性增长和大规模的组织化扶贫等手段，为摆脱贫困、改善人民生活打下了坚实基础。党的十八大以来，循化县委、县政府立足县域实际，践行精准扶贫理念，创新扶贫工作机制，对标脱贫攻坚与全面建成小康社会补短板目标，聚力攻克深度贫困，率先实现了少数民族自治县整体脱贫。正如习近平总书记在全国脱贫攻坚表彰大会上讲话所指出的，循化脱贫攻坚的伟大成就，靠的是党的坚强领导，靠的是中华民族自力更生、艰苦奋斗的精神品质，靠的是中华人民共和国成立以来特别是改革开放以来积累的坚实物质基础，靠的是一任接着一任干部的坚守执着，靠的是全党全国各族人民的团结奋斗。

第一节　循化县经济社会基础

一、循化县生态与人口

（一）地理区位与生态环境

循化撒拉族自治县（以下简称循化县）位于青海省东部，祁连山支脉拉脊山东端，四面环山，山谷相间，南高北低，海拔 1780 ~ 4635 米，相对高差 2855 米，地理位置介于东经 102°04′ ~ 102°49′，北纬 35°25′ ~ 35°56′ 之间，东西长 68 公里，南北宽 57 公里，总面积 2100 平方公里。东与甘肃省积石山保安族东乡撒拉族自治县和临夏回族自治州接壤，南临甘肃省夏河县和青海省同仁县，西与尖扎县交界，北同化隆回族自治县为邻，东北与民和回族土族自治县毗邻。循化县城所在地积石镇，因位于积石山下而得名，位于县城中部的黄河南岸，地处东经 102°29′，北纬 35°51′，海拔 1840 米，距省会西宁市 160 公里，距海东行署所在地平安县 120 公里，是临夏、甘南通往西宁、黄南州等地的要道。县城所在地积石镇已具新型园林化城镇规模，是全县政治、经济、文化、商贸中心。

清乾隆二十七年（1762 年），设循化厅。《循化志》记载：乾隆五十七年（1792 年），循化厅“境域东南至老鸦关 120 里河州界；东至积石关 60 里河北碾伯县界、河南河州界，积石关内亦有厅属鸿化、灵藏二族，在河之北，中隔河州、碾伯县地；南至下则盖寨、多儿替寨 350 里洮州厅界，西南至贺尔寨 320 里蒙古界；西至清水河 190 里西宁府贵德厅界；西北至掌教坊（今积石镇乙麻目村）河口 15 里，过河西宁府巴燕戎格厅界；北至黄河不及里，过河小积石山巴燕燕戎格厅界，河北有厅属加如、阿麻岔、砖塘藏族三庄。厅境东西相距 300 里，南北相距 350 里”。[①]

民国时期辖境缩小：民国 15 年（1926 年），划南区拉卜楞、黑错（今甘肃合作）等地设立拉卜楞设治局。民国 19 年（1930 年）4 月 1 日，划北区马营六大社组建民和县；8 月 8 日划西区保安、隆务等地设同仁县。民国 21 年（1932 年）12 月，划县属九族及牙党、川撒两族地方归甘肃和政县。民国 30 年（1941 年）7 月，划属地韩家山归甘肃永靖县。

1949 年 8 月，将 1943 年设为循化第一区的甘肃临夏麻尼寺沟一带地区归临夏县。

2009 年县境四界为：东北至日托哇、马鞍山与民和回族自治县为界；东至孟达自然保护局关门林业检查站、黑大山、五台山与甘肃省积石山保安族东乡族撒拉族自治县为界；东南至卧龙沟大滩、休日山顶与甘肃省临夏县、夏河县为界；南至加木浪岗玛水与张俄日水汇合处（即夏河、循化、同仁三县交界）与同仁县和甘肃夏河县为界；西至隆务河与同仁县、尖扎县为界；北至黄河以北小积石山与化隆回族自治县为界。

循化撒拉族自治县地处青藏高原边缘地带，黄河由西向东横贯县境北部，川道平衍，森林茂密，农田肥沃，牧草丰美。小积石山支脉——达里加山位于境内东部，周毛卡山位于南部，郭毛喀山位于西南部。循化撒拉族自治县属于高原大陆性气候，因此具有高原气候特色。太阳辐射强，夏无酷暑、冬不甚寒，日照时间长，昼夜温差悬殊。降雨量少，蒸发量大。春季十年九旱，多东南风，夏季雷暴雨、冰雹频繁。从黄河沿岸到南部山区，海拔逐渐升高，随之光、热、水垂直变化也很明显。气候温和宜人，山川秀美多姿，享有高原“小江南”和“西双版纳”之美誉。

---

① 循化撒拉族自治县地方志编撰委员会:《循化撒拉族自治县志》，中华书局 2001 年版，第 85 页。

（二）民族与人口

我国是一个统一的多民族国家，全国56个民族中，撒拉族是其中的一员。撒拉族人民勤劳、勇敢、强悍、坚毅，主要生活在我国的青藏高原边缘地带，具有高原人豪迈坦荡、朴实耐劳的胸襟。青海省循化撒拉族自治县及其毗邻的化隆回族自治县甘都镇和甘肃省积石山保安族东乡族撒拉族自治县的一些乡村是撒拉族人民的主要聚集地。循化撒拉族自治县是一个多民族聚居的地方，随着改革开放的不断深入和经济的发展，人口流动越来越频繁。1991年，全县有15个民族。而据2010年全国人口普查资料显示，全县民族增加到23个，主体民族是撒拉族，人口较多的民族有藏族、回族、汉族等。另外，土族、东乡族、哈萨克族、保安族、蒙古族等19个少数民族散居在循化县，少数民族人口的比例由1991年的93.07%增加到现在的94%。藏族是循化撒拉族自治县第二个主要民族，占全县总人口的25%左右，大部分居住在道帏、文都、尕楞、岗察四个地区，撒拉族人自称“撒拉尔”，简称“撒拉”，附近的藏族也称他们为“撒拉尔”。撒拉族没有本民族的文字，广大人民群众一直使用汉字作为书面交际工具，宗教界人士中也有人使用阿拉伯和波斯文字母按撒拉语音记事。循化县基本上属于全民信教的地区，撒拉族、回族群众信仰伊斯兰教，藏族群众信仰藏传佛教，汉族群众信仰汉传佛教、藏传佛教和道教。

1991年，循化县总人口数为10.14万人，2010年达到12.38万人，净增2.24万人。截至2018年底，循化撒拉族自治县全县总人口数为16.16万人，其中农业人口12.8万人，县内少数民族占总人口的93.5%。其中，撒拉族10.1万人，占总人口的62.9%，占全国撒拉族总人口的85.6%；藏族2.96万人，占总人口的23.3%；回族1.06万人，占总人口的8.3%；汉族7540人，占总人口的5.9%；其他民族203人，占总人口的0.5%。循化县人口主要在黄河河谷地带和清水河、街子河两岸的川水地区，积石镇、白庄、街子、查汗都斯、清水 5 个乡镇，人口较密集。

（三）管理隶属行政区域

循化古为羌戎地，从西汉至清代，历属河关、河津、米川、河州、西宁等。1913 年厅改县设五区，下辖城、工、庄、族、沟、保等 37 处；1938 年，推行保甲制度，全县划分 1 镇 18 乡，65 保 660 甲；1949 年中华人民共和国成立前夕，设 1 镇 6 乡，29 保 346 甲；1954 年 3 月，成立循化撒拉族自治区，1955 年改称循化撒拉族自治县，20 世纪 60 年代初曾归黄南州代管，1963 年夏为省直辖县，1979 年 3 月隶属海东行政公署。

截至 2018 年底，全县辖 3 镇 6 乡（民族乡 4 个），154 个村民委员会，674 个农业生产合作社，乡镇分别为积石镇、街子镇、白庄镇和道帏藏族乡、清水乡、查汗都斯乡、文都藏族乡、尕楞藏族乡、岗察藏族乡。

二、循化县经济社会发展概况

（一）中华人民共和国成立以前的循化历史

中华人民共和国成立前循化的农牧业，主要以一家一户为单位进行，手工业极不发达，大都以家庭手工业为主，结合农业进行，工、农、牧业之间的产品交换，是通过集镇贸易交换的。除农业外，还有副业生产，如伐木、烧木炭、饲养家禽家畜、制造木质工具、淘金、狩猎、打柴等。在这些副业中，除饲养家禽家畜为各族人民共同进行外，藏族主要打猎、打柴，其他多为撒拉族人民的专长，撒拉族的伐木业历史悠久，技术很高。中华人民共和国成立前，撒拉族从事小商、小贩的很普遍。循化全县当时有 71 户商铺，分布在城关、白庄、街子 3 处，商铺的营业属于农村集市。各族农民定期赶集，交换产品。商铺的货源多从甘肃夏河采购，品种极少，质量差，价格高，普通的日用品如热水壶、糖果、鞋都没有。到中华人民共和国成立前，因为马匪的“德兴海”垄断市场，导致物价飞涨，人民生活极度贫困，大部分商铺已完全倒闭。

农村生产资料占有极不合理。根据土改地区调查：中华人民共和国成立初，仅占总户数4.48%的地主、富农，就占有20.96%的耕地，而占总户数45.19%的贫雇农，仅占有20.14%的耕地。宗教寺院也占有大量的土地、牲畜等生产资料。据土改前统计，循化全县寺院耕地占已耕地面积的2.93%，劳动人民租种寺院的土地，与租种地主阶级的土地交同样苛重的地租，还要为寺院服各种无偿劳役。

循化各族人民在历史上曾经掀起过许多次反抗反压迫的斗争。因为受历史条件限制，大都带有浓厚的宗教色彩，没有摆脱民族范围的束缚，加之农民自身带有保守等特点，没有先进阶级的领导，结果都被反动统治阶级镇压下去了。循化各族劳动人民曾经用鲜血争取过的彻底解放，终于在1949年9月实现了。

（二）1949年至1977年的循化变革

1. 政治方面

1949年10月中共循化县委成立，接管政权与平定叛乱。1950—1951年首届各族人民代表大会、农民代表会议、妇女代表大会陆续召开。1951—1953年中国新民主主义青年团循化县委员会、民主妇女联合会、人民代表会议协商委员会陆续成立。1954年，经中共青海省委批准，循化县改为循化撒拉族自治县，随后循化撒拉族自治区人民政府、中共循化撒拉族自治县委员会陆续成立。1966年成立革委会，1980年被撤销。1954年设立县、区、乡三级自治区，分别成立文都、道帏两个藏族自治区及循阳回族自治乡。1956年撤区并乡，共有1镇10乡。1958年合并成立4个人民公社，人民公社化完成。1961年调整为11个人民公社，1966年公社易名为具有革命色彩的名称后在1970年得以恢复。

2. 经济方面

第一，农村经济方面。中华人民共和国成立后，党和人民政府于1949年至1951年，先后给贫困农民发放救济款40余万元，银行贷款百余万元，扶助贫困农民发展生产。1950年至1951年，分别在不同地区采取分期分批，有领导有步骤地进行减租反霸运动，并于1952年进一步领导群众，在撒拉族、回族、汉族聚居的农业区，进行了伟大的、翻天覆地的土地改革运动。1951年民间自发兴起生产合作，互助合作经验得以总结，经过1953年整顿、经验交流，1954年发展为初级社，并举办合作社干部培训班，1954年信用合作社开始试点并推广。1955年发展为高级合作社，1958年完成人民公社化。1956年完成社会主义改造，玉米种植得到首次推广。1971年贯彻落实北方农业会议精神，开展农业学大寨运动，号召开展生猪养殖，1974年鼓励多种经营发展经济作物，1976年引进苹果、梨、枣、核桃等新品种。1970年客货运市场兴起，家庭副业成为循化农户一大经济来源，到1976年出现了全县农村一半以上的成年男性劳动力从事副业的局面。1950年至1977年循化遭受冰雹20次、暴雨1次、火灾1次、旱灾5次、洪水10次、病虫害2次。据不完全统计，这一时期兴修水利6次。

第二，工商业方面。中华人民共和国成立以前，商业形态多为家庭手工业，在1949年有442户从事织布织毯、制革酿造等行业门类，1952年公私合营背景下改造为生产组，1955年改为合作社，1958年改组为国有企业，1962年调整为集体所有制企业，一直持续到20世纪90年代，在国家政策引导下，电力、冶炼、建材、医药、皮革服饰、食品加工等行业逐渐壮大，到1978年全民所有制工业企业产值占全县总产值的72%。同时乡镇企业也有所发展，1956年成立手工业生产合作社2个，1958年人民公社创建各类工业企业1003个，1966年几乎处于停滞状态。1970年之后至1978年有所恢复，共有社办企业279个，共吸纳9.88%的农村劳动力就业，创造收入117万元。

3. 文化与社会方面

循化从1950年起高度重视民族团结工作，1950年恢复教育，1957年举办含有篮球项目的运动会，篮球运动从此蔚然成风，成为循化民间体育运动的重要项目。1958年全县普遍设立公共食堂、托儿所、幼儿园和敬老院，1961年撤销。1973年试办农村广播。1970年全县开始以生产大队为载体建立农村合作医疗，1976年合作医疗实现全覆盖。于1958年被关闭的寺院在1962年得以恢复。1974年计划生育工作提到议事日程。

（三）1978年至2000年的循化发展

党的十一届三中全会以后，经过拨乱反正，落实干部政策，平反冤假错案，落实民族宗教政策，落实家庭联产承包责任制，深化改革开放，搞活经济，结束了农村集体统一生产、统一分配的农业体制和国营、集体企业吃“大锅饭”的体制。县委、县政府认真贯彻执行自治县“改革开放、扎实基础、广辟思路、开发致富”的经济发展方针，始终坚持以经济建设为中心，以稳定社会、发展国民经济、富民强县、提高全县综合实力、实现四个现代化为目标，经济健康、持续、稳步增长，各项事业和社会发展取得了史无前例的巨大成就。

1. 农业方面

循化经济以农业为主。中华人民共和国成立后，党和国家十分重视农业发展，特别是粮食生产。20世纪80年代开始，逐步调整种植业结构，狠抓以粮食生产为主的多种经营形式，增加经济作物、蔬菜及瓜果类、绿肥作物的种植，鼓励和扶持种植业、养殖业和副业以及农副产品加工业的发展。

2. 工业与贸易方面

循化县委和县政府十分重视发展地方工业，支持和鼓励民族手工业，引进先进技术和设备，使工业生产从小到大，逐步发展。20 世纪 80 年代，不断深化改革，工业建设遵循“调整、改革、整顿、提高”的八字方针，以搞活企业为中心环节，全面推行厂长负责制。1998 年后，随着社会主义市场经济体制的不断改善和乡镇工业企业的迅速崛起，经济体制改革全面展开，国有企业的兼并、联合、破产、股份制承包、拍卖力度不断加大，产权流动和资金重组步伐明显加快。党的十一届三中全会以后，遵循改革开放、搞活经济的指导思想，发挥撒拉族、回族群众善于经商的优势，支持和鼓励个体工商户进入流通领域。1998 年后，对 22 家国有和集体商贸企业进行了股份制、股份合作制、破产重组、租赁、联营、兼并联合等形式的改制。

3. 基础设施与人民生活方面

1998—2002 年，共完成公路建设投资 2.58 亿元，新建和改建公路 9 条，建设里程达 210 公里，干线公路等级提高，村级建设工程解决了 89 个行政村村级道路上等级的问题。全县公路里程达到 421.24 公里，其中县乡公路约 390.1 公里，153 个行政村通公路，占行政村的 93.5%。邮政通信事业发展速度加快，全县邮政代办点 4 个，全面完成了农网、城网改造，实现了城乡同网同价目标，新建移动、联通、小灵通基站 65 座，全县移动电话覆盖率达到了 90% 以上。随着家庭联产承包责任制落实，深化改革开放、搞活经济、勤劳致富等一系列富民强县的政策方针进一步深入人心。1985 年全民所有制单位职工年平均工资 1193 元，1990 年为 2057 元。1986 年，循化县被国务院确定为全国少数民族贫困县，据 1987 年核定调整，贫困行政村 95 个，占全县行政村总数的 61.6%，温饱线以下的贫困户 8584 户，占全县农牧民总户数的 58.8%，贫困人口 48817 人，占全县农牧业总人数的 57.9%。

4. 民族宗教与文化

循化县历来是少数民族的聚居区，少数民族占94%。1984年，藏族地区设道帏、文都、尕楞、岗察4个藏族乡。循化地区又是全民信教地区，撒拉族、回族信仰伊斯兰教，藏族和汉族信仰藏传佛教和汉传佛教。党的十一届三中全会召开后，循化县正确贯彻党的宗教信仰自由政策，落实依法治教、依法办教要求，推进清真寺依法管理，引导民族宗教服务经济社会建设，并采取一些有效措施，有效促进清真寺规范化管理，确保全县民族团结、宗教和睦。

（四）2001年至2014年的循化经济社会发展

2001年以后，循化县以党和国家重大战略部署为指引，落实好对人口较少的少数民族发展扶持、扶贫开发等政策，坚持"水利立县、农业稳县、工业强县、旅游富县、科技兴县、依法治县"的方针，以包容性发展为基本理念，积极发展民族特色工业、特色旅游业，补齐基础设施与公共服务短板，以坚持调整和优化种植业结构为主攻方向，以农业增效、农民增收为根本目标，发挥优势，突出特色，夯实贫困地区自我发展基础，实现外部援助与内源式发展的有机结合。

2000—2012年13年间，循化县经济总体水平有了很大提高，经济总量实现了快速增长，13年的平均增长速度为15.5%。2012年，循化县地区生产总值为168922万元。按三次产业计算，2000年第一产业增加值为8742万元，2012年为35021万元，增长了300.6%；2000年第二产业增加值为12278万元，2012年为65414万元，增长了432.77%；2000年第三产业增加值为9075万元，2012年为68487万元，增长了654.68%（表1–1）。

表 1-1　循化县 2000—2012 年经济总体水平

单位：万元

	2000 年	2001 年	2002 年	2003 年	2004 年	2005 年	2006 年	2007 年	2008 年	2009 年	2010 年	2011 年	2012 年
地区生产总值	30095	33544	37910	43844	52502	61914	64990	78233	82530	90492	112267	139794	168922
第一产业增加值	8742	9125	8272	9200	11556	11731	12107	15269	20074	20442	28086	32027	35021
第二产业增加值	12278	14020	17140	20586	22276	29802	26563	30938	24822	26730	32714	48965	65414
第三产业增加值	9075	10399	12489	14058	18670	20382	26320	32026	37610	43321	51467	58802	68487

表 1-2　循化县 2014 年经济增长指标

指标	2014 年
GDP 总规模（亿元）	24.32
GDP 增长率（%）	18.1（相对于 2013 年）
地方财政同口径增长率（%）	28.1（相对于 2013 年）
全社会固定资产投资增长率（%）	46.9（相对于 2013 年）
重点项目投资金额（亿元）	
规模以上工业增加值增长率 (%)	25（相对于 2013 年）
非公有制经济增加值占 GDP 的比重 (%)	52
社会消费品零售总额（亿元）	6.68
年度新登记企业数量	15

（五）2014 年以来循化经济社会发展

循化县紧紧抓住西部大开发和国家扶持人口较少民族发展的政策机遇，努力打造“全省沿黄经济带发展龙头、中小微企业发展先行区、对外开放新桥头堡、重要的区域特色经济圈、民族团结进步示范区和生态文明建设典范”，使经济社会发展初步形成了具有自身特色的发展优势。以风景园林城镇建设为主的城乡各类基础设施显著改善，以“一核两椒”（核桃、花椒、线椒）为主的特色种植业和以牛羊贩运育肥为主的农区畜牧业日趋优化，以旅游业、劳务经济为主的新型产业蓬勃发展，以教育卫生为主的民生事业协调进步，广大群众物质文化生活水平明显提高，各项主要经济指标连年高位增长，县域经济社会得到了稳定快速健康和谐发展。

2015 年，全县实现生产总值 26.57 亿元，比上年增长 12%；完成固定资产投资 48.01 亿元，增长 27.83%；完成工业增加值 7.09 亿元，增长 17.8%；地方公共预算收入首次突破 1 亿元大关，达到 10067 万元，增长

16.29%；城镇和农村常住居民可支配收入分别为23070元和8158元，分别增长10.3%和9.5%。

2019年，全县实现生产总值36.02亿元，相对于2015年增长36.24%，年均增长率9.06。完成固定资产投资36.88亿元，相对于2018年增长10.2%；完成工业增加值12.32亿元，相对于2015年增长73.77%。一般公共预算本级收入达到10738万元。城镇和农村常住居民可支配收入分别为31472元和11628元，相对于2015年增长36.42%和42.53%。

第二节　循化县精准扶贫前减贫历程

一、循化县精准扶贫前减贫阶段

结合循化当地实际，循化县委、县政府响应党中央号召，深入贯彻落实党中央的各项政策，大胆探索，攻坚克难，从典型性扶贫到全面精准扶贫，形成了独具特色的扶贫攻坚模式。

（一）1949年至1978年的生产要素调整与整体减贫

1950年我国颁布了《中华人民共和国土地改革法》，规定了土改的目的是废除地主阶级封建剥削的土地所有制，实行农民的土地所有制，解放农村生产力，发展农业生产。到1956年，我国基本完成了对农业的社会主义改造。1949年至1956年，我国农村的土地所有制经历了从封建地主土地所有制到农民土地所有制再到社会主义公有制。

中华人民共和国成立以前，循化县各族人民不仅在政治上、经济上深受反动统治阶级和寺院的残酷压迫和剥削，在精神上还受着封建神权的无情奴役，农牧业生产长期停滞不前，粮食平均亩产才100多斤，经济濒临衰竭的边缘。循化有句散文诗是这样描述循化县当时的农民贫困状况的："黄河水啊向东流，两岸人民日夜愁。"中华人民共和国成立以后，从1949年循化解放到1978年改革开放初期，循化的行政归属几经转换，在此期间，循化县人民政府带领循化县人民群众在党中央的领导下，积极落实党的宗教政策，团结一切可以团结的力量，推翻了"三座大山"，建立了社会主义制度。同时，通过土地改革运动使得循化县广大人民群众获得了土地所有权，为解决贫困问题奠定了政治基础。通过农田基本建设的广泛开展，使得全县面貌得到初步改观，在这期间，修建水地园田、山地梯田和治河造田共72000亩，兴修水利工程223项，扩大水浇地21000亩，改善灌溉面积4万余亩。同时农业生产条件和科学种田水平不断提高，各种农机具增长了近10倍，粮食年产量连年递增。但是，由于循化县自然条件比较恶劣，生产力水平比较落后，人民思想文化素质普遍较低，行政归属几经转换，社会环境比较复杂等原因，循化县的广大人民群众始终在与贫困做斗争，全县的经济社会发展仍然比较落后。

（二）1978年至1985年的普遍增长与减贫

邓小平提出社会主义的本质是解放生产力，发展生产力，消灭剥削，消除两极分化，最终达到共同富裕。改革开放之初，农业依然是我国的重大支柱产业，国家相继出台相应的补贴政策，积极促进我国减贫事业的发展。1982年1月1日，党中央、国务院发布"一号文件"即《全国农村工作会议纪要》，在纪要中明确强调"目前实行的各种责任制，包括小段包工定额计酬，专业承包联产计酬，联产到劳，包产到户、到组，包干到户、到组，等等，都是社会主义集体经济的生产责任制"。

自1978年以来，循化县各项事业步入正轨，循化县人民政府解除思想包袱，着手解放生产力，发展生产力，明确消除贫困的目标和步骤，先富带后富。1982年十世班禅大师视察故里，运用他丰富的民族知识和崇高威望，利用各种机会宣传党的民族宗教政策，宣传改革开放政策，使得循化人民真切地感受到一股新鲜而强大的气息扑面而来。在党的领导下，循化人民铆足了劲，在各自的岗位上辛勤努力，迎难而上。从 1978 年到 1985 年，循化县人民政府坚持体制改革助力扶贫事业，积极推广家庭联产承包责任制，同时积极推动乡镇企业发展，进一步解放和发展了农村生产力。1980 年，在春小麦单季高产试验中，清水公社下滩大队三队创造亩产 1263.5 斤的成绩。针对山区秋季阴雨多、田间通风透光差的情况，1978 年实行了水地宽行条播 915 亩、药剂灭草 470 亩、叶面喷施磷肥 900 亩等先进耕作技术，保证了在严重的自然灾害情况下粮食亩产不下降，大大提高了人民生活水平。但是，1978 年以来的改革开放仅仅是从沿海地区逐步开展的渐进式改革，国家政策对中西部地区的倾斜十分有限，加之循化县本身的自然环境劣势，人民群众思想文化素质偏低等因素的影响，扶贫成效并不明显。

（三）1986 年至 2014 年的扶贫开发与减贫

1986 年 6 月，国家颁布的《中华人民共和国土地管理法》以国家法律的形式将家庭联产承包责任制确定下来。20 世纪 80 年代中期，随着改革开放政策的实施和国家建设重心的转移，家庭联产承包责任制的推广、乡镇企业的蓬勃发展，使我国农村面貌得到了改善，经济得到快速稳定增长，许多地方农民走上了脱贫致富的道路。但是，由于经济、社会、自然、历史等因素的影响，各地区仍然处于比较贫困状态。江泽民曾指出，“历史的经验证明，贫困往往成为一个国家、一个地区政治动荡和社会不稳定的重要根源。如果不能逐步消除贫困，一个国家就难以长期保持社会稳定；没有稳定，根本谈不上经济和社会发展”①。大规模的开发式扶贫正式登上历史的舞台。

① 江泽民:《论社会主义市场经济》，中央文献出版社 2002 年版。

循化县扶贫开发工作按照国家扶贫开发工作的总体要求，在县委、县政府的总体部署下，认真贯彻《中国农村扶贫开发纲要（2011—2020年）》，坚持开发式扶贫的方针，以贫困村为主战场、贫困户为对象，通过集约化产业为主的扶贫开发整村推进、村级公共设施建设普遍覆盖、低保、“五保”等各项政策的实施，使扶贫工作得到了很大提升。

（四）2015年以来循化县全面精准扶贫正式开展

党的十八大以来，以习近平同志为核心的党中央高度重视扶贫工作，把扶贫脱贫工作摆在了更加突出的位置，将之纳入“五位一体”的总体布局和“四个全面”战略布局之中，强调要把扶贫开发作为“十三五”时期各项工作的重中之重，并且作为实现第一个百年奋斗目标即全面建成小康社会的重点工作，坚持以脱贫攻坚统揽经济社会发展全局。同时，召开史上最高规格的中央扶贫开发工作会议，首次由省区市党政一把手向中央签署《脱贫攻坚责任书》，并层层立下军令状，设立国家扶贫日和国家级专项奖“全国脱贫攻坚奖”。

经过大规模的开发式扶贫，我国的贫困人口已经显著减少，贫困地区的基础面貌也焕然一新。党的十八大以来，循化县委、县政府始终贯彻落实习近平总书记关于扶贫工作的重要论述，强调必须以精准扶贫、精准脱贫的基本方略推进当前扶贫工作，扶贫先扶志、扶贫必扶智、治贫先治愚，强调内生外生动力结合，坚持构建专项扶贫、行业扶贫、社会扶贫“三位一体”的格局，推进政府、市场、社会协同推进的大扶贫格局。在以习近平总书记关于扶贫工作重要论述指引下，突出地域特色，全面实施精准扶贫战略，注重抓“六个精准”“八个一批”，确保各项扶贫政策精准地落实在贫困户身上，脱贫攻坚取得了阶段性进展。循化县委把脱贫攻坚工作作为第一民生工程抓紧抓实，围绕整县脱贫摘帽目标，全面贯彻落实中央和省市关于精准扶贫工作的各项安排部署，以“钉钉子”精神、“绣花”功夫，精心谋划，精准发力，全力推进“八个一批”和“十大工程”，统筹整合各类涉农资金5.69亿元，合理使用国开行扶贫中长期贷款，重点实施了基础建设、易地搬迁、产业发展、兜底保障、教育扶贫等专项扶贫工程，培育了以“保险+扶贫”、乡村旅游扶贫、光伏扶贫等工作亮点，全面完成了31个贫困村1054户4352人的脱贫任务，贫困发生率下降至0.09%，并顺利通过扶贫工作成效省际交叉验收。同时，紧紧抓住无锡市梁溪区对口帮扶的重大机遇，加强对接协作，签订了五年协作帮扶协议，两地在项目、资金、产业、人才等方面的合作交流全面展开。

二、循化县精准扶贫前贫困表征

（一）区域性整体贫困表现及其特征

1. 区域性整体贫困的表现

2012年以来，循化县的扶贫事业进入攻坚阶段，经过大规模的开发式扶贫，循化县的贫困人口已经显著减少，贫困地区的基础面貌也焕然一新，但是贫困现象依然普遍，区域性整体贫困现象显著。2015年循化县农村常住居民人均可支配收入为6300元，但是2015年我国农村常住居民人均可支配收入为11422元，相差5122元，差额比率为45%；2015年全国一般公共预算收入152217亿元、公共预算支出175768亿元，其中教育支出26205亿元、医疗卫生与计划生育支出11916亿元。2015年全县一般公共预算收入为9696万元、全县一般公共预算支出实现178424万元，其中教育支出25376万元、医疗卫生和计划生育支出13513万元；截至2015年底，循化县没有三甲级及以上医院，青海有45个，西部地区平均每个省份有55个。从这些数据可以看出循化县整体的基础设施不够完善，区域发展整体性贫困现象显著。循化县仅有的两个二甲医院都分布在县城，城乡发展不均衡。

2. 区域性整体贫困的特征：不充分、不均衡

恶劣的自然环境导致循化县整体县域经济发展不充分。集中连片贫困高发、频发且贫困程度深是循化县贫困情况的突出特点，六盘山集中连片贫困地区一直是全县扶贫的主战场，由于自然环境的劣势导致循化县整体性发展不充分。

不平衡主要是县域内发展不平衡的问题：医疗卫生方面，截至2015年，全县仅有的两个二甲级医院都在县城，而且小型诊所、卫生室80%集中在县城周边，下辖的8个乡镇仅有20%的小型卫生室和诊所。“以前有很多病人都死在了去医院的路上”，访谈时村民的一句话最能说明这个问题。交通基础设施方面，2015年，全县154个行政村才开始普遍实施村道硬化；截至2017年7月，全县154个行政村道路畅通率才达100%，62个贫困村才全部实现村道硬化，农村基础设施发展比县城晚了将近40年。

（二）贫困人群贫困表现及其特征

1. 贫困规模与致贫原因

2015年建档立卡户1934户7950人，占全海东市贫困人口总数的4.62%，2015年贫困村有62个，占全县行政村总数的40.3%。循化县致贫原因复杂，致贫因素叠加，主要致贫原因有缺资金致贫576户，占贫困户的29.78%；因残致贫372户，占贫困户的19.23%；因病致贫254户，占贫困户的13.13%；缺劳动力致贫241户，占贫困户的12.46%；缺技术致贫230户，占贫困户的11.89%；因子女上学致贫152户，占贫困户的7.86%；自身发展动力不足85户，占贫困户的4.4%；因灾致贫16户，占贫困户的0.83%；缺土地致贫7户，占贫困户的0.36%。

2. 贫困人群贫困特征：贫困的成因经常被认为是多维度多层次的，生态资源破坏、物资资源匮乏、自身发展能力不足、医疗教育卫生等社会保障缺失等都会引起贫困问题，循化县贫困人群的贫困特征为经济资本匮

乏、文化资本欠传承、人力资本落后、社会资本合作化欠缺。比如，经济资本匮乏方面，循化县有576户因缺资金致贫，在访谈“拉面经济”的发展时，村委提出来的问题也是后续发展资金支持不足。文化资本方面，循化县在精准扶贫之前，中小学生义务教育阶段的辍学率在3%～4%之间，循化县有的少数民族由于缺乏自身的语言和文字，能够保留下来的民族传统文化在逐渐减少。一个民族，文化强、少年强，则发展后续动力强劲，但是如果缺乏文化支撑，后续发展将会面临很多问题。人力资本方面，循化县贫困人群中有56.71%属于人力资本欠缺导致的贫困，占比相对较大，需要重点关注。社会资本方面，循化县依然是以小农经营、家庭经济为主，对于产业化经营和规模化经营有着非常严重的阻碍作用。

第三节　循化县脱贫攻坚的做法与经验

一、循化县脱贫攻坚的做法与成效

（一）基本做法

1. 坚持民族团结与精准扶贫的互促联动

民族团结进步与发展是我国多民族聚居地区各项事业发展的重要前提和基础条件，为多民族聚居区各项事业的发展提供了强大的凝聚力，是实施精准扶贫的重大前提和基础条件，而实施精准扶贫也为促进和带动各民族之间的团结进步带来了重大的历史机遇和契机。循化县是一个少数民族自治县，土地面积有2100多平方公里，共同居住着撒拉族、汉族、藏族、回族等23个民族约17万人口。千百年来，各族群众休戚与共、亲如一家，绘就一幅多民族聚居、多宗教并存、多文化交融，你中有我、我中有你的绚丽画卷。

精准扶贫以来，循化县根据不同的民族特点实施不同的扶贫措施。“拉面经济”带动了撒拉族人民走了出去，在不同的城市设有“拉面协会”，为这些外出做生意的撒拉人提供保障。汉族人擅长种植，藏族人擅长放牧，针对这两个民族的特点，对他们进行技术培训，并提供资金补贴，又通过第三产业、劳动输出使农牧民增收。精准扶贫为不同民族找到了摆脱贫困的方法，使大家走上了共同富裕的道路，同时加大基础设施与公共服务水平提升，改善民生，提升各族人民的获得感，进一步推动了循化当地各族人民的团结进步。

2. 大力实施精准扶贫方略

精准扶贫工作开展以来，循化全县上下在党中央、国务院和青海省委、政府的正确领导下，始终坚持把脱贫攻坚作为统揽经济社会发展全局的最大政治任务和第一民生工程，深入学习贯彻习近平总书记关于扶贫工作的重要论述和视察青海时的重要讲话精神，全面贯彻落实党中央、国务院和省关于脱贫攻坚的一系列决策部署，咬定“两不愁三保障”和“两个确保”目标，举全县之力、聚全民之智决战脱贫攻坚，取得了决定性进展。

（1）精准识别。所谓精准识别是指通过申请评议、公示公告、抽检核查、信息录入等步骤，将贫困户和贫困村有效识别出来，并建档立卡。循化县按照国家和省市对贫困户、贫困人口进行识别和建档立卡的工作要求，严格执行“七看”和“两线合一”识别标准，把最贫困人口纳入帮扶范围，科学合理制订帮扶计划。按照“规划到村、帮扶到户、责任到人”的总体思路，精心编制了“1739”扶贫攻坚行动实施方案，制订了贫困户脱贫计划，真正做到“户有卡、村有簿、乡有册、县有档”，对贫困人口、贫困家庭实行信息动态化管理。

（2）精准派人。按照“经济部门到穷村、党群部门到弱村、政法部门到乱村”的原则，向71个村选派了第一书记和驻村工作队，向有10户以上贫困户的31个非贫困村选派了扶贫驻村工作队，驻村蹲点助力脱贫攻坚。驻村工作队主要负责协助村“两委”摸清贫困底数，分析致贫原因，根据每个贫困户或贫困人口的致贫原因制定策略，具体问题具体分析，然后制订帮扶计划，做到精准帮扶不漏一人。

（3）精准实施。根据各个贫困户的致贫原因，在征求贫困户发展意愿的基础上，因户因人采取具体脱贫方法。脱贫措施主要包括“八个一批”，即：产业发展脱贫一批、易地搬迁脱贫一批、生态补偿脱贫一批、发展教育脱贫一批、资产收益脱贫一批、转移就业脱贫一批、医疗救助脱贫一批、低保兜底脱贫一批。

（4）精准退出。按照《青海省建档立卡贫困人口和贫困村退出及贫困县脱贫摘帽实施方案》要求，贫困村同时达到以下6项指标的，可申请退出：第一，贫困发生率低于3%；第二，有村级集体经济或贫困村村级互助发展资金；第三，有通行政村的沥青（水泥）路；第四，有安全饮用水；第五，有生产生活用电；第六，有标准化村卫生室和村级综合办公服务中心。循化县严格按照《青海省建档立卡贫困人口和贫困村退出及贫困县脱贫摘帽实施方案》要求进行精准退出。明确全县贫困人口、贫困村年度脱贫退出计划、标准和程序，以正面激励为导向，通过建立严格、规范、透明的贫困退出机制，确保建档立卡贫困人口和贫困村全部实现规范有序退出，到2020年同步全面建成小康社会。

3. 实施产业扶贫助推贫困人群收入增加

循化县在精准扶贫工作中，积极探索新经验、新举措、新方法，可谓亮点纷呈，收效颇丰。在产业扶贫中旅游扶贫、电商扶贫和“拉面扶贫”尤为重要。

（1）旅游扶贫拓宽群众致富路。精准扶贫以来，循化县依托丰富的黄河、孟达天池等自然文化资源和撒拉族民族文化、十世班禅大师故居等历史民族人文文化资源，大力实施旅游立县战略，倾力打造中国撒拉族绿色家园 5A 级景区和国家级休闲旅游度假区，努力提升“青藏之旅首游循化”知名度和影响力，乡村旅游也随之升温。循化县充分发挥“撒拉人家”等为主的乡村旅游扶贫项目在带动贫困群众就业方面的突出优势，将其作为产业脱贫的“重头戏”，实现了“开发一方景区、繁荣一方经济、致富一方百姓”的经济和社会效益。

（2）电商扶贫拓展农民增收路。在“电商换市”的大背景下，循化县以电商应用和特色产品上线为重点，大力培育新型电子商务经营主体，为农村经济发展注入活力。据循化县工业和商务局负责人介绍，循化县通过争取国家商务部电子商务进农村综合示范专项资金、引进第三方机构发展资金等方式，在部分乡镇建设电子商务服务站，同时帮助当地企业搭建电商合作平台，为推动循化县民族企业发展迈上快车道，如期实现脱贫攻坚目标奠定了基础。另外，循化县坚持把电商扶贫作为精准扶贫的有效抓手，立足特色优势产业，确定“一核两椒”、黄河石艺和撒拉族刺绣等适宜网络销售的主打产品，把“互联网 +”引入农村，引领群众创业就业。与此同时，循化县抢抓“国扶办光伏扶贫试验点”和“全省光伏扶贫试点县”机遇，利用光资源丰富、山地面积广、电力输出方便等优势，聚集光伏产业扶持政策，积极发展光伏扶贫产业，探索出了一条农村生态环境保护与扶贫产业开发相宜相长的精准扶贫新路子。

（3）“拉面扶贫”开启自我“造血”路。循化县一直把以“拉面经济”为主的劳务经济作为一项富民产业，通过政府引导、技能培训、金融支持、群众主导等措施，全力支持推动壮大“拉面经济”为主的劳务经济发展。截至 2020 年底在籍劳务人员在全国经营的各类餐饮实体店达到 7873 家，从业人员 4 万多人，分布在 200 多个大中城市，实现“拉面经济”产业收入20亿元以上，“拉面收入”已经成为循化县农村经济的重要支撑。同时，通过“三农”惠民、小额创业贷款、“拉面信用卡”等方式，助力贫困群众拉出了“致富面”推动农村群众脱贫致富奔小康。

4. 扶贫扶志扶智激发贫困人群发展能力

习近平总书记多次强调，贫困群众既是脱贫攻坚的对象，更是脱贫致富的主体。《中共中央　国务院关于打赢脱贫攻坚战三年行动的指导意见》提出，要“开展扶贫扶志行动，树立脱贫光荣导向，提高贫困群众自我发展能力”。从社会工作角度来说，我国之前的扶贫工作大多采用“输血式”和“自上而下”的帮扶措施，这样做在一定程度上将脱贫致富主体的贫困人群置于边缘位置，其主体性、优势、能力在一定程度上被忽视，导致贫困地区自我发展动力与能力不足。为了保证扶贫效果的持续性，保证人民能真正摆脱贫困，依靠自己的能力战胜贫困，就必须激发贫困人群的潜能，挖掘他们的潜力。循化县在扶贫过程中充分认识到扶志和扶智的重要性，积极落实党的扶贫措施，增强他们的自我“造血”功能。

（1）改进帮扶方式，建立收益渠道。扶贫初期，部分地方开展帮扶工作中多采取送钱送物送温暖等“输血式”做法，导致脱贫攻坚群众参与不足，地方长远发展自我“造血”功能不强，政府兜底压力越来越大。循化县认识到了传统扶贫方式的弊端，改进帮扶方式。在扶贫过程中，实施到户产业扶持项目，组织引导群众资产入股产业园区，组织有劳动能力无经营能力人群参与资产收益项目等。积极引导贫困群体成为脱贫主体，参与到各个项目中去，提升他们的参与感。

（2）开展技能培训，提高自我发展能力。一些贫困群众因劳动能力低下无法获得就业机会，还有一些贫困群众不知道自己该做什么、能做什么。对此，循化县加强对贫困群众知识和技能的培训，努力提高他们的综合素质和整体发展能力，实施“带薪在岗实训＋创业”的精准扶贫措施，转移输出贫困劳动力实现就业。

（3）注重教育扶贫，阻断贫困代际传递。循化县属于少数民族自治县，大多数贫困群众文化素质偏低，一些贫困家庭因为子女教育支出负担较重而“因学致贫”。对此，循化县加大教育扶贫力度，努力阻断贫困代际传递，加大资金支持力度，全面普及贫困家庭15年免费教育，严格落实建档立卡贫困户学生生活补助、公用经费等各项教育惠民政策，落实学前幼儿保育费、义务教育阶段“两免一补”和高中、中职贫困学生免学费和教材费等政策，“雨露计划”教育救助大中专高职学生。全县上下形成更加重视教育、支持教育、办好教育的良好氛围。

5. 建立健全特殊人群政策帮扶体系

在特殊人群扶贫工作中，循化县不仅全面落实了贫困残疾人兜底保障的各项政策措施，而且积极将贫困残疾人纳入领导干部帮扶、生态管护员公益岗位、产业扶贫等扶持项目，残疾人增收脱贫成效明显。县人大、政协关注残疾人事业，多次调研全县残疾人工作，为循化县残疾人政策体系的进一步完善和法制环境的进一步优化起到了积极推动作用。精准扶贫以来，循化县进一步提高深度贫困地区和深度贫困残疾人的兜底保障水平，加大政策制度的落实力度，提高保障标准。提高特殊困难残疾人养护照料水平，扩大残疾人公共服务供给，充分利用乡镇和村的现有设施，整合各类资源，开展贫困重度残疾人托养，争取做到托养一人，解困一群，致富一家。提高深度贫困地区和深度贫困残疾人医疗保障、康复服务的水平，确保残疾人家庭不因病致贫和返贫。落实残疾儿童教育扶贫救助政策，确保每个适龄残疾儿童都能就近就便入学。始终把通过劳动就业增收脱贫作为扶贫攻坚的方向，在生态护管员、草场护管员等政府公益岗位中优先安排建档立卡户中的困难残疾人及其亲属，让困难残疾人家庭获得稳定的劳动收入，从而实现稳定脱贫。

特殊人群扶贫工作不仅包括贫困残疾人口的治疗、康复扶贫、就业培训以及残疾人的教育，还包括防止因病因灾返贫的问题。精准扶贫工作开展以来，循化县坚持以中央和省、市精准扶贫战略部署为指导，建机制、压责任、抓创新，在扎实完成“规定动作”的同时，结合全县实际创新“自选动作”，脱贫攻坚成效显著、亮点纷呈。其中一个亮点就是“保险+扶贫”，主要是针对防止因病因灾返贫问题。循化县在全省率先探索“保险+扶贫”模式，实施精准扶贫医疗叠加保险政策，助力脱贫攻坚成效显著，为贫困户撑起“保护伞”，有效缓解了农村群众因病因灾致贫返贫问题。

在建档立卡贫困户中，因病因灾致贫返贫问题还是比较突出的，针对这个问题，循化县积极与中国再保险集团沟通和对接，在循化设立大地财产保险公司分公司，并启动实施“保险+扶贫”模式，循化县与“互联网+医疗”企业探索构建“互联网+”精准医疗扶贫长效机制，大力开展远程医疗，形成县、乡、村三级医疗机构与特定医疗扶贫对象的医疗帮扶运行模式。建档立卡贫困户除医院报销费用外，自身承担的部分费用由大地财产保险分公司兜底承担，有效缓解了因病返贫、因灾致贫风险，提高脱贫的稳定性和持久性，成为全县脱贫攻坚工作的一大亮点。此外，还为建档立卡贫困户量身打造农房、意外、住院、大病、门急诊、种植养殖和女性安康等一揽子“脱贫保”产品，提供“一站式菜单化”保险服务。

（二）成效

脱贫攻坚以来，循化县的扶贫成效达到了“五位一体”的效果，具体表现在以下几个方面。

1. 县域经济走上了高质量发展之路

循化县在脱贫攻坚过程中明确了“区域特色经济圈、沿黄经济带发展龙头、生态文明建设的典范、新丝路上重要的交通枢纽和人文通道”发展定位，实施“旅游立县、农业稳县、工业强县、商贸活县、科教兴县、依法治县”发展战略，确保到2017年底实现整体脱贫、到2020年同步全面建成小康社会，这为循化未来的发展定下了高质量的“总基调”。

2018年、2019年、2020年全县实现生产总值分别为32.2亿元、36.02亿元和37.7亿元，同比增长分别为8.5%、8.0%和4.5%（2020年在新冠肺炎疫情影响下，能取得如此高的增长率，相对于世界各国的负增长，难能可贵）。其中，三年间第一产业增加值分别为5.1亿元、5.91亿元和6.47亿元，第二产业增加值分别为12.2亿元、12.32亿元和12.84亿元，第三产业增加值分别为14.94亿元、17.97亿元和18.5亿元。2018年城镇和农村居民人均可支配收入分别为29491元和10662元，到了2020年则增长为32994元和12452元。

（1）现代农业提质增效。2018年完成各类农作物种植23.22万亩，以线椒为主的特色作物种植面积达18.8万亩；完成高标准农田整治4800亩，百万亩土地开发整理为农业发展开辟新空间；顶住禁养区环保问题整治冲击，稳步发展农区有机畜牧业，全县草食畜社会饲养总量达131万头只，肉、蛋、奶、水产品产量分别达5340吨、847吨、7242吨、678吨；深入开展化肥农药零增长行动，建立完善农产品质量安全追溯体系、信用体系、流通体系，培育壮大专业种养合作社，推进农产品清洁化、标准化生产，乡村振兴动能不断增强。

（2）民族工业稳中有升。园区水电路、绿化、污水处理配套设施项目建设加速推进，完成土地储备1659亩，园区平台支撑力日益增强；发放各类小微企业贷款2.54亿元，帮助解决元凯、白驼、化青、谢坑铜金矿等成长型企业产能不足、人才缺乏、资金短缺等困难，加速驼铃方便面等小微企业集中孵化成长；积极组织企业赴无锡市梁溪区、陕西省西安市参加高原绿色商品展销、促销及大型商业对接等活动，帮助企业拓宽销售渠道、提升品牌影响；稳定民间投资信心和预期，引导更多民间资本投资兴办小微企业，粒粒康、达山、河湟食品等一批产业项目加速推进，成功培育潜力企业3家、规模以上企业1家，小升规、个转企态势向好，工业发展后劲明显增强。

（3）特色旅游蓬勃发展。《旅游总体规划》《全域旅游发展规划》《乡村旅游发展规划》修编工作加快推进，重点实施了撒拉尔水镇一期白驼湾景区、撒拉族民俗文化园及骆驼泉景区等一批重点旅游项目，促进旅游景区向全域旅游转变；强力推进乡村文化旅游蓬勃发展，白庄镇乙日亥村、清水乡下滩村、积石镇羊圈沟等花海和特色果品采摘观光基地初具雏形；加大旅游宣传推介力度，在北京中华世纪坛与中再集团举办《醉美循化·撒拉族的家》摄影展，并借助梁溪和循化结对协作平台，在无锡开展了“循化宣传月”活动，圆满举办第二届国际男篮争霸赛、第十四届国际抢渡黄河极限挑战赛，以节造势、以节聚客、以节生财的能力不断提升。

2. 县域基层治理体系与治理能力现代化水平得以提升

循化县脱贫攻坚，坚持党委领导、政府负责、社会各方共同参与的大扶贫格局。县扶贫局主抓协调，促进了政府多方合作机制的发展和完善，在扶贫中促进了政府合作的精细化，提高了“多条线化”的“绣花”功夫；扶贫干部驻村加强了党在基层的执政基础，带去了先进的管理理念和方法，为后续的农村治理工作培养出了高质量人才，扶贫干部的先进管理理念和方法也带来了农村治理方式由松散到精细化的变革；循化以加强农村牧区党建工作20条措施和“五项行动”为抓手，大力实施农村党组织领导力建设工程，深入推进服务型党组织建设，全面完成19个村软弱涣散党组织集中整顿，加强村（社区）标准化阵地建设，推进非公企业和社会组织党建“两个全覆盖”，基层组织进一步夯实；加强了基层党员干部队伍建设，全面推行村民事务代办制、“三述四评”、农村党组织“固定党日”等制度，集中打造了“七步法”[①]助推精准扶贫、服务群众“零距离”工程等党建特色品牌，进一步激发了党建工作内在活力；全面推行党建责任清单制度，扎实推进党员组织关系排查、党费收缴专项清查等七项重点任务，基层基础工作更加规范。通过这些实打实的做法，脱贫攻坚工作对循化县县域工作方式和工作作风带来了潜移默化的影响，促进了循化县治理能力和治理体系的提升。

3. 贫困群体的创新发展意识与能力得到增强

首先，循化县在脱贫攻坚中加强学校基础设施和师资力量建设，实施“雨露计划”“阳光工程”等项目，促进了当地人民群众文化水平和自我发展能力的提高。同时，加快推进文化事业和文化产业发展，围绕构建现代公共文化服务体系，全面实施了全民健身工程和综合性文化服务中心建设，推动重点文化惠民工程有效落地。在扶贫工作中积极开展群众性文化体育活动，完成广播电视无线数字覆盖，进行改革开放40周年文化下乡宣传活动，以及移风易俗政策宣讲，全社会崇尚文明、团结进步的文化基础进一步夯实。经过“雨露计划”、十二年义务教育、控辍保学等措施实现了贫困户家中学生零辍学，深入实施教育教学质量提升六年行动计划，高级中学托管等新兴教学模式不断丰富、教学质量持续提升，控辍保学效果显著，成功实现全国义务教育均衡发展示范县创建目标。2018年5月青海省控辍保学现场推进会在循化县召开；2019年在全国控辍保学暨农村学校建设工作现场观摩会上，循化教育扶贫经验得到广泛关注。“阳光工程”对全县159个行政村进行逐个村的拉面、烹饪以及汽车驾驶等技术培训，提高了循化县贫困户的知识水平和劳动技能，实现了劳动力转移就

---

① 青海循化七步党建工作法，创始于该县查汗都斯乡，后被推广至全县。具体为：第一步：抓学习、重宣传；第二步：抓摸排、重识别；第三步：抓机制、重管理；第四步：抓录入、重精准；第五步：抓帮带、重实效；第六步：抓联动、重规划；第七步：抓产业、重发展。该方法既体现了党建引领扶贫、扶贫促进党建的基本思路，也体现了抓党建促发展的基本导向。

业，提高了贫困户的自我发展意识和能力。

在扶贫工作中，通过开展“固定党日”活动，对党员、村民代表以及村民进行社会主义核心价值观宣讲，同时利用宗教团体，将宗教文化和社会主义核心价值观有机结合，加强思想文化宣传工作。深入宣讲以习近平同志为核心的党中央治国理政新思想、新理念，深入开展中国梦和社会主义核心价值观宣传教育，教育引导广大干部群众增强“四个自信”，干部群众的政治辨别力显著提高。全面落实党管意识形态主体责任，加强舆论阵地和载体管理，及时分析研判意识形态和网络舆情新情况、新动向，及时主动防范和处理出现的各种问题。将意识形态教育与扶贫相结合，坚持正面发声，发挥主流媒体作用，以正确的舆论导向引领社会风尚，弘扬社会主旋律，传播正能量，牢牢掌握了意识形态工作的领导权、管理权、话语权。加强公民思想道德建设和诚信体系建设，广泛开展“全国文明家庭”“最美乡村”“最美青海人”“五星级文明户”等群众性精神文明创建活动以及先进典型推荐、评选和表彰活动，创建省级文明单位 7 家，评选“五星级文明户”112 户。

4. 民生改善提高了贫困人群的获得感

循化县坚持把不断满足人民群众对美好生活的向往作为施政方向和奋斗目标，持续加大民生保障力度，2014 年以来，民生支出占全县总支出连续超过 70%。

第一，社会保障覆盖与保障水平显著提高。截至 2020 年底，城乡居民养老保险参保人数达 9.2 万人、参保率 100%，基本医疗保险参保人数达 13.9 万人、参保率 100%。严格落实低保补助提标要求，年均发放城镇和农村低保金分别达到近 2000 万元和 1100 万元。第二，人居环境得到改善。2015 年以来，先后投资 5840 万元，完成了 13 个贫困村 3154 户整村推进、14 个村 334 户移民小区建设、82 户易地搬迁项目，完成了 1 个乡镇健身广场、2 个村文化体育综合活动中心、3 个村农民体育健身广场、3 个乡镇公共电子阅览室、10 个村文化进村入户、20 个村篮球长廊、33 座寺院健身器材配发等项目和 15000 户“户户通”工程，人居环境得到很大改善。第三，医疗服务水平显著提升。县、乡等公立医疗机构均实行了“先住院、后结算”政策，基层医疗机构基本药物配备率、使用率均达 100%。深入推进“健康循化 2020”建设，县医院与无锡市八院和明慈心血管专科医院建立医联体，远程医疗会诊中心等先进医疗服务相继落地，9 个乡镇医共体稳步推进，实现了远程会诊系统全覆盖、优质医疗资源下沉基层，医疗技术资源双向流动。落实计划生育奖励扶助政策，人口出生率控制在 16.35‰以内；县残疾人综合服务中心投入运行，残疾人员实用技术培训、上门康复和残疾学生助资助教等活动深入开展。

5. 生态环境治理取得了明显成效

截至 2020 年底，循化撒拉族自治县完成人工造林 6.55 万亩、封山育林 3 万亩、森林抚育 4.5 万亩、经济林建设 5560 亩。仅 2019—2020 年就完成植树造林 6000 亩 138.2 万余株。建成了县城污水处理厂、白庄集镇垃圾处理场等城乡环保设施。建成 15 条通村、通寺院公路和 22 座便民桥梁。扎实推进公伯峡南干渠等水利工程，解决了 1570 人、1.2 万头（只）牲畜的安全饮水问题。开发整理土地 4.2 万亩，新增耕地 6500 亩，并配套建设道路、渠系、防洪等附属设施。将城乡一体化建设与生态优化相结合，坚持高起点规划、高水平设计、高标准建设，突出规划引领，完成县城总规修编前期工作，编制完成白庄、街子、文都等重点集镇总体规划，县城控制性详规覆盖率达 95% 以上。持续加大城市基础设施投入，重点实施了街子镇污水管网、县城污水处理厂提标改造、县城第二生活垃圾填埋场、河北片区污水处理厂、查汗都斯“黄河彩篮”污水处理厂、天然气管网工程等项目，完成了城乡基础设施投资 8.3 亿元。特别是结合脱贫攻坚工作，持续加大对农村基础设施建设的集中投入和建设力度，实施了36个高原美丽乡村建设工程。

2013—2018年，循化县以高度的政治自觉和责任担当高压推进中央环保督察反馈问题整改工作，建成了查汗都斯集镇生活垃圾处理场、县城污水处理场提标改造等一批环保基础设施，关停了禁养区范围内的31家畜禽养殖场，实现了以问题“回头看”推动环保“向前走”。全面落实“河（湖）长制”，街子河、清水河防洪治理以及黄河干流治理、安全人饮巩固提升等重点生态工程加快推进，公伯峡水源地范围内水产养殖场迁建工作全面完成，巩固沿黄农家乐污水直排治理成果，实现河畅水清，基本完成县城建成区清洁能源改造工作。土壤污染、农业面源污染及自然保护区污染治理工作扎实有效，八场环境保护标志性战役成果显著。大力实施国土绿化三年提速行动，围绕“三绿”建设要求，扎实推动天保、“三北”、公益林等林业工程和通道绿化、周边造林工程建设，截至2018年底，完成人工造林4.45万亩、封山育林2万亩、森林抚育2.5万亩、经济林建设4560亩。大规模举行春秋季植树造林“大会战”活动，共完成植树造林7720余亩41万余株，绿化山川，美化家园，造福子孙。城乡人居环境治理向纵深推进，村收集、乡转运、县处理的常态化保洁机制更加健全完善，集镇、公路沿线和景区等重点区域的卫生状况持续向好。

二、循化县脱贫攻坚的基本经验

通过扶贫攻坚，循化县政府总结出了一些行之有效的经验，主要表现在以下几个方面。

（一）践行习近平总书记关于扶贫工作的重要论述

循化县在扶贫工作中第一时间传达学习习近平总书记发表的重要讲话和做出的重要指示，精准把握要义，决胜脱贫攻坚。同党中央、国务院目标对准看齐，在思想上、政治上、行动上与习近平同志为核心的党中央保持高度一致，增强了县乡各级领导干部抓好精准扶贫工作的紧迫感、使命感和责任感，同时按照中共中央关于打赢脱贫攻坚战的决定和省市脱贫攻坚工作方案，坚持从实际出发，促进“两不愁三保障”的攻坚目标实现。首先在精准识别中坚持习近平总书记提出的扶贫必先识贫，摸清贫困人口底数，做到了精准识别退出户中循化县没有一户上访。在精准帮扶中坚持“开对药方子才能拔掉穷根子”的思路，坚持“益农的做农，益旅游的坚持旅游，益牧的坚持牧业”的方针，切实做好精准帮扶。精准管理中坚持习近平总书记要求的“项目安排精准，资金使用精准，信息管理精准”。在精准退出中坚持解决好如何退的问题。[①] 严格按照国家脱贫标准执行，并制定了切实可行的巩固脱贫成果政策举措。

（二）转变视角重新认识民族本土文化，加速向地域特色治理模式转变

循化县位于黄河上游河谷地带，黄河南岸古文化遗存丰富，是我国古代文明的发祥地之一。1986 年，在白庄乡米牙亥村西首次发现了仰韶文化庙底沟类型遗存——红土嘴子遗址。不但面积大，而且内涵丰富，它将仰韶文化的分布向西又延伸了一大步，为研究探讨仰韶文化分布、仰韶文化与马家窑文化的关系增添了新资料。循化县是撒拉族、藏族、回族、汉族等多民族聚居的地方，少数民族都有各自的宗教信仰，比如伊斯兰教、佛教等，每个民族还有各自的本土文化，比如撒拉族自古就有歌舞和赋诗的习俗，撒拉族人笔下的精神世界充满激情和虔诚，撒拉族诗歌随着历史的河流融入黄河波涛，相伴在千里长风之中，风清月朗。文化艺术的发展标志着一个民族持久的生命力。撒拉族的文化艺术就如同其民族一样从艰

---

① 习近平：《在中央扶贫开发工作会议上的讲话》，https://www.jinchutou.com/p-56986676.html，2015 年 11 月 27 日。

难中走过来，并坚定地走向光明。撒拉族是一个信奉伊斯兰教的民族，善良的撒拉人在艰苦的生活中升华了他们的精神世界，在千百年的民族发展中，宗教信仰已经与民众的生活息息相关、密切地交织在一起，很难分割开来。伊斯兰文化渗透于撒拉民族生产生活各个层面和精神世界，反过来撒拉民族的生活乃至奋斗滋润和丰富了伊斯兰文化。撒拉族的社会政治制度是有独特性的，在其社会组织中不仅有“孔木散”“阿格乃”“工”等，而且还有土司制度和与土司制度结合而成的“尕最”制度。[①]撒拉族在长期历史发展中存在的以血缘为基础的“阿格乃”和以地域为纽带的“孔木散”及撒拉族的“工”，是撒拉族的基层社会组织，直到现在仍在一定程度上影响着撒拉人的生活。因此，循化县政府积极转变角度，重新认识民族文化，取其精华，去其糟粕，利用民族文化和宗教团体的作用提升县域经济发展动力，维护民族团结。在精准扶贫工作中，县委、县政府以及基层组织引导信教群众积极响应支持精准扶贫工作，让贫困户从思想上脱贫；把社会主义核心价值观引入“瓦尔兹”宣讲当中，引导信教群众为当地的祥和、安宁和繁荣做出贡献。同时，循化县政府利用撒拉族的传统习俗和特殊的风土民情推动构建了“撒拉人家”“循化清真食品，民族用品产业园”“民族服饰设计开发项目”“穆斯林风格家具研发与加工项目”“民族旅游纪念品开发项目”“圣驼撒拉族刺绣深加工项目”等特色项目，促进了民族经济发展，提高了民族特色治理能力。

（三）促进脱贫共同体构建，努力提升经济增长的益贫性

所谓益贫性就是指扶贫政策是否更有利于贫困人口的发展，或者说贫困人口是否从扶贫政策中获利更多。扶贫政策的益贫性很大程度上关系到整个扶贫政策的成功与否。由于种种现实原因，长期以来我国某些扶贫政

① 李永华：《泱泱大著　宏论荟萃——〈百年撒拉族研究文集〉评述》，《青海民族研究》2005 年第 2 期。

策益贫性比较低，贫困人口从中获利并不大。

扶贫是一个系统工程，如期完成脱贫攻坚任务需要政府、社会、企业、人民群众共同发力，万众一心，构建脱贫行动共同体，只有万众一心，形成合力，才能提升经济增长的益贫性。首先，在政府层面，循化县政府对贫困户采取优先照顾的原则，利用政策优势，因村、因户、采取适用贫困户发展的方法，坚持“八个一批”，寸功寸进，不断推进脱贫攻坚，真正做到因人而异的精准扶贫。实施“雨露计划”培训项目，紧扣贫困村和贫困户发展需求，因地制宜，因人制宜，量身定制培训方案，以贫困村为单位实施“上门”集中培训，截至 2020 年底累计完成短期劳动力培训 10443 人，切实提高贫困户的自我“造血”功能。与此同时，政府积极开展到户产业发展项目、易地搬迁扶贫项目、光伏扶贫项目、旅游扶贫项目等，对增加贫困户收入，提升经济增长益贫性有很大的促进作用。其次，在社会和企业层面，循化县多家企业参与到了精准扶贫工作中，对于安置贫困户劳动力就业，完善基础设施建设，保障贫困户民生，增加贫困户收益起到了至关重要的作用。其中，“保险 + 扶贫”是循化县扶贫工作中的亮点，中国再保险（集团）股份有限公司是帮扶循化县的定点企业，企业利用帮扶资金 550 万元，启动实施保险扶贫，为全县建档立卡贫困户投保意外伤害保险和医疗兜底保险险种。截至 2017 年底，累计保险理赔 528 笔共计 128 万元，资助了 120 户贫困大学生，实施了 40 户特殊贫困户危旧房改造。在东西部协作扶贫中，为了缓解高校毕业生就业难题，巩固脱贫攻坚成效，2018 年 10 月 18 日，“梁溪—循化东西部扶贫劳务协作 2018 年专场招聘会”在循化县职业技术学院成功举办，此次活动中江苏省无锡市近 30 家企业拟提供就业岗位 1000 多个，拟招聘人数 2000 余人，来自全县各乡镇近 210 名建档立卡户，320 名应往届毕业生前来参加，此次活动现场达成意向的有 50 人。同时，还邀请无锡市弘成伟业职业培训学院校长王晓云讲授就业指导课，为毕业生讲清形势，重树信心。最后，在贫困户层面，贫困户要改变“等靠要”思想，自强自力，切实依靠自身能力，利用好扶贫政策，真正实现自身脱贫。

（四）注重外部援助与内生动力的有机结合

自精准扶贫工作开展以来，循化县把互助资金项目作为壮大贫困村集体经济和增强贫困户“造血”能力的重要举措，坚持“民有、民用、民管、民享，周转使用，滚动发展”的原则，扎实开展互助资金项目，巩固了扶贫成果。截至 2017 年底，全县 154 个行政村互助资金项目全覆盖，全县互助资金总量达到 5091.44 万元，互助协会入会会员 6801 户，其中贫困户 1666 户，入会率占贫困户的 86%，社员累计借款 4279.11 万元，使用率达到 90%，主要用于种植、养殖、农业生产和旅游村集体经济，发展项目 219 个，切实提高了贫困户的自主发展能力。县就业局加大劳动力输出力度，促进贫困劳动力转移再就业，充分调动和发挥各方面的积极因素，实现农牧区劳动力特别是精准贫困户劳动力的转移就业，2016—2017 年，精准帮扶贫困户转移就业 3446 人；加大公益性岗位支持力度，缓解精准贫困户就业难问题；强化就业技能培训，两年间开展了 80 期，3901 人参加了技能培训，其中贫困村未就业劳动力培训 991 人（精准扶贫对象 345 人），结合当地实际开展培训项目，有效提升了贫困户的劳动技能，为其自主发展提供了支撑力量。同时，县政府利用各方宗教团体，向群众发起感恩社会宣讲，拒绝“等靠要”思想，使贫困户真正从思想上做到脱贫。

（五）多措并举，创新循化乡村贫困治理模式

首先，加强顶层设计，以党建引领农村精准扶贫工作。

习近平总书记多次强调，越是进行脱贫攻坚战，越要加强和改善党的领导。循化县委、县政府坚持以农村党建工作引领乡村精准扶贫工作，修

建党员活动室、设立“固定党员日”，根据农村党员群众文化素质较低、接受能力不强的客观现实，总结出了“四个新模式”，提升党课授讲质量，主要表现为：

第一，“复合式”党课拓宽视野。在“主题党日”“固定党日”等活动开展日，组织党员参观红色教育实践基地，重温人民坚定信念、融入和谐社会的光荣史；组织观看《基层党建》《科普之窗》《社会与文化》等“党员干部远程教育平台”重点栏目进行学习和实践，提升党员文化知识水平；定期组织党员到党员致富带头人的企业、创业基地等现场观摩，学习致富经验和实用技术，进一步增强党课吸引力，拓宽党员视野。

第二，“多样式”党课提升兴趣。坚持举办“组工大讲堂”活动，全员覆盖，全员参与，演讲与互动结合，增强学习氛围感染力，把党课讲到人心；开展党员“微党课”系列活动，以党支部或党小组为单位，每次安排 2 到 4 名党员，从单位职能和岗位实际出发，结合自己的学习思考进行现场讲课，与传统党课相比，少了些“权威”，多了些“草根”，提升了讲课质量；进一步拓展党课教育主体，打破党支部书记“唱独角戏”的常规，传达群众心声、交流身边典型，开创人人当教员、人人当学员的新局面。

第三，“感染式”党课增强深度。在重要节日活动中，组织党员重温入党誓词，合唱《我的祖国》《没有共产党就没有新中国》等红歌，观看《建党伟业》《建国大业》等革命历史题材电影及影像图片资料；探索在党课宣讲中设置情景模拟、互动等环节，让党员身临其中，实际感受体验，实现在潜移默化中达到教育目的；邀请老中青党员谈自己入党经历和亲身经历，党员致富带头人讲述创业经验，回顾历史岁月，传承奋斗创业精神，让大家产生情感共鸣。

第四，“访谈式”党课丰富内容。利用网络、电视等大众媒体，采取访谈形式，增强党课吸引力，扩大党课受众面，现场访谈由授课老师进行组织引导，鼓励学员积极参与，在互动问答中提升。联合县电视台开设特色党课电视栏目《第一书记》，邀请在脱贫攻坚工作中履职尽责、成绩突出的第一书记上电视，以访谈节目形式讲扶贫故事、分享工作体会、交流扶贫经验。

2018 年以来，循化县开设“五大课堂”，激发村“两委”班子干事创业新活力。五大课堂即：“理论课堂”强素质、“实践课堂”提能力、“红色课堂”锤党性、“警示课堂”束行为、“空中课堂”助学习。针对换届后村“两委”班子干劲十足但缺乏实践经验的问题，循化县立足县情实际、整合优化资源，精心打造“五大课堂”，着力配好教育培训“营养餐”，提升村干部服务群众和干事创业的能力。通过不断努力，“固定党员日”成为干部群众协商村级事务的新平台。

其次，转变思想，走内生动力的乡村贫困治理之路。

由之前的大水漫灌转变为精耕细作。之前的乡村脱贫基本上就是靠国家发放扶贫资金和农村基础设施建设来实现，对于真正提升贫困户的脱贫内生动力只是起到了杯水车薪的作用。党的十八大以来，循化县坚决贯彻习近平总书记关于扶贫工作的重要论述，切实做到“五个精准”和“八个一批”。每个贫困户的挑选，严格按照国家现行规定，不夸大，不隐瞒。每个贫困户都建立贫困户档案，将精准筛选出的贫困户信息录入系统，并保证实时更新，利用大系统的优势做好贫困户的精准管理。同时，针对贫困户的不同致贫原因，采取有针对性的扶贫政策，对于因病、因残等缺乏劳动力致贫的，运用社保兜底补助，对于有劳动力的贫困户，采用发展生产、转移就业来增加其收入，大大提升了扶贫效率。

最后，多方联动，培养一支坚强的扶贫攻坚队伍。

在精准扶贫工作中，循化县在 2015 年 10 月，根据党中央要求和省委省政府统一部署，省、市、县共选派 204 名第一书记和驻村工作队员，组建 71 支驻村工作队，进驻建档立卡贫困村、党组织软弱涣散村和维稳重点村，建立“一联双帮三治”工作机制，强化帮扶单位与结对村的经常性联系，实现“党组织结对共建帮村、党员干部结对认亲帮户”全覆盖，扎实开展精准扶贫、整顿转化和综合整治工作，充分发挥了脱贫攻坚生力军的作用，为全县 62 个贫困村退出、1934 户 7950 人稳定脱贫、贫困县脱贫摘帽，全面打赢脱贫攻坚战做出了积极贡献。为深入实施脱贫攻坚决策部署，进一步发挥第一书记和驻村工作队作用，2018 年循化县对扶贫干部进行了换届，省、市、县继续向全县 71 个村（建档立卡贫困村 62 个、完成整顿转化的党组织软弱涣散村 6 个、完成综合整治的维稳重点村 3 个）选派扶贫第一书记和驻村工作队，其中：中央企业结对 1 个村、省直和中央驻青单位结对 18 个村，市直单位结对 7 个村，县直单位结对 46 个村。通过对扶贫干部的选拔、培训、任用，扶贫干部将党和国家新的扶贫和治理理念传输到基层，确保了国家政策“最后一公里”的顺畅实施。优秀扶贫干部通过言传身教，将先进的工作理念和工作方法传授给基层村干部。同时，经过新一轮村“两委”班子换届后的岗前培训工作，使得新一轮村级干部能够尽快熟悉工作岗位职责，转变工作角色，积极投身发展农村社会主义事业，切实发挥好领导核心作用。新一轮村级干部的培训内容包括：一是增强政治意识。要始终把加强政治理论学习放在首位，坚持以习近平新时代中国特色社会主义思想为指引，深入学习党的十九大精神和党章党规以及法律法规，自觉在思想上、政治上、行动上同党中央保持高度一致。二是注重团结协作。农村是否和谐稳定、是否发展富裕，关键在于村“两委”班子是否团结协作，村支书和村主任要心往一处想、劲往一处使，努力营造团结协作、互助共赢的干事创业环境。三是提升综合能力。村干部作为农村经济发展的“领头雁”和群众脱贫致富的“主心骨”，要及时地适应新形势农村工作的新任务新要求，努力提高带领群众脱贫致富的综合能力，不断提升群众生活水平和幸福指数。四是做到甘于奉献。要做到心里始终装着群众、始终把群众的利益放在第一位，做到在思想上尊重群众，政治上引导群众，感情上贴近群众，工作上为了群众，以实际行动赢得群众的信任、支持和拥护，带领广大基层群众早日实现小康生活。五是保持清正廉洁。村干部要时刻绷紧廉洁自律这根弦，管住自己、管好班子，堂堂正正做人、清清白白做事，时刻牢记手中的权力是党和人民所赋予，千方百计为群众干实事、办好事、谋福祉，在群众中树立威信。通过驻村干部的带动和新一任村级干部的培训，循化县真正做到了人撤活不撤，工作继续干，创建了一批批带不走的扶贫工作队。

第二章 循化撒拉族自治县脱贫攻坚的民族团结基础

青海是全国少数民族人口占比最高、民族区域自治面积比重最大的省，是一个多民族聚集、多宗教并存的省，同时也有着全国面积第二大的藏族聚居区。因此，在青海，民族工作关乎根本、关乎大局、关乎未来。长期以来，青海省党员干部群众贯彻落实习近平总书记关于民族工作的重要指示精神，坚持“不谋民族工作不足以谋全局”的基本方针，坚持“团结稳定是前提，发展是核心，改善民生是关键”的基本理念，以创建民族团结进步示范区为契机，筑牢民族团结进步生命线。循化县在青海省委省政府、海东市委市政府正确领导下，认真贯彻落实习近平总书记“四个扎扎实实”重大要求和青海省委“四个转变”新思路，以创建工作为总揽，坚持问题导向，抓住关键环节，探索出了一条具有人口较少少数民族特色、循化特点的民族团结之路。2017 年被评为“青海省创建民族团结进步先进县”。

第一节　循化县脱贫攻坚的民族团结基础分析

一、民族地区脱贫攻坚的事实依据

（一）深度贫困地区与民族地区的区域分布

早在 1985 年，在国家所确定的 14 个集中连片贫困地区中，相当一批是革命老区、少数民族地区、边疆地区，民族地区与贫困地区有着一定的空间重叠。随后一段时期内，国家将扶持老、少、边、穷地区尽快摆脱经济文化落后状况作为一项重要任务。2017 年，习近平总书记在深度贫困地区脱贫攻坚座谈会上的讲话中指出，深度贫困地区是脱贫攻坚的坚中之坚。由此可见，深度贫困脱贫是脱贫攻坚的主阵地。区域分布上看，深度贫困地区集中在革命老区、民族地区、边疆地区和连片特困地区等区域。14 个集中连片特困地区有 11 个是少数民族集中的区域。循化所在的青海省属于四省藏区，是典型的深度贫困地区，同时也是少数民族人口比重较大的省份。

（二）民族贫困地区的欠发达程度

民族地区贫困问题具有分布相对集中、表现多维化、生态环境制约等特点，自然环境恶劣的生态因素、远离经济政治文化中心的区域因素、长期发展缓慢的历史因素、现代化水平的经济因素都是造成民族地区贫困的原因。2014 年以来，民族地区八省区（新疆、西藏、宁夏、广西、内蒙古、青海、云南、贵州）经济增速相对较快，但绝对总量和质量仍居于弱势地位，城镇化率一直低于全国平均水平的 10%，工业化水平与全国平均水平有较大差距。同期基础设施与公共服务水平明显低于全国平均水平。根据 2017 年中国统计年鉴数据，全国 15 岁以上文盲率为 8.72%，而青海省则是 13.45%，高于全国 4.73 个百分点。据学者估计，2014 年民族地区居住在危房中的人口 557 万，占全国的 32.5%。[①] 其中青海危房率为 6.3%，略低于全国平均水平。在医疗方面，拥有卫生站 / 卫生室的行政村比率方面，民族地区八省区有四省区低于全国平均水平，其中青海为 86.8%，而同时期全国为 94%。民族地区拥有合法行医证的医生 / 卫生员的行政村比率低于全国贫困地区水平，民族地区医疗卫生基础设施较为落后，其他领域均是如此，民族贫困地区状况更为严重。

基于上述两个原因，在民族地区进行脱贫攻坚，就是谋民族地区经济社会发展，就是谋民生事业改善，属于民族工作的一部分。脱贫攻坚对于改善贫困人群的收入与生活状况有着明显效应，有助于提升少数民族群众对祖国、对中华民族大团结，对中华文化和社会主义道路的认同，有助于民族地区团结稳定，有助于推动民族地区经济社会发展。

二、循化县夯实脱贫攻坚的民族团结基础目标与手段分析

2003 年，青海省率先在全国开展民族团结进步创建活动，到了 2005 年该项工作日益成为系统性、常规性工作，成为维护民族团结和促进科学发展的有效平台。2010 年，在总结青海等地经验的基础上，中共中央宣传部、统战部、国家民委正式推动开展民族团结进步创建活动。2012 年，民族团结进步先进区创建工作成为青海省的“三区”（建设国家循环经济发展先行区、全国生态文明建设先行区和民族团结进步示范区）战略之一。

（一）青海省创建民族团结进步先进区目标分析

2013 年，青海省颁布实施了《青海省创建民族团结进步先进区实施纲要》。该纲要规定，创建民族团结进步先进区工作的目标定位是推动科

① 张丽君等：《中国少数民族地区扶贫进展报告》，中国经济出版社 2016 年版。

学发展和长治久安，总体上与全国同步全面建成小康社会，推动青海省经济社会平衡协调可持续发展，缩小城乡区域差距，增进人民民主，提高文化软实力，人民生活质量全面提高。阶段性目标在治理能力提升、社会主义核心价值体系和“五个认同”的思想宣讲、公民文明素质和社会文明程度、基本公共服务均等化水平、城乡居民收入不断增加、生态立省战略实施、推进文化强省、基层组织建设与党的执政能力提升等方面做了具体规定。由此可见，青海省创新民族团结进步先进区系列工作是大主题、大作为、大基础和大格局，顺应了人民求稳求富的诉求，体现了敢于探索的精神，贯彻了国家治理体系与治理能力现代化的要求，表现了系统创建及与时俱进的思想，实现党员干部与群众两个主体有机结合，反映了市场化、城镇化、信息化与全球化大背景的视野。

（二）循化县创建民族团结进步先进县目标分析

近年来，循化县坚持把民族团结进步创建工作作为推进全县经济建设、社会发展、民生改善和维护稳定的基础工程。在加强宣传教育，营造民族团结进步的浓厚氛围、依法治理、创新创建载体的基础上，通过加快发展经济、改善民生来增强民众获得感。致力于巩固发展平等、团结、互助、和谐的社会主义民族关系，顺应各族人民群众过上更加美好幸福生活的期盼。

1. 视经济发展为保证民族团结进步的第一要素

只有以人民为主体的经济增长，不断提高民众的生活水平，才会有社会大局的和谐稳定，才会有民族地区的团结进步。县委、县政府要求把主要精力放在抓发展、抓项目上，突出抓好对补短板、调结构、增后劲有支撑作用的重大项目，加快现代农牧业、旅游服务业提档升级，壮大民族工业和以“拉面经济”为主的富民产业。

2. 把保障和改善民生作为创建工作的出发点和落脚点

县委、县政府贯彻落实习近平总书记关于“做好民族工作，最关键的是搞好民族团结，最管用的是争取人心”的讲话精神，坚持把创建全国民族团结进步示范县视为各族群众获得实实在在“实惠”的重要工作，让各族人民群众得到民族团结进步带来的政策红利、发展红利、改革红利和稳定红利，顺应各族人民对美好生活的新期待。因此，要求把改善民生、凝聚人心作为创建民族团结先进县工作的出发点和落脚点，全面落实各项社会保障和社会救助政策，不断巩固提升脱贫成果，不断提升各族群众的获得感、幸福感、安全感。

从目标设计与手段选择来看，创建民族团结示范县工作与脱贫攻坚互为目标、互为手段，目标与手段相得益彰、互促互进。因此，精准扶贫的具体落实，要彻底消除民族地区的贫困，让少数民族群众摆脱贫穷，实现共同的繁荣与发展，促进民族团结。因此，精准扶贫工作是实现和巩固各民族团结发展、共享改革成果的重要环节。循化县的精准扶贫，既是民族地区扶贫的具体补充，又是深化和完善民族团结工作的现实举措。从手段上来看，精准扶贫是新时期促进民族共同繁荣的重大举措与战略支点。创建民族团结进步先进区工作在很大程度上推动了脱贫攻坚工作顺利开展。

三、循化县夯实脱贫攻坚的民族团结基础工作机制分析

（一）党政协同载体的运行机制

在创建工作中，青海省坚持党委领导下的民委委员制运行机制和职责，形成了党委统一领导、政府依法行政、相关部门各司其职通力合作、全社会广泛参与的工作运行机制。借助例会制度，通报工作进展，安排任务，上下联动，真正将创建工作融入各部门各行业各领域工作中去，引领民族地区脱贫致富工作。在工作中，摸索出组织领导、宣传教育、表彰奖

励、共创共建、矛盾处理、目标考核、经费保障、督查引导的长效机制。这个机制与当地脱贫攻坚工作运行机制基本一致。民族团结进步创建与民族地区脱贫攻坚离不开基层组织、民族精英和社会力量这三支得力的队伍，在实际工作中实现了队伍力量合治、工作联动。

（二）以惠民为导向的群众参与机制

当地形成了以民族团结进步为目标，以奋斗发展为主题，突出民生导向，以保障与改善民生增强获得感为核心目标。注重提升城乡居民收入和基本公共服务水平，满足群众最关注、最需求的愿望。同时改变了民族团结进步工作单一的管理思维，突破了干部教育管理、群众接受教育管理传统思路，突出了群众的主体地位，坚持群众自我教育、自我约束、自我管理与主动作为，构建以惠民为导向的群众过程参与、成效评判、成果共享机制。实践证明，赢得了民心，增强了认同，改善了关系。

（三）以督查考评为抓手的奖惩机制

当地实行督导协调制度，重点工作专项督查督办。建立激励制度，表彰先进，发挥引导示范。出台考评细则，完善考核环节，量化工作要求。强化结果运用，将考核结果纳入年度绩效考核内容，坚决实行最严格的责任制和责任追究制。借助约谈警告、限期整改、末位淘汰、组织调整等措施，确保各项创建任务扎实有序推进。这套机制和脱贫攻坚奖惩机制具有很强的一致性。

四、循化县夯实脱贫攻坚的民族团结基础工作功能导向

（一）创建民族团结示范区工作为脱贫攻坚提供强大的稳定基础与动力支持

创建民族团结示范区工作，可以突出干部群众对中华民族的共识、对社会主义道路的共识、对中国共产党执政地位的共识、对社会主义中国的

共识。突出团结奋斗、共同繁荣的主题，就突出了民族地区发展是第一要务的理念。谋发展，就可以改变关注点，聚焦发展、凝聚人心、集中智慧是创建工作的主要出发点和归宿，为脱贫攻坚工作提供了稳定和谐的环境，也提供了难得的发展动力与智慧。在创建工作中，尊重民族文化，尊重民族精英经验与能力，树立民族精英感恩意识，激发回馈社会行为，注重挖掘积极内核，就是在一定程度上推动精神扶贫工作，建立先富带后富的发展机制，为脱贫攻坚提供强大的动力与载体。

（二）民族地区脱贫攻坚是民族团结的重要保障

发展经济、改善民生就是夯实民族团结进步的物质基础与心理基础。民族贫困地区脱贫攻坚，就是在坚持精准识别的基础上，对贫困地区、贫困村、贫困人群进行优先帮扶，通过财政资金改善少数民族贫困群众的收入水平，提升社会保障、就业、教育、医疗、住房和公共文化服务水平，确保贫困人群不愁吃、不愁穿，住房医疗教育有保障，本质上就是通过第一书记与基层组织畅通基层服务的“最后一公里”，以贫困人群需求为导向传递福利。民生改善是物质条件改善，关乎民众切身利益，最容易为群众所感知，最容易赢得民心，在创建工作中再辅以民族团结进步教育工作，发挥舆论引导就可以有效提升民族群众对伟大祖国、中国共产党、中华民族、中华文化、中国特色社会主义的认同度与营造民族和谐团结、繁荣进步的良好氛围。

第二节 循化县夯实脱贫攻坚民族团结基础的实践探索

一、循化县夯实脱贫攻坚民族团结基础实践探索的历史渊源

循化撒拉族自治县是一个以撒拉族为主体，汉族、回族、藏族等共同

生活在一起的民族自治县。各民族相互尊重，文化心态开放，彼此之间相互采借，形成了“可共享就共享，不能共享就尊重”的文化交融格局，塑造了彼此贯通、各具特色、尊重差异、包容多元、互帮互助的文化杂糅状态。

（一）历史悠久的文化交融

1. 汉藏文化交融

在青海省汉族藏化的情况很多，但程度有所不同。在循化表现得最为突出。循化县道帏乡是一个以藏族为主体民族的乡镇，居民中 80% 为藏族，而 15% 是汉族，在藏族文化的熏陶下，当地汉族从信仰观念、文化态度、思想价值观、生活方式基本上已经藏化。汉族自觉主动融入，信仰佛教，按照藏族的规则和习惯说话、娶亲和姓名命定，家庭成员以藏族习惯相互称呼，生活方式已经与藏族无异。同时在一定程度上，藏族也采借了汉族的诸多文化特质，通晓汉文，有着自己的汉族名字，过汉族节日。在身份认同的基础上，各民族群众认同感增强。

2. 撒拉族与其他民族的文化交融

作为当地主体民族，撒拉族先民在 800 年前来到循化，吸收当地其他民族文化要素，特别是与藏族联姻后，有着藏族是阿舅的说法。撒拉族在婚俗与其他生活习俗上也都出现了一些藏化现象。通过联姻，撒拉族与藏族在循化地方形成一种姻亲共处模式。在与回族的关系方面，民间流传着回族是兄弟的说法，因为都信仰伊斯兰教，有着同回族一样的宗教认同。撒拉族文化中既有古代中亚的文化特质，又在语言、服饰、建筑、民间文艺与习俗方面吸收了藏汉民族文化，形成了本民族独特的文化模式。在生产工艺上，撒拉族群众向汉族群众学习农业和手工业技术，向蒙古族、藏族学习放牧技能，融合回族经商技能与经验，丰富自己的商业文化，将其他民族、农业、畜牧、商业、园艺等文化融入撒拉族经济文化之中。

（二）多民族混居的分布状态与互助合作的传统

1. 相对集中的空间分布

循化所在的河湟地区被费孝通称为“中原同青藏高原的流通孔道”，各民族长期生活在同一地域，交往频繁，形成了以地域为基础的共同认知、共同利益。同时在生存空间方面，撒拉族与藏族各有侧重。“藏族主要在道帏、文都、尕楞、岗察四个乡，占全县藏族人口的98%以上。撒拉族主要分布在积石镇、清水、街子、查汗都斯四个乡镇，占全县撒拉族人口的97%。超过70%的汉族分布在积石镇，回族主要分布在查汗都斯与积石两个乡镇。”[①] 但是，随着现代化的推动，城镇化与非农化速度加快，各民族群众外出务工从事非农产业，各族群众之间的相互了解和交往，为民族关系的良性发展奠定了基础。

2. 彼此交织的营生系统

循化县的回族主要因传教、经商、避难而定居在黄河沿岸的川水地区，从事农业生产和商业活动，并擅长园艺和蔬菜的种植。汉族来源较为多元化，既有历史上军屯移民、官员迁徙、手工艺人流动迁移，又有后来的支边工作迁徙，因此营生较为多元。藏族是真正的土著居民，多以畜牧业为主要营生，但也有从事农业与商业的。而撒拉族作为人口最多的民族，多以农业、副业、商业为主要营生。由此，各民族间营生方式表现为主业突出，彼此交织。

① 马建福：《青海省循化县民族人口分布》，《青海民族研究》2006年第2期。

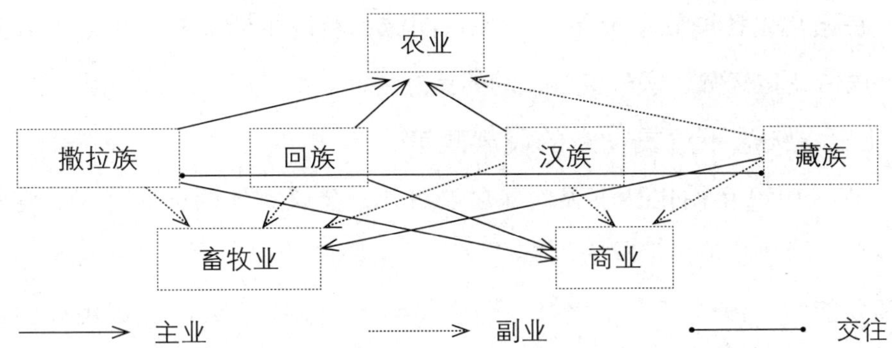

注：该图来源于中央民族大学马建福所著的《族际互动中的民族关系研究——以青海省循化撒拉族自治县为个案》。①

3. 良好的互帮互动合作传统

在社会交往、经济发展方面，各民族之间有着深厚的互惠机制和互帮传统。民族居住地域的差异形成不同的经济模式，互补的经济模式是循化县各民族实现族际交流的条件，各民族只有通过商品交换才能满足彼此的生活需要。1939—1946 年，在循化县查汗都斯乡红光上村，有着汉族身份的西路军红军战士与当地撕拉族群众一起修建家园，建造学校与清真寺，被誉为红军革命传统与革命精神的样本，更是汉族与撒拉族团结互助的典范。中华人民共和国成立不久，多民族之间就开始开展生产互助合作。1954 年由两个长期互助组合并成立的韩老三农业社，7 户中有汉族 2 户，撒拉族 5 户。不仅民间长期存在着互帮互助传统，而且民族精英之间互敬互助传统悠久，使得各民族关系和谐融洽。在清真寺、藏传佛教寺院建成之时，民族精英上门祝贺。值得一提的是，十世班禅得知撒拉族祖先东迁循化时所携带的千年《古兰经》在北京珍藏，多方寻找协调沟通，寻得后交付给来京的撒拉族代表，后来班禅回乡时受到穆斯林群众的夹道欢

① 马建福：《族际互动中的民族关系研究——以青海省循化撒拉族自治县为个案》，中央民族大学硕士论文。

迎。在循化，各民族形成了血缘关系同源、经济生活互补、生活方式互借、民俗文化交融、宗教包容互动的良好局面。

（三）矢志不渝贯彻党的民族政策

早在1950年循化县三级干部会议召开，会议就强调贯彻落实好党的民族平等团结政策，消除大汉族主义，尊重民族特点，提升党在民族地区的领导能力。1951年，循化第一届多民族代表大会召开时就以民族团结为主题，历届党委政府均高度重视民族团结工作。2003年以来，在青海省委、省政府和海东市委、市政府领导下，循化县委、县政府高度重视民族问题，认真贯彻中央关于民族平等民族团结重要论述，加快民族地区发展，改善民族地区民生事业，率先开始创建民族团结进步示范县（先进县）工作。党的十八大以来，切实践行习近平总书记“民族团结是各族人民生命线”的重要理论精神，坚持在党的领导下，做好民族团结这一基础性与前提性工作，通过宣传教育强化“五个认同”——对伟大祖国的认同、对中华民族的认同、对中华文化的认同、对中国共产党的认同、对中国特色社会主义的认同，物质力量与精神力量并举，法律保障与争取人心并重，内容与形式兼顾，2017年，循化县成为全国民族团结进步先进县。

二、循化县夯实脱贫攻坚民族团结基础的基本做法

（一）以“五个认同”为目标，大力开展民族团结教育

1. 明确内容主题

强调以社会主义核心价值观为引领，全方位、多渠道开展民族团结进步宣传教育，在全县藏传佛教寺院扎实开展“缅怀大师、爱国爱教、守法持戒”系列活动，在伊斯兰教清真寺组织举办“瓦尔兹”演讲比赛和释教解经活动，大力弘扬宗教教义中适应社会主义社会的积极思想，切实发挥了宗教界人士在创建工作中的作用。

2. 完善宣传教育形式

第一，加大民族精英教育培训力度。启动实施宗教教职人员和党外代表人士培训方案，计划用五年时间对 1516 名藏传佛教和伊斯兰教教职人员、民主党派和无党派人士普遍轮训一遍。第二，广泛营造舆论氛围。注重发挥主流新闻媒体优势，开辟专题专栏，大力宣传党的民族政策和民族团结进步先进典型事迹，并结合“民族团结进步宣传月”“寺院法制宣传月”“矛盾纠纷排查月”等主题活动，开展了“民族团结杯”青年歌手大赛、“民族一家亲”文艺演出等活动，使“两个共同”“三个离不开”“五个认同”思想深深扎根于全县各族干部群众心中。创建工作开展以来，累计发放宣传资料、宣传册、宣传包等 8 万余份，制作大型宣传牌 15 个，展出展板 520 余块，制作专题片 3 部，悬挂横幅 1850 余条，《海东时报》专版宣传 2 期，文艺演出 24 场次，召开宣讲会 354 场次。第三，充分挖掘民族精英人士先进事迹，突出示范带动作用。广泛搜集整理十世班禅大师、喜饶嘉措大师等高僧大德在促进民族团结、爱国爱教方面的重要言论，制作成影像和文字宣传资料，并在寺院、学校、机关单位等广泛深入开展宣传，直观反映和展示两位大师爱国爱教的风范和循化县特有的民族团结精神，在先贤前辈们爱国思想的浸润下，各族干部群众守望相助，共建家园，积极传播民族团结进步正能量。

3. 构建宣传教育载体

按照省市相关部署和要求，深入开展创建“八进”活动，形成了人人讲团结、处处抓团结的良好氛围。第一，进家庭。以“五星级文明户”创建为载体，努力打造团结和睦示范家庭。截至 2017 年，“星级文明户”总数达到 5679 户，命名挂牌率达到 20.2%。第二，进机关。大力开展宣传教育“进机关”。以窗口服务单位为重点，严格落实各项政策和惠民便民措施，切实保障各民族合法权益，创建 46 个先进机关，覆盖率达 90% 以上。第三，进乡村。以积极参与、促进管理为主题，把多民族聚居地作为重点，注重保障和改善民生，开展丰富多彩的群众文化活动，充分调动群众参与度，创建8个先进乡镇、131个先进村，覆盖率分别达到89%、85%。第四，进社区。以城镇社区为重点，以交流交融为主题，在不断完善服务功能、提升管理服务能力方面下功夫，推动建立“嵌入式”居住的社会结构和社区环境，创建5个先进社区，覆盖率达85%以上。第五，进学校。把民族团结进步教育作为各级各类学校必修课程，实现了教材进课堂、内容入头脑，创建47个先进学校，覆盖率达90%以上。第六，进企业。以促进发展做贡献为主题，深入开展非公有制经济人士理想信念教育实践活动，创建12个先进企业，覆盖率达90%以上，国有企业实现全覆盖。第七，进寺院。在藏传佛教寺院和清真寺经常性地开展法制宣传教育、培训参观、学习考察等活动，严格落实寺院各项规章制度和维稳措施，引导宗教与社会主义社会相适应，创建114个先进寺院，覆盖率达80%以上。第八，进军警营。不断深化军警民“六联建”活动，创建3个市级先进军警单位，覆盖率达100%。

（二）以改善民生为抓手提升民族地区群众获得感

在创建全国民族团结进步先进县过程中，坚持把加快发展和民生改善作为创建工作的根本，坚持“小财政办大民生”理念，进一步加大面向民生领域的政策倾斜和资金投入力度，每年将75%以上的财政资金投入民生领域，全力促进公共服务均衡发展。不仅把创建全国民族团结进步示范县作为目标，更是把创建工作作为改善民生提升人民群众获得感的重要契机，让各族人民群众共享民族团结进步带来的经济社会发展成果，从根本上赢得民心。在工作中，积极顺应各族人民过美好生活的新期待，把改善民生、凝聚人心作为一切工作的出发点和落脚点，把脱贫攻坚视为最大的民生，以建成小康社会为目标，对接乡村振兴战略，寻找差距，全面落实各类社会保障和社会救助政策，努力提高城乡居民住房、医疗、养老等保障水平，使各族群众充分享受改革发展、团结稳定的成果。特别是把“控辍保学”作为重中之重，继续采取强力措施，推进教育基础设施建设与教育质量提升。

（三）以创新社会治理为手段促进社会和谐

1. 以法治手段做好问题治理

当地各级党委、政府及村级组织加大法治宣传教育，以解决问题为导向，重点围绕宗教寺院、重点人员、征地拆迁、草山纠纷、移民安置等问题多发领域进行摸排梳理，坚持用法治思维和法治方式加大调处化解力度。创建工作开展以来，全县共排查出各类大小矛盾纠纷 232 起，化解 221 件，化解率达 95%；接待群众来信来访 92 件 621 人次，妥善处理 88 起，办结率达 96%。认真落实县级领导接访、包案、下访等制度，着力解决群众反映强烈的突出问题，包案化解信访案件 19 件，群众反映问题均得到妥善处理和答复。常态化开展涉藏涉疆维稳工作，加强网络舆情管控和情报信息研判，高压态势整治涉毒涉赌等突出治安问题，严厉打击各类犯罪活动，社会治安形势明显好转。依法加强宗教寺院管理，重视阿訇、活佛和寺院民管会成员的政治教育和普法培训，有力阻断了宗教极端思想的侵害。

2. 强化职能发挥，提升乡镇服务能力

建立健全了以县矛盾排查指导中心为中枢，司法调解中心为龙头，乡镇综治中心、村级综治工作站为骨干，村级治保会、调委会为基础的县、乡、村“三级调解组织”和人民调解、司法调解、行政调解、民间调解“四调联动机制”，完善了相关工作制度，做到了“小事不出村、大事不出乡”。加强乡镇一站式办事大厅建设，严格执行村级干部坐班代办制度，完善村级决策机制，落实村务公开制度，充分发挥村监会监督职能，推进

了基层民主建设，基层组织在创建工作中发挥了宣传动员、组织推动和示范带动作用。

3. 充实基层力量，强化基层组织建设

在创建过程中，循化县将捍卫基层组织体系、夯实基层力量作为基本理念，推动创建工作重心下移、力量下沉。高度重视以党组织为核心的基层组织建设，集中整治软弱涣散基层党组织，选优配强村支书和村委会主任，对矛盾纠纷频发、问题高发的基层班子及时进行调整。统筹推进各领域党组织建设，大力实施“领导力建设工程”和“带头人培育工程”，广泛开展评选活动等制度。结合高原美丽乡村建设等项目，高标准建设了53个村的村级活动中心，村级标准化阵地覆盖率达70%，社区标准化阵地覆盖率达80%；健全基层网格治理体系，优化网格化服务管理职能，全县网格化管理覆盖面达到100%。探索“枫桥经验”本地化做法，充分发挥全县164个民间调解组织的作用，成功化解了12起持续多年的重大矛盾纠纷以及140多起一般矛盾纠纷。特别是由退休老干部、老党员、卸任和现任村干部、宗教人士组成的民间纠纷调解组织，协调解决了多起长期积累和历史遗留的因教派纷争、家族势力插手等方面引发的矛盾纠纷。

4. 加大县域边界区域治理

积极推进与周边地区的共创共建，与甘南夏河、黄南同仁等周边兄弟县建立了县、乡、村三级协作机制，签订睦邻友好县协议，营造了与邻县域间民族团结进步共建氛围。

三、循化县夯实脱贫攻坚民族团结基础的实践探索成效

（一）贫困区域基础设施得到改善

在创建过程中，谋划和实施了循隆高速、“四路四桥”、南北干渠、夕昌水库等一批全局性、基础性大项目，2013年至2018年累计完成固定资

产投资 171.78 亿元，城乡统筹、区域协调发展的基础条件日趋优化。突出规划引领，编制完成了县城总体规划、地下管网规划、重要节点专项规划和重点集镇建设规划，县城主城区控制性详规覆盖率达 95% 以上，全县城镇化率达 38%。

（二）民生事业得到改善

创建工作以来，基础设施，解决就学、就业、就医和住房困难持续改善，农牧业发展、生态保护、扶贫开发、创业增收等方面成效显著，有效解决了一大批涉及教育助学、社会保障、医疗卫生、生态环境等群众关心关注的热点、难点问题，民生保障基础更加牢固，保障水平更加提高，全县 5.4 万人实现稳定脱贫，城乡医疗、养老保险覆盖率均达 98% 以上，3.4 万户城乡困难家庭的住房条件得到明显改善，转移输出劳动力 23.35 万人次，发放创业贷款 2.9 亿元，城镇和农村常住居民人均可支配收入较 2013 年分别增长 9.4%、8.3%，极大地调动了各族群众参与创建工作的热情。此外，坚持把寺院基础设施建设、公共服务和宗教人员社会保障纳入全县经济社会发展规划，先后实施了一批寺院水、电、路、通信和民管会办公用房、僧侣住房等基础设施建设，并积极推进宗教教职人员基本养老、基本医疗、最低生活保障等社会保障工作，全县所有寺院都实现了通路、通水、通电、通信，宗教教职人员城乡基本医保和基本养老保障覆盖面达 100%。

（三）扶贫扶志扶智效果显著

循化历史上藏族和撒拉族民间交流交往形成的“许乎”（或达尼西）关系更加牢固，各民族“我们就是一家人”的意识进一步增强，进一步巩固了平等团结互助和谐的社会主义民族关系。通过总结自治县建政以来各领域涌现出的民族团结进步模范典型，通过示范引领、典型引路、以点带面，推动民族团结示范乡镇、示范村社、示范单位、示范家庭的创建工作，营造榜样带动示范、贫困人群创业就业谋发展的良好氛围。特别是通过宣讲：（1）勤劳致富，争创民族团结进步先进农牧户；（2）重教兴学，争创民族团结进步先进校园；（3）讲创新发展，争创先进企业等系列工作，激发了贫困村、贫困人群通过重视教育、勤劳致富和创新发展的积极性与主动性，促进了扶贫扶志扶智工作效果实现。

（四）社会治理能力提升

创建民族团结先进区的过程就是提高党在民族地区执政能力的过程。通过对基层软弱涣散组织的治理，提高了基层党组织建设能力；通过对农牧民群众深入了解，提高了做群众工作的能力；通过对党在民族地区执政特点和规律的认识，各级党员干部提高了战略思维能力和正确处理民族问题的能力；通过贯彻落实民族宗教政策，提高了做好民族宗教工作的能力。总之，通过创建活动，各级党员领导干部党性得到锻炼，党性修养得到提升，增强了治青理政的本领，进一步密切了党群干群关系，巩固了党在民族地区的执政根基。

第三节　循化县夯实脱贫攻坚民族团结基础实践探索的经验与启示

一、民族团结进步为脱贫攻坚营造良好的社会环境

（一）党的民族理论和政策是民族团结助推脱贫攻坚的根本遵循

人民政权建立初期，全县召开三级干部会议，贯彻落实党的民族平等团结政策，争取一切正确的力量，团结一切可以团结的人，发挥民族精英人士的积极作用。1954年，经上级批准循化县改为循化撒拉族自治县，民族自治政策得到贯彻落实。1955年，循化县贯彻落实《宪法》“宗教信

仰自由政策”，要求遵重民族风俗习惯，践行区域自治，培养民族新生力量。1978 年至 1982 年，重点做好拨乱反正、落实政策待遇等工作，全面恢复和落实党的民族平等团结政策，恢复民族关系，重新确立了民族团结友爱、互助合作的新型关系。1982 年，党的十二大提出民族团结、民族平等和各民族共同繁荣是一个关乎国家命运的重大问题，并把民族关系确定为平等团结互助的关系。1990 年 9 月，江泽民同志视察新疆时首次提出了“三个离不开”(汉族离不开少数民族，少数民族离不开汉族，少数民族之间也相互离不开)的论述，这一论述精辟地概括了我国各民族在历史发展过程中休戚与共、互助合作的紧密关系，反映了民族关系历史发展的客观事实，同时把加快少数民族地区的经济发展作为增进民族团结的核心问题。20 世纪 90 年代循化县委、县政府充分重视民族团结的重要性，做好民族团结的基础性工作和制度性工作，倡导团结与互助，注重尊重与照顾，推进民族地区发展。进入 21 世纪，面对政治与经济问题交织、现实与历史问题交织、民族问题与宗教问题交织、国内与国外问题交织的局面，循化县把平等、团结、互助、和谐的民族关系作为核心目标，加快推动少数民族地区经济社会发展，推动实现“共同团结奋斗，共同繁荣发展”。党的十八大以来，习近平总书记进一步重申“三个离不开”，指出民族团结是生命线，民族团结是发展进步的基石。县当地干部群众始终把“人心是最大的政治”作为新时期搞好民族团结工作的重点与重心，把脱贫攻坚作为最大的民生，是赢得民心的重要工作，维护民族团结，加快地区发展。

整体来看，民族地区的脱贫攻坚是推动民族地区经济社会发展，改善民生的历时性、阶段性工作，是民族地区以人民为主体发展理念的具体体现。平等、团结、进步、和谐的民族关系是民族地区脱贫攻坚实施的重要基础，没有多元一体的民族格局，没有平等、团结、互助、和谐的关系状态，就无法实现民族地区脱贫攻坚的目标任务，就无法补齐民族地区发展短板实现同步小康。

（二）民族地区补短板是促进民族贫困地区脱贫致富奔小康的重要支柱

循化撒拉族自治县地处西部集中连片特困地区，又是撒拉族集中分布的区域。以循化为代表的民族地区贫困是一个普遍现象，是自然环境因素、区位因素、历史文化因素、政策因素等多种因素导致的结果，自然环境因素是国内分析原因的普通共识。经济资本、人力资本、文化资本、社会资本等多个维度的不足，不利于民族地区的发展。改革开放以来，实施梯度发展思维指引下差异化发展战略，强大的政策支持下东部沿海优先发展，也是造成民族地区发展缓慢的原因。如果对于整个国家来讲，西部是中国区域经济社会发展的短板，那么增强民族团结的核心问题是加快少数民族地区的经济发展。改革开放以来，党和国家高度重视民族地区的发展问题，制定实施了一系列发展援助政策，在先富带后富和政策补偿框架下，国家先后对民族地区实施了"输血式"援助和开发式援助的地区发展援助策略。尤其是发展是民族工作的基本任务，成为民族团结进步的工作重心背景下，国家政策资源倾斜援助、东西部协作援助成为民族地区发展的重要推动力量。援助内容从提供政策支持、资源倾斜、基础设施项目优先等战略性部署，到对口帮扶项目资金及生产要素供给，再到鼓励赋予流动到发达地区进行产业发展、就业创业（比如循化"拉面经济"是最好的例证）、教育救助、医疗救助、就业援助。

为了更好地援助撒拉族在内的人口较少民族发展，国家在2005年出台了《扶持人口较少民族发展规划（2005—2010年）》。该规划旨在有效解决群众生产生活存在的突出问题，基本解决贫困人口的温饱问题，是推动我国扶贫事业与全面建成小康社会的重要举措。2011年，《扶持人口较少民族发展规划（2011—2015年）》颁布实施，文件将自我发展能力大幅提升作为主要目标之一，由此专项提出加快建设社会服务体系、完善社会救助政策，以促进自我发展能力的提升。2015年，根据习近平总书记的“五个一批”精准帮扶要求，《中共中央　国务院关于打赢脱贫攻坚战的决定》提出劳务输出脱贫、教育脱贫、医疗救助脱贫、农村最低生活保障制度兜底脱贫，显然继承了扶持人口较少民族发展的基本经验。也就是说，扶持人口较少民族发展为我国打赢脱贫攻坚战、全面建成小康社会积累了有益的探索经验。

实践证明，改革开放40多年来民族地区发展援助工作取得的成就举世无双，贫困状况大范围缓解、基础设施明显改善、经济发展实力显著增强、思想观念与精神面貌深刻变化。

（三）党的领导与政府主导是民族团结助推脱贫攻坚的机制保障

习近平总书记在2014年9月举行的中央民族工作会议上强调指出，做好民族工作关键在党、关键在人。做好民族工作，要靠好干部。其中关键环节在激发党员干部群众工作的积极性、主动性、创造性和科学性。

根据循化创建民族团结进步先进县总结材料与脱贫攻坚指挥部提供的资料对比发现，两项工作都涉及党委、政府的各个部门，且有高度重叠。由此可见，两项工作的高度都很高，都强调提高政治站位，健全领导组织体系、工作落实体系、督查考评体系和群众参与体系，形成协同创建的强大合力。

2013年，青海省委对民族团结进步先进区创建工作进行安排部署以后，循化县委、县政府高度重视创建工作，坚持把创建工作作为推进全县经济建设、社会发展、民生改善和维护稳定的统领工程，突出重点、把握关键、精准发力。多次召开县委常委会、县政府常务会、领导小组联席会等会议研究部署创建工作，成立了由县委书记任组长，县四大班子领导和各常委任副组长，相关单位负责人任成员的创建民族团结进步先进县工作领导小组，组建了领导小组办公室，并从成员单位轮换抽调5名业务骨干充实了创建工作力量，形成了党委统一领导、人大和政协监督、党政齐抓共管、创建办组织协调、部门各负其责、全社会共同参与的县、乡、村三级创建活动体系。同时，将创建工作纳入目标责任制进行专项考核，工作经费纳入县级财政预算，并严格落实县级领导“五包责任制”和科级领导“联村包户”责任制，县乡党政一把手对创建工作亲自研究、亲自部署、亲自督导，积极深入一线掌握情况，解决问题，确保了工作的有效落实。全面落实领导协调、目标责任考核、宣传教育、共创共建、矛盾纠纷排查调处、经费保障、监督检查、表彰激励等工作机制，把涉及宣传教育引导、统筹城乡区域协调发展、保障和改善民生等10个方面的30项重点工作任务，分解落实到52个相关乡镇和部门，对重点任务、重大部署、重要事项进行督查指导28次，推动创建各项工作任务落到实处，突破了民族团结工作只限于党政部门与乡村社会，突破了只面向少数民族群众，实现了全社会、各民族协同共治的良好局面。2015年以来，循化县脱贫攻坚实施以来，按照省负总责、县抓落实的工作要求，成立脱贫攻坚领导小组，成员单位涉及党委、政府近30个部门，办公室设在扶贫办，同时成立指挥部。对标找差距找问题，精准发力，队伍、资源、项目、重心下沉到基层，充实基层队伍，推进党建促扶贫、扶贫促党建等，理念、思路、部门设置、成员构成，工作落实与保障机制如出一辙。所以，创建活动为县域脱贫攻坚目标完成提供了重要的方法策略与路径选择。

（四）优化治理体系促团结是脱贫攻坚的社会生态依赖

无论是《青海省创建民族团结进步先进区实施纲要》，还是《海东市创建民族团结进步先进区实施意见》，乃至《循化县创建民族团结进步先进县实施意见》，都体现了党的十八届三中全会所提出的治理理念。党政主导、群众主体、共享共建的基本理念是治理理念的一种诠释。在实践中，不同民族居住在一起，矛盾与问题是常有的，关键在于有没有一个良好的理性治理机制。在青海循化，一直存在着来自中央的政治机制、法治机制和来自民间的习俗机制，三大机制为优化治理体系提供有益的探索。

1. 政治机制

中国共产党长期以来高度重视民族团结，在革命、建设和改革的各个时期，视民族团结为生命线，维护民族团结是国家统一的基础，始终能够根据我国国情和民族关系领域出现的新情况，与时俱进地完善民族工作指导思想和政策体系，带领全国各族人民走出一条多民族一家亲的“和而不同”“多元一体”民族团结进步之路。循化县委、县政府充分发挥政治机制优势，发挥统一战线、民族工作、宗教工作的作用，团结一切可以团结的力量，推进民族团结繁荣进步。积极引导民族精英参与矛盾调解，尤其是在寺院管理机制方面，在改善寺院水、电、道路等基础设施与确保社会保障覆盖到宗教人员的基础上，积极构建平等协商、合作服务、引导共治的局面，实现政府、寺院、社会的共管共治合作共赢。

2. 法治机制

依法治理是新时代实现民族团结目标的保障，同时，也是完善好相关事务的根本保障。妥善处理民族矛盾与问题，必须树立法治思维。

党把“维护法律尊严”置于解决民族宗教问题“四个维护”原则中的第一定位，体现出党在此方面的智谋和决心。党的十八大以来，以习近平同志为核心的党中央坚持民族事务治理法治化是维护民族团结的基本路径，要求靠法律来保障民族团结，把民族事务管理法治化的推动做细做实。习近平总书记强调，“用法律来保障民族团结”“只有树立对法律的信仰，各族群众自觉按法律办事，民族团结才有保障，民族关系才会牢固”。[①] 循化县委、县政府在创建工作中，坚持民族事务治理法治化，针对查摆出的问题，并坚持用法治思维和法治方式加大调处化解力度。积极开展进社区、进家庭、进学校、进寺院、进机关等全覆盖的普法教育，大大提升了群众的法治意识。2013 年至 2017 年创建工作开展以来，对排查出的矛盾纠纷化解率达 95%，接待群众来信来访办结率达 96%。高压态势整治涉毒涉赌等突出治安问题，严厉打击各类犯罪活动，社会治安形势明显好转。提高运用法治思维和法治方式维护民族团结的能力，在法治轨道上统筹力量、平衡利益、调节关系、规范行为，确保民族团结在新时代社会的深刻变革中不断得到巩固和强化。

3. 民间机制

尤其是在传统社会，存在着化解矛盾的民间理性规则，起着规范生活秩序、解决冲突矛盾的重要作用。在循化，民族间发生矛盾，如果责任在己方，民族精英、宗教精英就会主动找到对方赔礼道歉。在创建工作中，加强基层组织建设，完善乡村调解组织，将民间机制纳入联动机制中，由退休老干部、老党员、卸任和现任村干部、宗教人士组成的民间纠纷调解组织，协调解决了多起长期积累和历史遗留的因教派纷争、家族势力插手等方面引发的矛盾纠纷，实现了萌芽化解在基层、矛盾调解在基层。

二、民族文化是民族地区脱贫攻坚的资源与动力依赖

（一）民族文化是民族地区脱贫攻坚的重要资源

和而不同、尊重包容是多民族文化共同存在、和睦相处的基本理念。然而，当全球化发展到今天，民族地区共同繁荣发展奔小康成为新时代民族工作的核心任务，如何在坚持文化自信的基础上将民族文化资源转化为

---

① 陈蒙：《深入学习习近平总书记关于民族团结的重要论述》，http://theory.people.com.cn/n1/2018/0905/c40531-30272614.html，2018 年 9 月 5 日。

经济资源与精神动力是关键环节。在承认民族文化合理性的基础上，发掘民族文化的特色性，借助政策引导实现人力、资本、科技教育与文化要素的重新聚集，就可以将民族文化转化为经济发展优势。

1. 创建民族团结进步先进县工作推动民族文化自信

为了促进民族团结，构建团结进步和谐互助的民族关系，必须充分尊重民族间文化差异，尊重不同民族生产生活方式与信仰，拓宽了民族文化生存发展空间；挖掘整理优秀民族文化，保持民族文化的特征和个性。在与外界的文化交往中，民族文化得到了更为广泛的认可，民族认同感与归属感得到增强。

2. 民族文化成为新的经济增长来源

近年来，循化县坚持多元化投资、市场化开发的原则，挖掘县域民族文化、民俗文化，逐步开发骆驼泉景区、波浪滩生态旅游观光园、撒拉族印象城和撒拉尔水镇、班禅故居产业园等重点景区，逐步实现文化资源向文化产业转化。另外，循化民族工业发展迅速，成为工业强县的重要支柱。旅游产业和民族工业，初步实现了文化资源产品化、民族文化符号化、传统文化市场化、文化产业集群化，正成为循化县新的经济增长点，也成为循化县脱贫攻坚的特色模式之一，更是未来巩固脱贫奔小康的重要支柱扶贫产业。

（二）民族文化是民族地区自我发展的精神动力

扶贫扶志是当前脱贫攻坚的重要议题，各地做了大量探索性实践，基本都是通过挖掘本地传统文化，塑造致富典型等方式激发自我发展意识与提高自我发展能力。不屈不挠、勤劳淳朴的撒拉族民族精神是脱贫攻坚奔小康不可或缺的精神力量。撒拉族彪悍拼搏、开放兼容、达观进取的民族精神是全面建成小康社会可贵的精神财富。循化撒拉族善于经商搞副业的传统和善于适应融入的心理品格，可以激发当地贫困人群自力更生的意识，塑造融入现代社会自我发展的精神。借助民间互助合作，可以提升自我发展的基本素质与基本技能，实现扶精神、扶信心、扶观念，从而激发自我发展行为。

三、以脱贫攻坚助推经济社会发展是民族团结进步的根本

习近平总书记指出："中央这么重视民族工作，这么重视脱贫工作，就是要更好维护民族地区团结稳定，更好加快民族地区发展，更好凝聚各民族智慧和力量，各民族一起来实现中华民族伟大复兴的中国梦。"①

（一）脱贫攻坚是民族贫困地区最大的民生

抓扶贫就是抓民生，精准扶贫的关键在于解决民生问题。民族地区民生事业是做好民族团结进步和谐之本。借助精准扶贫精准脱贫，完善公共服务体系，消除"最后一公里"现象，让服务不再"悬浮""漂离"，强调以民族群众需求为导向，改"我能提供的"为"提供老百姓需要的"，提高民族地区贫困人群的存在感和获得感。民生事业是减少民族地区贫困人口支出的重要保障。多予少取，降低当地贫困人口的生活生产压力是扶贫的着力点。科技、教育、医疗卫生、文化等民生领域公共服务的大力推进，可以有效缓解民族地区贫困人群在生活生产领域的消费压力。科技扶贫，让民族贫困地区与贫困人群脱贫致富的脚步更为坚实；加大教育资助力度，让更多民族地区贫困家庭子女享受更为优质的教育，斩断贫困代际传递的循环链条；医疗卫生公共服务的推进和医疗保障体系均等化，让民族地区贫困人群不再因病致贫、因病返贫；民族文化扶贫，是精准扶贫的思想武器和智力支持。加大贫困地区民生事业的财政投入，减少贫困地区民生事业方面的开支，是"促进社会公平正义，把发展硬道理更多体现在增进人

---

① 《习近平总书记在会见基层民族团结优秀代表时的讲话》，http://cpc.people.com.cn/n/2015/1002/c64387-27656136.html，2015年10月2日。

民福祉上”的深刻体现。按照国际减贫与发展经验，民生事业应是弱势群体应对风险的强大支持。面对疾病风险、市场风险、科技风险与灾害风险作为贫困人群陷入贫困与返贫的四大因素，循化实施的保险＋扶贫模式，就是利用市场体系、公共服务体系等为当地贫困人群提供风险规避与转移的强大庇护，让民生事业成为贫困地区与贫困人群应对风险的强大武器。

（二）脱贫攻坚是推动民族区域发展的重要力量

区域贫困是我国民族地区贫困的典型表现，通过发展带动扶贫，通过扶贫促进发展是我国区域发展援助的基本方针。脱贫攻坚对于促进民族地区的发展是通过以下手段实现的。

1. 地区发展援助有效弥补区域发展资本不足难题

循化撒拉族自治县是江苏市无锡市梁溪区东西部协作扶贫的主要对象，通过健全完善利益共享机制，对口帮扶畜牧业养殖和旅游扶贫等四个产业扶贫项目，实施了以苏宁在平台的电商扶贫项目，开展技能培训劳务协作、党员干部管理与发展能力培训，实施教育救助项目和医疗救助项目。强化部门合作，实施结对帮扶携手奔小康，推进科技扶贫项目，开展旅游推介。与此同时，国家对较少民族发展的倾斜政策，有效增加了循化经济社会发展的政治优势、政策优势、资源优势与生态优势。

2. 精准帮扶增加了民族地区经济可持续发展的基石

循化县实施的产业扶贫项目立足于当地发展优势产业，通过财政补贴、政策引导、平台提供、技术援助、扶贫贷款支持，实现了民族工业、旅游产业、农牧业、“拉面经济”等优势产业做大做强。光伏产业扶贫和电商扶贫也是在扶贫政策支持下逐步发展。金融扶贫、科技扶贫、教育扶贫、文化扶贫、生态环保扶贫等系列扶贫项目，缓解了当地经济发展资金不足、科技含量低等诸多问题，提升了人力资本水平，对于拓宽经济发展思路、实现经济发展转型起到了良好的作用。

第三章 循化撒拉族自治县脱贫攻坚的运行机制

循化脱贫攻坚成绩的取得，离不开党的坚强领导，离不开各级党组织强有力的领导、组织与执行，离不开政府主导下的跨部门、跨单位、跨层级的职能配合与工作合力，离不开专项扶贫、行业扶贫、社会扶贫互为补充的大扶贫格局，离不开东西部扶贫协作、结对帮扶形成跨地区、全社会共同参与的社会扶贫体系和人人愿为、人人可为、人人能为的社会帮扶格局，更离不开广大贫困群众参与的积极性、主动性、创造性。在党的领导和政府主导下，社会各界广泛参与脱贫攻坚，循化构建了以党建为抓手的脱贫攻坚引领机制、以政府为主导的脱贫攻坚实施机制和以社会力量为补充的脱贫攻坚协同机制，有力地保障了脱贫攻坚各项举措的实施。

第一节 以党建为抓手的脱贫攻坚引领机制

一、以党建为抓手的脱贫攻坚引领机制概况

（一）时代背景

1. 新时代的要求

时代的发展呼唤党的建设。党的十八大以来，以习近平同志为核心的党中央着眼于推进党的建设新的伟大工程，将全面从严治党纳入“四个全面”战略布局，着力提升党的凝聚力、战斗力、领导力和号召力。“中国

特色社会主义进入新时代，我们党一定要有新气象新作为。”党的十九大报告从党和国家事业发展全局出发，提出了新时代党的建设总要求和八个方面重点任务，对推进党的建设新的伟大工程做出顶层设计、战略部署，对新时代党的建设提出了新的要求。

习近平总书记在2018年的全国组织工作会议上强调，提高党的建设质量，是党的十九大总结实践经验、顺应新时代党的建设总要求提出的重大课题。组织部门作为党的建设的重要职能部门，必须牢固树立“质量第一”的观念，不断提高组织工作质量和水平，以组织工作高质量推动党的建设高质量。这就需要各级党政部门强化党组织建设，尤其是加强基层党组织建设。

2. 民族地区发展的需要

民族地区由于受到历史、地理、文化以及社会环境等因素的影响，经济发展滞后，教育基础薄弱，社会现代化程度较低，基层党组织的战斗堡垒作用发挥不充分。基于民族地区的现实需要，加强和改进民族地区基层党组织的建设，对于增强党的领导力量，进一步巩固党在民族地区的执政基础，团结带领各族人民脱贫致富，实现全面建成小康社会的目标和中华民族伟大复兴中国梦具有重大意义。

3. 精准扶贫政策的驱动

精准扶贫政策的推进对党的治理和管理能力提出了新的要求，为应对更加复杂的农村工作，需要发挥基层党组织的力量来促进村庄的发展。习近平总书记2015年在中央扶贫开发工作会议上提出，“抓好党建促脱贫攻坚，是贫困地区脱贫致富的重要经验”，并明确要求“要把夯实农村基层党组织同脱贫攻坚有机结合起来”，并针对乡镇和村庄两个层面提出了更为详细的要求，以期发挥党组织的引领作用，助力脱贫攻坚的顺利进行。在抓党建促脱贫攻坚的政策要求下，全国各地采取了多种形式的以提升党的领导能力为目标的党的建设活动，创新体制机制，提高党建对脱贫攻坚的支持力度。

4. 基层党组织的先锋队作用

中国共产党由于其先锋队的性质和先进性、科学性的特征，在经济社会发展的过程中始终起着引领作用。加强基层党组织建设对于促进社会稳定发展、提高广大人民群众的生活水平和质量、维护党在群众中的形象、巩固党的执政地位都具有十分重要的意义。因此，在经济社会发展的过程中，各级政府都需要注重加强党的建设，发挥党建所带来的引领作用，通过党建的引导，促进经济社会的发展与进步。

（二）以党建为抓手的脱贫攻坚引领机制的内容

循化县委、县政府严格按照《中共中央　国务院关于打赢脱贫攻坚战的决定》和省市脱贫攻坚方案，研究制定《循化县精准扶贫工作方案》《循化县“十三五”扶贫开发工作规划》等指导性文件，提出“1739”脱贫攻坚计划，明确脱贫攻坚责任书、时间表和路线图。认真贯彻青海省抓党建促脱贫攻坚工作意见和海东市50条措施，进一步细化工作职责、量化工作任务，将抓党建促脱贫攻坚作为各级党组织年度党建工作目标考核重要依据和述职评议重要内容，并以组织工作“11710”工作法和基层党建“四个一”推进机制为抓手，强化严督实导，推动抓党建促脱贫攻坚工作各项任务常态推进，加强党对脱贫工作的领导，保障脱贫攻坚工作的顺利进行。

1. 高效的信息传达机制

循化县委积极探索建构信息高效传达机制，通过常委会专题研究，利用集体学习、集中培训、专题研讨、辅导讲座等方式，在第一时间传达学习领会中央和省重要文件精神，提高了信息传递和消化的效率，有利于凝聚思想共识，保持思想先进性，从而增强各级党组织和党员干部脱贫攻坚的政治责任和政治担当。

2. 三级联动的共推共建机制

循化县委、县政府坚持党政同责、协力推进，严格落实各级党组织书记脱贫攻坚责任制，成立以县委书记、县长为双组长、双指挥长的扶贫开发工作领导小组和脱贫攻坚指挥部，精心指导乡村两级成立脱贫攻坚领导小组和工作机构，形成“县有指挥部、乡有工作站、村有工作室”的三级联动机制。在这一联动机制的基础上，循化县委还建立了联点县级领导盯乡镇、党委书记和第一书记盯贫困村、驻村工作队员盯贫困户的共推共建机制，形成上下贯通、整体联动的攻坚合力，以合理健全的机制强化责任落实。

3.“一联双帮”机制

循化县委、县政府积极建立“一联双帮”机制，落实扶贫“123”工作机制（“一联双帮三治”工作机制，简称“123”工作机制，其中“一联”是指干部与村庄联点帮扶；“双帮”是指帮扶单位党组织结对共建帮村、党员干部结对认亲帮户的“双帮”工作机制；“三治”是党员干部结合村情实际，制定行之有效、切实可行的“治穷治弱治乱”措施），推动脱贫攻坚向纵深发展。在干部选派工作中坚持“抽强人、抽能人”的原则，重点从后备干部、业务骨干、入乡驻村帮扶工作中表现好的人员中精心选拔政治坚定、作风扎实、基层工作经验丰富和敢于担当的第一书记和扶贫干部驻村开展帮扶工作，并综合考虑选派单位性质、干部特长与派驻村实际进行合理搭配、紧密衔接，做到对症下药、精准滴灌。

4. 主体责任的落实机制

循化县委、县政府加强责任落实，始终将责任落实作为全县推动扶贫工作的有效措施抓严抓实，从党政领导班子到基层党组织和党员，逐级压实脱贫攻坚主体责任，建立责任落实机制，确保扶贫每个环节都有人问、有人管。

在党政领导班子层面，循化县探索建立党政领导班子成员脱贫攻坚联系帮扶制度，29名县级领导在联点乡镇“一对一”确定帮扶村和贫困户，带头落实包乡联村责任；乡镇班子成员以“一对多”的形式明确脱贫帮扶对象。在基层党组织和党员层面，循化县委依托实行目标责任管理，组织县、乡、村及各行业部门层层签订《脱贫攻坚责任书》，将脱贫攻坚作为县直机关、乡镇、村(社区)及非公企业党组织年度党建目标责任的主要指标；依托“双承诺”制度落实，组织全县3900余名党员将精准扶贫作为公开承诺重要实践内容；依托推行“年承诺季报告月报表”制度，组织213名扶贫(驻村)干部公开承诺，并由所在村党支部、乡镇党委审核、对标验收，再报组织部门备案，同时定期审核上报扶贫(驻村)干部季报表、月报告。

5. 督导检查机制

为切实做好全县脱贫攻坚巩固提升工作，循化县层层传导压力，落实工作责任，成立8个督导组，每个督导组分别由1名县级领导任组长，负责一个乡镇的脱贫攻坚工作。从县纪委监委、组织部、扶贫局及行业部门抽调专人，不定期进村入户开展督查，重点围绕扶贫工作队在岗履职、扶贫“双帮”工作、村集体经济“破零”、互助资金运行、扶贫项目实施情况开展专项督查，对扶贫工作队工作衔接不及时、“双帮”责任不落实的，在全县进行通报，对11家省市责任单位进行了电话提醒或函询，对56名县乡干部、第一书记开展了提醒谈话。除此之外，县精准扶贫指挥部也对联点帮扶干部“双帮”工作落实情况进行电话“回访”，并定期通报，督促机关干部进村入户帮扶。

（三）以党建为抓手的脱贫攻坚引领机制成效

循化县委始终坚持厚植基层基础，牢固树立大抓基层的鲜明导向，大力实施抓乡促村工程，切实将基层党组织打造成打赢脱贫攻坚战的政治领导核心和一线指挥部。

1. 构建地方特色的党员思想培养模式

循化县基层党建以加强党组中心组理论学习为主要方式，督促并鼓励基层党员干部采用定期的集中学习和不定期的自觉学习相结合的形式，形成具有循化特色的党员思想培养模式。尤其是在党建领导班子成员的思想建设工作中，中心组学习领导小组和中心组学习办公室发挥了巨大作用，该领导小组以党组书记为组长、领导班子成员为副组长，根据上级党组织的工作部署，结合现实的具体情况对中心组的工作任务进行具体安排，包括制订学习计划、分配学习任务、提出学习要求、检查学习情况、交流学习心得、举办学习报告会等；而各中心组成立的学习办公室则由专人负责制订学习计划、整理学习资料、转发学习通知、记录学习信息和管理学习档案等具体工作。

各级党组织定期开展“三会一课”，领导干部带头讲党课，向党员和群众宣讲党的最新政策文件、重要会议精神和各项政策法律以及党和国家领导人的重要讲话精神。比如针对牧区特点，组建牧区“流动党校”，根据放牧季节、党员居住地和党员数量，采取灵活多样的授课方式，力推牧区党员思想政治教育。改进基层党建的工作作风和工作纪律，在基层党建过程中密切联系群众、发动群众，扎实开展各种党员思想教育活动，坚持走群众路线；基层党员和群众之间相互交流、彼此互动、关系融洽，基层各级部门之间信息共享、资源互补，从不同方面，采用灵活多样的方式来加强基层党员群众的政治思想建设。创新开设理论课堂、红色课堂、空中课堂和实践课堂“四大课堂”体系，提升党员干部的理想信念和理论联系实际的能力。

2. 规范基层党建工作流程

在重大决策问题上，基层党组织坚持集体讨论和民主集中制，规范各种议事的程序和规则，广泛听取各方意见，落实上级制定的各项规定，保证各项决策的民主科学和公平公开；通过定期开展党内民主生活会的形式，各基层党组织自觉主动地接受人民群众的监督，循化县上级相关领导亲自参会并给予指导，班子成员对照自查，开展批评与自我批评，会后整理会上提出的各项要求及问题，制订整改方案，举办座谈会或专题讲座；述廉述职、勤廉公示，形成优良党风，发挥模范带头作用，做好廉政建设工作。基层党组织的作风建设就是通过领导班子和班子成员的述职总结、工作汇报等形式，在精准扶贫一线实践中以身作则才得以实现。党员干部不仅在日常生活中做到守好纪、遵好法，而且在家庭生活中要求自己的亲属也要遵纪守法，在基层党风廉政建设中发挥了模范带头作用。即使是在重大节日期间，基层党组织也依然保持了良好的行为作风，不铺张、不浪费、不奢靡。当下，循化县各基层党组织在工作质量、办事效率、服务态度和依法行政上均遵循权责明确、高效廉政、遵纪守法、行为规范等要求。

3. 夯实乡镇党政领导班子建设

循化县结合县乡镇换届选举，配齐配强乡镇党政领导班子，新一届班子的年龄、文化、专业等结构更加合理。同时认真贯彻中央和省、市委关于保持贫困县党政正职稳定的要求，对乡镇党政领导班子实行重点管理，2016 年换届以来，全县 9 个乡镇党政正职保持了稳定。除此之外，循化县结合换届后乡镇党委班子运行情况，在研究判断的基础上对违规借调乡镇干部进行专项整治，做好乡镇公务员和事业人员定向招录等工作，进一步完善乡镇党委班子运行机制，扎实抓党建促脱贫攻坚工作基础，增强乡镇党委在脱贫攻坚工作中的“龙头”作用。

4. 增强村级党组织“堡垒”功能

循化县加强基层党组织建设，圆满完成村级组织换届选举工作，选优配强 154 个村“两委”班子，并通过开展不胜任、不合格、不尽职村党支部书记“回头看”工作，实施农村党组织带头人培育储备工程，确保各村始终有一支政治坚定、能力突出的“领头雁”队伍。扎实开展“支部建设年”活动，以基层党组织“堡垒指数”考评、“1+5”综合考评和“方阵管理法”为抓手，对 154 个农村党组织进行分类定级，画出“方阵图”，列出“排头兵”，并足额落实优秀党组织奖补资金，集中整顿软弱涣散村党支部，实现农村党组织晋位升级常态化。大力实施村级活动场所“清零”工程，统筹整合“美丽乡村”、基层服务用房等项目资金和中组部划拨党费，2015 年至 2018 年累计投入近 1.2 亿元新建 119 个村级综合办公服务中心，特别是 2017 年以来共投入 3400 余万元新建和改扩建 66 个标准化村级活动场所，为 154 个村党员活动室配齐空调、电视、桌椅等办公设施设备，并对远程教育“零点播”站点进行全面维护升级，实现标准化村级活动阵地全覆盖。同时，坚持“建管并举”，通过村党支部每月 1 日开展“固定党日”、村干部每周一三五轮流坐班、第一书记和扶贫工作队每日值班等方式，切实发挥村级党组织活动场所抓党建促脱贫攻坚“主阵地”作用。

5. 做好驻村帮扶工作

循化县委、县政府积极加强选派工作，严格选派管理，通过突出精准选派、强化管理服务的做法，从各级机关及企事业单位中选出了一大批高素质的党员干部担任第一书记和扶贫工作队队员，并成立 71 支工作队驻村开展帮扶工作。第一书记和驻村工作队员全部脱岗驻村，组织关系转入村党支部，有效充实基层抓党建促脱贫攻坚工作力量，为基层党组织的建设提供了高素质人才，满足了基层党组织的人才资源需要，为脱贫攻坚工作持续高效开展提供了强有力的人才支撑和组织保证。

二、以党建为抓手的脱贫攻坚引领机制运行

（一）思想动员：凝聚脱贫攻坚共识

1. 深刻解读脱贫攻坚的价值和意义

循化县委在增强思想动员广度与深度的同时也深化了学习的内容，明确了脱贫攻坚的价值和意义，使得循化县的党员干部群体对打赢脱贫攻坚战对循化县摆脱长期贫困、实现持久稳定发展起到的作用，对实现全面建成小康社会的意义有了更加深刻的认识，对自己作为一名共产党员所肩负的任务、使命和承诺也更加清晰。通过对党员干部群体思想上的深化与引导，在农村基层党组织和驻村干部对村民的影响与带动下，在全县范围内深化了对脱贫攻坚的理解与感受，从而起到更为有效的思想动员作用，凝聚起脱贫攻坚的共识，提高脱贫攻坚工作的积极性。

2. 广泛的思想动员

循化县委、县政府带头在思想上、政治上、行动上同以习近平同志为核心的党中央保持高度一致，引领广大党员旗帜鲜明讲政治，推动全县各级党组织和党员干部增强脱贫攻坚的政治责任和政治担当，凝聚脱贫攻坚共识。把全面打赢脱贫攻坚战作为最大政治使命，坚决用习近平总书记关于扶贫工作的重要论述和中央精准扶贫、脱贫攻坚重大决策部署统一思想、武装头脑，通过形式多样的信息高效传达机制，开展自上而下的广泛思想动员。

3. 加强干部教育培训

循化县委加强干部教育培训，实施脱贫攻坚能力提升工程。整合各级党校和各类培训资源，分批组织开展扶贫政策法规、对象识别、建档立卡等抓党建促脱贫攻坚能力提升培训。针对扶贫思路不开阔、创新意识不强

等问题，组织扶贫工作队成员、村“两委”班子成员、农村致富“带头人”赴成都、无锡、贵州等地进行考察学习；针对扶贫工作进展不一、参差不齐等问题，邀请省委相关行业部门开办精准扶贫专题培训班，通过政策解读、案例分析等方式进行专题培训，着力提升业务能力。2017年至2020年，循化县累计组织贫困村“两委”负责人、扶贫工作队成员、农村致富带头人举办各类专题培训45期3585人次。2018年至2020年，依托东西部扶贫协作契机，组织脱贫攻坚一线干部赴江苏无锡考察学习166人次，40名党政干部和企业代表赴无锡梁溪开展对接考察。

4. 激发贫困人群自我发展意识

毛泽东在《论人民民主专政》中说过，“严重的问题是教育农民”。要让贫困地区和贫困户持续地不可逆地摆脱贫困，首先要解决思想贫困所导致的内生动力不足问题。而农村村民由于受教育水平低、与外界接触少、眼界狭窄、思想观念落后等限制，在很大程度上无法深刻领会脱贫攻坚的内容及意义价值。因此，通过选派具有较高思想觉悟的党员干部驻村领导并参与脱贫攻坚工作，通过村庄党组织以及驻村干部长时间的宣传教育以及近距离的接触，逐步提高农民的思想觉悟，调动农民脱贫攻坚的积极性，从而在村庄农户层面凝聚起脱贫攻坚的共识。

（二）组织动员：构建脱贫攻坚组织体系

1. 县委领导下的脱贫治理格局

习近平总书记强调，打赢脱贫攻坚战，组织领导是保证。党建引领就是发挥好县委统揽全局、协调各方的作用，以脱贫攻坚统揽全局，搞好政策顶层设计。循化县委明确党委领导的脱贫治理格局，成立了由县委书记和县长任双组长、双指挥长的扶贫开发工作领导小组和脱贫攻坚指挥部，统筹协调、推动、督查、督导问责，充分发挥领导作用，把各方面的力量充分调动凝聚起来，形成党委负主责、政府主抓、党员干部主帮、基层主推、行业配合、社会参与、各方助力的强大攻坚合力，构建起党委领导的脱贫治理格局。

2. 县级领导包乡联村、单位帮村、干部帮户的帮扶体系

循化县建立“县级领导包乡联村、单位帮村、干部帮户”的帮扶体系。全县 29 名县级领导干部在联点乡镇“一对一”确定帮扶村和贫困户，带头落实包乡联村责任；乡镇班子成员以“一对多”的形式明确脱贫帮扶对象；132 个机关和企事业单位党组织与 154 个村党支部结对共建，2496 名党员、干部与 1934 户贫困户结对认亲，并做到每两个月开展一次帮扶，办理群众一两件实事。开展千名干部脱贫攻坚大走访活动，所有“双帮”责任单位和全体干部职工走村入户开展帮扶，做到“走访不漏户、户户见干部”。

3. 农村基层党组织的主阵地作用

循化县坚持开展“支部建设年”活动，以“1+5”综合考评和“方针管理法”为重要抓手，集中整顿软弱涣散村党支部，实现农村党组织晋位升级的常态化。通过村级活动场所“清零”工程，累计投入近 1.2 亿元新建 119 个村级综合办公服务中心，为 154 个村党员活动配齐基础办公设备。加之通过村党支部每月 1 日开展“固定党日”、村干部每周一三五轮流坐班和第一书记每日值班的方式，切实发挥村级党组织活动场所的“主阵地”作用，强化农村基层党组织的整体功能，特别是政治功能和服务功能。

4. 第一书记和扶贫工作队员定点帮扶

循化县着眼于长效脱贫，突出创新实效机制，针对不同情况的贫困村和贫困户实行精准结对、精准施策、精准帮扶。县政府坚持因村精准结对、精准派人，按照经济部门到穷村、党群部门到弱村、政法部门到乱村的原则，向 71 个贫困村精准选派了第一书记和扶贫驻村工作队，向有 10

户及以上贫困户的 31 个非贫困村精准选派了扶贫（驻村）工作队。在选派第一书记和扶贫（驻村）工作队的基础上，91 个中央、省、市及县属行政、企事业单位结对帮扶了 62 个贫困村和 92 个非贫困村，2496 名省、市、县机关单位干部和部分企业投入精准结对、精准施策、精准帮扶的工作中来，为进一步巩固脱贫攻坚工作成果，持续提供了强有力的人才支撑和组织保证。

5. 从严管理干部

循化县认真落实《新一轮第一书记和驻村工作队管理办法》，突出乡镇党委管理主体责任，加强对扶贫工作队的管理和工作指导，严格执行考勤、坐班、请销假、外出报备、带薪休假以及年承诺、季报告等日常管理制度，有效保证驻村工作常态化。认真贯彻省、市委组织部《关于严格第一书记选派调整有关事宜的通知》，严格执行每个批次第一书记驻村时间不少于 2 年，对因特殊原因需要调整轮换的，逐级按程序上报审批等要求，保证了扶贫工作队伍的稳定。

（三）内在激励：激发脱贫攻坚内在动力

1. 强化对选派干部的考核与使用

循化县委注重考核实绩分析，将日常督查与年终考核有机结合起来，扎实开展扶贫第一书记和扶贫工作队的年度考核工作，对在脱贫攻坚工作中考核评定为优秀的干部进行表彰，树立脱贫攻坚先进典型。在认真贯彻落实省委《关于进一步激励广大干部新时代新担当新作为的指导意见》的基础上，把脱贫攻坚主战场作为培养、锻炼、识别和选拔干部的前沿阵地，加强对选派干部的管理、考核、实绩分析，加大对贫困乡镇干部的倾斜力量，准确掌握和使用脱贫攻坚实绩突出的干部，通过精英下乡和结对帮扶，夯实了基层的干部工作力量。脱贫攻坚工作开展以来，先后从第一书记和扶贫工作队成员中，提任正科级干部 5 名、副科级干部 5 名，列入科级干部后备库8名，激发了干部投身脱贫攻坚工作的热情。

2. 关爱与激励并举

如果说农村基层党组织是脱贫攻坚的关键，那基层党组织干部就是脱贫攻坚的主力军。为了充分激发扶贫干部干事创业热情，循化县委、县政府认真做好扶贫干部生活保障工作，足额落实扶贫工作队的乡镇工作补贴和驻村干部生活补助，从公用经费中按照每人每天60元标准发放驻村生活补贴，并且为全县213名扶贫驻村工作干部办理了人身意外伤害保险，为71个扶贫工作队统一配备了电暖器，解除了扶贫干部的后顾之忧，激发了干部扶贫脱贫热情。

循化县委还在贫困村党组织和党员中开展“六好五在先”争创活动，围绕贫困村党组织脱贫攻坚，努力打造“六好”党组织和“五在先”党员，切实发挥贫困村党组织在脱贫攻坚中的战斗堡垒作用和党员的先锋模范作用，把党的政治优势、组织优势转化为推动脱贫攻坚的“红色引擎”，不断激发贫困群众的内生动力，加快脱贫致富步伐。

3. 通过“党建+产业”形式培育农村持续发展能力

在建强农村基层党组织的基础上，循化县委通过“党建+产业”的形式培育村庄持续发展能力。坚持因地制宜、以点带面，聚焦党建工作重点任务和各乡镇资源优势，通过“党建+N”，充分发挥示范带动作用，实现党建资源与产业资源的有效对接，深入挖掘和打造抓党建促脱贫攻坚工作特色品牌。例如，依托查汗都斯乡独有的西路红军红色资源优势，大力实施“一县一基地、一县一特色”党员教育基地创建工程，打造了独具特色的红色党建“新品牌”，不仅为党员干部接受理想信念教育提供了“新平台”，更是强化了县域红色旅游的“原动力”；针对白庄镇外出经营“拉面馆”的农村群众日趋增多的实际，采取“支部领导、党员带头、结对帮带、共同致富”模式，探索实施“党建+拉面”工程，使“拉面经济”成为基层群众脱贫致富的支柱产业。

4. 通过扶贫扶志激发村民内在动力

循化县委根据撒拉族的民族特征、文化传统与精神资源优势，以党建为抓手，发挥基层党组织和驻村干部的作用，通过政治动员、政策宣传、技能培训、移风易俗等活动，积极开展扶贫扶志工作，调动村民的生产积极性，引导村民为实现脱贫攻坚而不断奋斗，激发村民脱贫致富的内生动力。具体体现在以下几点。

一是依托撒拉族集体文化活动加强政策宣传教育。在召开村民大会等活动加强宣传进行思想动员的基础上，村“两委”成员和驻村干部还依托撒拉族经常举行的集体文化活动，扩大宣传教育的力度和广度。通过联系以村庄精英为代表的集体活动组织者，借助其在村庄中的影响力和公信力，开展政策宣传教育活动，提高村民对政策的理解度和认同感，进而起到思想动员的作用，激发村民的自身动力。二是挖掘撒拉族民族文化精神，激励自身发展。在县委、县政府的领导下，各级党组织和党员干部深入挖掘撒拉族文化精神内核，总结提炼出撒拉族所具有的敢拼敢闯、坚韧不拔的撒拉族精神，并通过扩大宣传、寻找典型等做法巩固这些精神特性，激发村民内心的精神动力，从而产生强大的内生动力，实现村民积极主动要求发展。三是大力推进移风易俗活动，塑造村民的良好心态。村“两委”和驻村干部在上级政府的要求下，积极开展移风易俗活动，摒弃不良的风俗习惯，倡导朴实节俭的生活作风，遏制村中大操大办、攀比的不良风气，塑造良好的村风民风。四是加强技能培训和宣传教育，提高村民自我发展的意识和能力。循化县委、县政府制定政策，积极组织各级基础党组织针对村民开展技能培训活动，在进行技能培训的同时加强思想教育，在村民掌握脱贫致富技术的同时也进一步提高村民自我发展的意识和能力。

三、以党建为抓手的脱贫攻坚引领机制的经验与启示

（一）基层党建为脱贫攻坚提供强大的政治保障

脱贫攻坚的顺利进行离不开党的领导，离不开党的坚强政治保障。循化县委在脱贫攻坚的过程中，不断加强党的领导，夯实党的组织基础，发挥基层党组织的战斗堡垒作用，为脱贫攻坚提供了强大的政治保障。

1. 建构政策机制满足脱贫攻坚发展需求

循化县委以基层党组织和广大党员为媒介，结合基层实际情况，不断进行政策设计和资源分配，满足农村和农民发展的需要，为脱贫攻坚工作提供政策支持。充分发挥党组织力量，通过建构信息高效传达机制、三级联动共推共建机制等，强化了党对脱贫攻坚工作的领导，在提高党组织的整体运行效率、为党的建设提供机制保障的同时，也提高了脱贫攻坚工作的运行效率。

2. 注入基层党员干部力量带动脱贫攻坚开展

循化县委通过选派优秀干部进驻村庄，将党组织关系转入基层党支部的做法，将一大批优秀的党员干部力量注入村庄基层当中，增强了村庄的发展力量，加强了基层与上级政府的联系，在党员干部的领导与帮助下，实现基层脱贫攻坚又好又快发展。

3. 通过政治动员凝聚共识提高脱贫攻坚效率

循化县委深刻认识到思想建设对脱贫攻坚的影响与带动作用，通过自上而下广泛的政治动员和信息高效传达机制中的多种方式，以党组织和党员干部为媒介，将脱贫攻坚的思想传播到循化县每一个人，凝聚全县脱贫攻坚的共识，从而激发人们的内生动力，提高脱贫攻坚的效率。

（二）基层党建为脱贫攻坚提供强大的组织保障

循化县委在为脱贫攻坚提高政治保障的同时，也加强了对乡镇党政领

导班子建设、村级组织换届选举等工作的指导，为脱贫攻坚工作提供了强大的组织保障，选派党员干部充实到基层党组织中，建立起完善的组织体系。

1. 通过机制建构形成互联互通的组织体系

循化县委加强组织工作，在党委领导的脱贫治理格局基础上建立起“县级领导包乡联村、单位帮村、干部帮户”的帮扶机制，形成“县有指挥部、乡有工作站、村有工作室”的三级联动机制，打造县级领导盯乡镇、党委书记和第一书记盯贫困村、驻村工作队员盯贫困户的共推共建机制，将循化县各级组织的党员干部联系起来，形成上下贯通、整体联动的攻坚合力，以互联互通的组织体系强化责任落实，提高政策执行效率。

2. 选派优秀党员干部打造高质量的基层党组织领导班子

循化县委积极加强组织工作，精准选派优秀的党员干部担任第一书记和扶贫工作队队员，上下联动“定点帮扶”，密切了基层党组织与上级政府的联系，促进基层党组织的建设。在选派干部联系村庄的同时，进一步加强干部的管理工作，成立以乡镇领导为负责人的督导组，加强监督检查，严格要求干部，压实工作责任，从而保证工作效率。不断加强对选派党员干部的教育培训，提高他们的综合素质，通过一系列措施将基层党组织打造成为优质高效的战斗堡垒，提高脱贫攻坚工作的效率。

（三）基层党建为脱贫攻坚提供强大的动力源泉

1. 加强基层党支部建设发挥引领和带动作用

“帮钱帮物，不如帮建个好支部。”循化县委深知要想改善基层脱贫攻坚效果，实现长效发展，就必须加强基层党支部的建设，增强基层党支部的先进性和活力，发挥其引领和带动作用。在乡镇层面，循化县认真贯彻中央和青海省、海东市委关于保持贫困县党政稳定的要求，在立足贫困地区可持续发展能力建设、不断加强贫困地区的农村基层组织建设的目标下，通过县乡换届选举，配齐配强乡镇党政领导班子，明显改善新一届班子成员的年龄、文化、专业等结构，保证基层工作稳定有序开展。顺应时势地更替基层党支部，以职位级别、工作领域、范围区域等标准及时更新成立相应的基层党支部，充分发挥干部领导能力、交流工作经验、共享各种信息资源。对乡镇党政领导班子实行重点管理，自 2016 年换届以来，全县 9 个乡镇党政工作保持了稳定，结合换届后乡镇党委班子运行情况研判，对违规借调乡镇干部进行专项整治，规范乡镇公务员和事业人员定向招录等工作，进一步完善乡镇党委班子运行机制，夯实抓党建促脱贫攻坚工作基础。在乡村层面，循化县圆满完成村级组织换届选举，选优配强 154 个村“两委”班子，并通过开展不胜任、不合格、不尽职村党支部书记“回头看”工作，实施农村党组织带头人培育储备工程，确保各村始终有一支政治坚定、能力突出的“领头雁”队伍。扎实开展“支部建设年”活动，以基层党组织“堡垒指数”考评、“1+5”综合考评和“方阵管理法”为抓手，对 154 个农村党组织进行分类定级，画出“方阵图”，列出“排头兵”，并足额落实优秀党组织奖补资金，集中整顿软弱涣散村党支部。

2. 培养、吸纳农村乡贤和能人加入党组织不断拓展新思路

党建对脱贫攻坚的引领作用，不仅仅体现在带动村庄发展致富上，更凸显在优秀后备人才的挖掘之中。通过带动村民致富，引入、培养、“创造”出一批扎根农村、熟知农村、热爱农村的能人群体，将党建工作与扶贫工作深度融合，既把能人大户培养成党员，又把党员培养成能人大户，更将党员能人、党员大户培养成村干部。这样循序渐进的人才培养、挖掘模式，不仅能解决农村基层党组织能力不足和后继无人的问题，更能保障农村支部建设的循序渐进、平稳过渡，形成正常的新陈代谢。同时由于这

批党员干部扎根基层、经验丰富，对基层了解深入，在探索扶贫发展新思路时，往往能起到提供十分重要的意见和政策纠偏的作用，为村庄的持续发展提供源源不断的动力来源。

第二节 以政府为主导的脱贫攻坚实施机制

一、以政府为主导的脱贫攻坚实施机制概况

（一）时代背景

在我国当前的农村扶贫过程中，主要以专项扶贫、行业扶贫、社会扶贫为主。然而在具体的实施过程中，财政、医疗、住建、教育、农业、工商等多个部门的职能都与扶贫工作有着或多或少的交集。那么如何审时度势，打破政府部门之间的分割、职能分散、参与程度不足的状况，使得各政府部门之间互相协调、互相合作，从而形成扶贫合力开展精准扶贫工作就显得尤为迫切。在脱贫攻坚过程中，中央十分重视加强各级政府部门间的合作协调关系，优化部门职能，从而形成部门间扶贫合力，推动我国精准扶贫工作的进一步开展。2011 年，我国出台的《中国农村扶贫开发纲要（2011—2020 年）》强调，“集中连片特困地区”将是我国未来扶贫工作的主战场，指出政府各部门、社会各方面应该相互配合，共同帮助贫困户和贫困地区的发展。2015 年 6 月，习近平总书记在贵州召开部分省区市党委主要负责同志座谈会时，明确指出在扶贫工作要形成扶贫合力，必须要做到“理顺管理体制，科学划分各级各部门事权，明确部门职责分工，整合各类扶贫资源，提高资金使用效率”。2017 年 2 月在中共中央政治局第三十九次集体学习时，习近平总书记提出了在脱贫攻坚过程中“加强领导是根本、把握精准是要义、增加投入是保障、各方参与是合力、群

众参与是基础”五条有益经验，进一步强调了扶贫中各方参与、各部门配合的重要性。可见，中央已经意识到扶贫工作中强调政府各级职能部门相互配合的必要性。诚然，在以政府为主导的脱贫攻坚实施机制作用下，理顺了我国各级政府在扶贫工作中的管理体制问题，并且十分明确地对各级政府职能部门在扶贫工作中的职责做出了规定，革除了各级政府部门间权责不明、责任推诿的弊病，使得各政府部门间权责得以明晰，有效地保障了各级政府部门能够切实履行其职责。在扶贫责任明晰后，有利于各政府职能部门确立共同目标、凝聚扶贫意识，从而通过职能配合和职能优化形成强大的部门合力来推动我国扶贫工作的进一步开展。并且，各部门间的协调与配合、联结互动，使得扶贫资源能够得到充分使用，从而达到优化资源配置，提高扶贫资源收益的目的。

（二）以政府为主导的脱贫攻坚实施机制内容

1. 建立健全“双领导体制”

循化县创新性地采用“双领导体制”来加强扶贫工作的协调与沟通，推动扶贫工作的开展。在循化当地不仅存在脱贫攻坚指挥部和扶贫开发工作领导小组来负责统揽协调整体扶贫工作，还通过设立扶贫开发局进一步加强政府各职能部门的扶贫工作协调。循化县在推进脱贫攻坚过程中成立了由县委、县政府等主要领导任总指挥、副总指挥的精准扶贫指挥部，采用双组长、双指挥长制来负责领导当地的脱贫攻坚指挥部和扶贫开发工作领导小组。精心指导乡村两级组建脱贫攻坚工作领导小组和工作机构，从而形成了“县有指挥部、乡有工作站、村有工作室”的扶贫联动机制。通过县领导联点乡镇、党委书记和第一书记联点贫困村、驻村工作队联点贫困户的共推共建机制，形成了一个上下贯通、整体联动的脱贫攻坚合力，推动了扶贫工作的开展。通过建立脱贫攻坚指挥部和扶贫开发局的形式，既在纵向上加强了各级政府之间的沟通与协作，又在横向上加强了政府各职能部门的职能配合能力，从而强化了扶贫的集中统一领导意识和部门扶贫合力，最终以制度化的组织体系有力地保障了扶贫工作开展。

在《中共中央　国务院关于打赢脱贫攻坚战的决定》和青海省海东市脱贫攻坚工作方案的指导下，结合当地实际情况，认真研究制定了以加强职能优化和职能配合为手段，以形成部门扶贫合力为目的的循化县《全面推进脱贫攻坚实施意见》《"十三五"脱贫攻坚规划》等指导性文件。在这些政策的指导下，循化县各级政府职能部门纷纷响应县政府号召，针对脱贫攻坚任务在机构内部成立了专门的部门扶贫领导小组并建立了相应的领导小组办公室。各职能部门的扶贫领导小组将各自的扶贫工作计划定期报送上级脱贫攻坚指挥部，并由脱贫攻坚指挥部对扶贫工作做出统一规划安排。

2. 强化职能部门合作

在循化县委、县政府的有力领导下，县扶贫开发局和统战部牵头组织扶贫工作，联系扶贫过程中的内外部力量，并对扶贫工作进行整体部署安排。而各政府职能部门扶贫领导小组按照其专业和负责的领域开展扶贫工作，负责扶贫项目的具体运作以及扶贫资金的具体使用。在具体工作过程中，各部门的扶贫领导小组在扶贫政策的落实、程序流程的操作中与其他部门密切配合。在开展辖区范围内的扶贫工作时，既注重与上级部门的联系配合，又注重与同级职能部门的职能协作，优化了部门职能，推动了扶贫工作的开展。

表3-1 循化县各职能部门脱贫攻坚任务表[①]

部门	主要扶贫工作
扶贫开发局	①实施到户产业发展项目、易地搬迁项目、“雨露”培训项目、30兆瓦光伏扶贫项目、社会帮扶项目等扶贫项目 ②首创“保险＋扶贫”的工作模式 ③实现互助资金项目全覆盖、打造乡村旅游示范点
发改委	①规划脱贫攻坚整体工作，对接其他扶贫部门 ②加快项目审批，确保扶贫资金及时到位 ③改善循化基础设施，发展循化特色经济 ④政策支持推动民族经济发展，稳步推进各项社会事业
民政局	①实施低保兜底扶贫，完善农村最低生活保障机制 ②健全完善特困人员供养制度，加大城乡居民医疗救助体系建设 ③构建农村养老服务机构，加强重点优抚对象救助工作 ④编密织牢兜底保障网，向困难群众精准发力 ⑤构建多元养老服务新格局，保障特困群体基本生活
财政局	①财政发改相结合，实施以工代赈项目 ②加大财政扶贫投入，做到脱贫攻坚资金保障到位：积极争取上级专项资金、加大财政扶贫资金投入力度、强化涉农资金整合、推动财政金融合作创新、发展壮大村级集体经济 ③强化资金监督管理，做到扶贫资金落实到位：严格扶贫项目资金管理，认真开展精准扶贫领域预防职务犯罪教育，全面落实项目资金公开公示制度，严格扶贫项目资金检查和审计 ④充分发挥财政职能，凝聚财政干部智慧，开展“多对一”帮扶工作 ⑤主抓农业产业，争资立项、创收致富
金融办	①帮助指导发展农村经济，完成创建金融服务档案工作，开展贷款户信用等级动态评定工作 ②工作重心向县域乡镇倾斜，聚集物理网点、自助网点及惠农金融服务点 ③宣传普及金融知识、推广金融产品服务 ④提供零距离、贴身式服务，与农户构建紧密互动、互惠共荣的新型服务关系

① 此表根据循化县脱贫攻坚相关文件、各部门工作计划、工作总结及经验汇报等材料编制而成。

续表

部门	主要扶贫工作
农村信用合作联社	①与金融扶贫工作密切结合，加大农村扶贫开发工作力度 ②辅助完成金融服务档案工作和稳步开展信用评定，加强部门联动 ③积极投放精准扶贫贷款，完善贷款台账及“三有一无”户名单 ④进村入户宣传金融精准扶贫政策，开展“三带三推、结对帮扶”活动 ⑤深刻领悟《金融支持精准扶贫青海农信行动方案》(青信联〔2015〕354号)、人民银行《关于建立精准扶贫金融服务三级联动工作机制》(西中支〔2015〕115号)等金融扶贫文件，研究制定《循化县农村信用合作联社“精准扶贫”工作实施方案》、部门作战图及精准扶贫信贷投放计划
教育局	①系统实施《循化县教育扶贫攻坚工作实施方案》，全力发展基础教育 ②宣传扶贫教育理念，阻断贫困代际传递 ③狠抓控辍保学工作，调整优化中小学布局 ④积极开展双帮及东西部协调工作，落实各类普惠政策 ⑤强化办学师资队伍，提升教学质量成果 ⑥落实教育惠民工程，改善教育后勤保障
工业和商务局	①建设电子商务服务点，推动农村电子商务物流配送体系，建设农村电子商务服务中心，促进农村电商普及应用率，打通农村电商双向流通渠道等，带动贫困群众自主创业 ②均衡乡镇村级服务点运营，繁荣农村市场经济 ③对服务点进行设备配备和网络安装，培训贫困村村级服务点负责人，制订培训计划，切实落实培训责任 ④以农民专业合作社为市场力量，积极走农业产业化发展之路，以村民入股等方式带动贫困家庭脱贫致富
就业服务局	①加强创业就业工程建设，把握保障改善民生；沟通担保机构，争取创业贷款 ②积极落实就业政策，拓展就业创业渠道，推动大众就业创新 ③发展“拉面经济”，打造拉面品牌势头；完善技能培训，提高劳动者素质 ④打造劳务品牌，挖掘县域特色；巩固传统行业，做大优势产业 ⑤落实东西部劳务扶贫协作，开展贫困家庭“职业教育+就业”帮扶项目、“带薪在岗实训+创业”项目 ⑥开展系列专项就业教育活动，提高公共就业服务，推进贫困劳动力转移
住房和规划建设局	①推进新型城镇化建设，深化供给侧结构性改革 ②大力推动城镇基础设施建设，加快城镇棚户区改造 ③打造美丽城镇，包括建筑节能改造、传统村落建设等 ④加强行业管理，推进作风建设

续表

部门	主要扶贫工作
文化旅游体育局	①加强文化遗产挖掘、保护和传承工作，夯实基层文化设施建设 ②实施农民健身工程，开展旅游厕所项目建设活动 ③制定全县文化产业发展规划，打造县域十大特色文化品牌
交通和运输局	①规划完善、修建整改交通基础设施 ②建养并重、提升质量，全面提高农村公路通达水平 ③加强交通扶贫组织领导，发挥扶贫资金效应 ④实施贫困村农村公路项目，全力推进“大交通”项目
统计局	①探索山区实际，发挥职能优势。对全县农户人均可支配收入进行调查测算，向县扶贫领导小组办公室提供贫困村人均可支配收入数据资料 ②与县公安部门协调、搜集整理全县户籍资料，向县扶贫领导小组办公室提供全县贫困村农业户籍资料 ③开展“共驻共建”慰问活动
公安局	①建立县众户籍管理制度，解决因父母离异致贫、计划生育超生、孤儿等问题 ②送法进村维护县域社会秩序，积极营造脱贫致富良好氛围 ③制定《循化公安局精准扶贫实施方案》，扎实推进扶贫工作
卫生和计划生育局	①充分利用县域人口相关信息，防治地方病，举行大病救助 ②贯彻全国全省卫生与健康大会精神和新时期卫生与健康工作方针 ③深化医药卫生体制改革，健康扶贫工作惠及民生 ④推进计划生育工作，提高人民健康水平及人口素质 ⑤努力开创全县卫生计生工作，稳步提升公共卫生服务质量
劳动社会保障部门	①劳动力培训及输出，比如拉面技术、挖掘机技术培训等 ②推进医疗、住房、城乡居民医疗保险、养老保险和“五保”金等社会保障兜底工作 ③全面开展异地就医宣传以及医保政策入户活动 ④落实全民参保信息登记管理工作 ⑤征缴城乡养老保险和城乡医疗保险费用
社会保险服务局	落实城乡养老、医疗保险惠民利民政策，开展结对帮扶工作
县残联	①加强残疾人社会保障体系和服务体系建设，保障改善残疾人民生基础 ②建立政府主导、社会参与、各成员单位齐力配合、高效运转的残疾人工作长效机制 ③开展残疾人综合服务中心项目建设工作、残疾人康复工作、残疾人教育就业工作 ④实施残疾人法制建设与维权活动以及文体宣传工作

续表

部门	主要扶贫工作
民族宗教局	①管理民俗民规，举办宗教祭祀 ②促进党的政策宣传，引导信教群众感恩政府、感恩社会、遵纪守法 ③稳定传播正能量，树立思想新风尚 ④提倡移风易俗，抓好控辍保学，促进社会事业发展
农牧局	①制定《循化县农牧业和科技扶贫专项方案》，发展规模化的种植业和养殖业，拓宽农牧业群众的销售渠道 ②充分发挥资源优势、落实强农惠农政策，实现精准扶贫村农牧业生产提质增效 ③大力开展科技扶贫、推广重点农牧业技术，降低农牧业生产成本 ④各类资金项目整合，大力培育特色产业，培育新型职业农民教育
水务局	①积极争取各项资金，大力解决农户饮水问题 ②健全工程管理机构，规范饮水工程项目运行 ③强化部门协作，坚持问题导向，重视民生工程
林业局	①围绕上级生态文明建设要求，深入推进植树造林国土绿化 ②组织开展春季义务植树大会战活动，打造千亩经济林示范基地 ③开展重点林业工程建设，实施资源管护建设项目 ④推进林场制度改革，重视林业精准扶贫工作 ⑤加强林政执法管理，构筑森林防火安全屏障
宣传部	①传播脱贫攻坚的先进典型、先进故事、先进案例 ②倡导移风易俗，激发贫困人群的内生精神动力 ③布置扶贫政策宣传墙，提升循化对外的影响力 ④举办文艺演出和重大节庆纪念等活动，丰富百姓精神生活 ⑤制造大型永久性广告牌、文化墙、标语墙和宣传旗 ⑥实时跟踪报道循化各项扶贫活动，推动精神文化扶贫
组织部	①选拔使用扶贫干部、选派驻村工作队、调配部门人员、充实扶贫队伍 ②结合实际培育支柱产业，督促农村环境卫生整治工作 ③完善各类监察、督查、巡查，比如农业普查、村级班子换届等 ④督促成立互助基金社，对青年、农民分别实施技能和科技培训

3. 以政府为主导的脱贫攻坚实施机制的成效

（1）搭建了多部门联动的脱贫攻坚指挥体系

政府在推进精准扶贫的过程中无疑是处于扶贫体系的中心位置，在精准扶贫实施过程中起到主导作用。因此，循化县政府为了加强对扶贫工作的统一领导、统一指挥，在扶贫工作中采用了明确的分工责任制度，这种制度从纵向上和横向上将各部门扶贫的任务与责任进行了明确划分，保障了扶贫工作的有序开展。

循化县按照“省（自治区）统筹、地市负责、县区落实”以及“任务到县、分解到乡、细化到村、帮扶到户”的两个基本工作机制，建立了以党委领导、政府负责、部门协同的政府扶贫工作格局。分别设有脱贫攻坚指挥部和扶贫开发领导小组，并且相应地设立扶贫办和指挥部办公室，采用双组长、双指挥长制，由县委书记和县长分别负责担任。扶贫办和指挥部办公室实际上是“两个机构，一套人马”。而各个职能部门分别负责他们各自的中心任务，但各部门之间又相互联系，在职能上互相交叉配合。当某一领域的扶贫政策出台时，由该领域的主管单位的扶贫领导小组负主责，其他各单位分工负责与其职能相关的扶贫任务，并统一上报该主管单位的扶贫领导小组，再由指挥部的名义统一下发，执行落实。

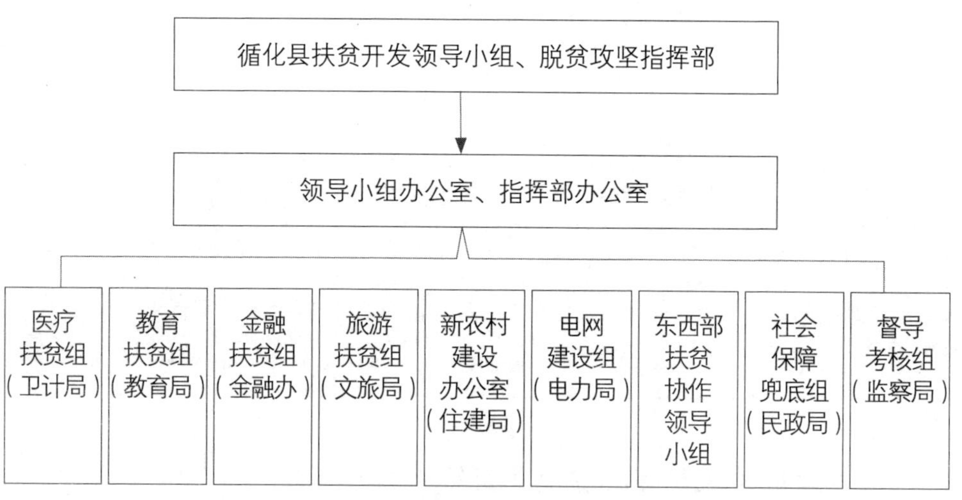

图 3-1　循化县多部门联动的脱贫攻坚指挥体系示意图

在这样一种扶贫工作体系运行下，从纵向上来看，精准扶贫的具体目标与任务能够逐级下放到各地区，并且政府各级主体的扶贫职责也被清晰地加以界定。党委的主要职责就是对政策大局的把握与制定，政府则主要对政策在实际实施过程中进行总体部署和规划，而各部门和各乡镇政府则主要负责具体政策的落实。在纵向的指挥部工作体系下，扶贫任务和责任被逐级地分配和划分，使得扶贫任务与职责能够明确到各单位和每一名扶贫干部，在很大程度上提升了扶贫效果。从横向上来看，在扶贫领导小组工作体系下，政府各级职能部门之间进行了明确的任务分工，为各部门之间的协同配合奠定了基础。各级政府职能部门成立的扶贫工作领导小组使得各部门在扶贫工作中能够加强协调与配合，明确其在精准扶贫工作中的具体职责范围和相关领域，传导了扶贫工作压力，压实了扶贫任务，共同推动了扶贫工作的开展。

2. 形成了多部门联动的职能分工协作体系

在脱贫攻坚过程中，循化县政府明确部门职能定位，对于各职能部门不仅强调部门的扶贫职能，还十分重视部门之间的协同配合，即各职能部门的扶贫职责是根据不同的扶贫项目进行划分界定的。这样的职责划分体系特别突出了部门职能和职能配合的特点，使得各部门的扶贫职能更加清晰明了，大大提升了扶贫工作效率。在当地的扶贫工作指挥中，循化县扶贫开发局负责对脱贫攻坚进行具体的管理实施，并且又在扶贫局中设置扶贫指挥部，负责领导扶贫局开展工作以及收取各部门扶贫脱贫工作总结的汇报材料，实时掌握县域扶贫工作的进展情况。在扶贫局的有效组织领导下，各职能部门之间的分工协作关系得到了明显的加强，扶贫工作联系日益密切。在开展的“雨露计划”、东西部协作扶贫、职业技术培训、结对帮扶、移风易俗、金融扶贫、控辍保学、扫黑除恶、美丽乡村建设等专项活动中，各部门之间充分加强职能配合，加强沟通与协作关系，整合发力形成了部门扶贫合力，有效地推动了当地各项工作的开展。

二、以政府为主导的脱贫攻坚实施机制运行

（一）建立制度：夯实领导责任

循化县在精准扶贫、精准脱贫过程中十分重视主体责任的落实，为了加强对精准脱贫攻坚工作的组织领导、科学规划，多次召开第一书记及扶贫工作队员精准扶贫村级会议，建立健全《脱贫攻坚后三年巩固提升工作方案》《贫困户脱贫攻坚后三年巩固提升计划》等制度，开创性地签订脱贫攻坚承诺书。建立了党政领导班子成员脱贫攻坚联系帮扶制度，29名县级领导带头落实包乡联村责任制，在其联点镇“一对一”确定帮扶村和贫困户，乡镇班子成员又以“一对多”的形式明确脱贫帮扶对象。县、乡、村及各行业部门层层签订《脱贫攻坚责任书》，健全扶贫责任机制，逐级压实各党政机关主体的扶贫责任。

以制度保障强化部门领导主体责任是循化县压实扶贫责任另一重要手段。各乡镇职能部门认真落实《新一轮第一书记和驻村工作队管理办法》，突出乡镇党委管理主体责任，加强对扶贫工作队的管理和工作指导，严格执行考勤、坐班、请销假、外出报备、带薪休假以及年承诺、季报告等日常管理制度，有效保证驻村工作常态化。并且认真贯彻省、市委组织部《关于严格第一书记选派调整有关事宜的通知》，严格执行每个批次第一书记驻村时间不少于2年，对因特殊原因需要调整轮换的，按程序逐级上报审批的规定，保证了扶贫工作队伍的稳定。同时，为了强化扶贫责任监督检查工作，循化县成立了8个督导组，强化了当地部门领导的扶贫责任意识，压实了扶贫责任，推动扶贫工作开展。

（二）示范带头：转变工作作风

循化县在当地脱贫攻坚过程中，特别注意发挥领导的带头示范作用。

循化县委、县政府主要领导及各职能部门领导干部进村入户核查当地扶贫情况，积极与镇、村干部联系沟通，带领驻村干部入户宣传扶贫政策，填写帮扶档案，充分发挥了领导干部在扶贫过程中的示范效应和先锋模范作用。各级领导亲自督促推进联点村的脱贫攻坚工作，了解掌握脱贫攻坚过程中遇到的困难问题，切实为当地扶贫队员和贫困户排忧解难，为扶贫工作注入强大的领导力量和信心引领。为了精准施策，循化县委、县政府和各部门领导更是密集下沉到贫困村和贫困户，力求访真贫、摸实情、查问题、找对策，落实政府部门倾斜扶贫项目资金支持，精心指导扶贫政策落实，共同为贫困户找办法、订措施。激发群众内生动力，引导贫困群众克服“等靠要”思想，确保全县人民同步脱贫奔小康。在两年集中脱贫攻坚期间，循化县委、县政府以及各部门主要领导访遍全县 9 个乡镇的 62 个贫困村，通过“一对一”的结对帮扶政策，发挥“排头兵”作用，帮助贫困户理清脱贫致富思路、夯实后三年巩固提升措施，传授脱贫致富经验，力求促进精准施策、精准帮扶。通过主要领导的带头示范作用，推动全县扶贫干部转变工作作风，核查贫困实情，发现扶贫过程中的矛盾，切实解决实际问题，形成了上下联动、齐抓共管全县脱贫攻坚工作的良好局面。扶贫干部在服务脱贫攻坚过程中彰显本色、勇于担当，推进脱贫攻坚进程。

（三）协同共治：强化部门联动与资源整合

循化县各政府职能部门在加强部门内部组织建设、充分落实扶贫政策、强化扶贫责任和扶贫工作基础之上，不断夯实发展规划扶贫工作能力与扶贫资源整合能力，与其他职能部门在各个领域的扶贫工作中密切配合，团结一心，共同扎实推进当地脱贫攻坚工作。

在争取东西部协作资金和招商引资的工作中，县发改委积极利用政策，争取东部协作资源投入。文广局主要负责文化领域招商工作，助力文化与旅游相结合。农牧局主要负责农牧业畜养和中药材种植的招商，为农户带来更多的发展契机。教育局负责联系引进各种专业培训机构，推动当地就业培训开展。卫计局则负责对接东部地区先进医疗资源，提升当地医疗水平。

在循化县推进旅游扶贫过程中，扶贫局和脱贫攻坚指挥部负责对内对外的联系，整合协调各种资源，并且制定一系列的项目发展规划。而其他部门也各司其职，强化合作意识。文旅局负责当地旅游资源的开发挖掘工作，工业与商务局积极与企业合作，吸引企业对当地旅游业进行投资，建设旅游扶贫产业园。检察院、监察局、审计局在旅游扶贫项目开展的过程中积极加强项目资金的监管，保障扶贫项目资金切实用在实处。

在开展移风易俗树新风的专项行动中，县民宗局、民管会联合县委统战部、宣传部以及当地宗教协会和民间人士，共同开展了以倡导乡村新文明，树立循化好新风的移风易俗行动。在民宗局、民管会与其他部门和社会各界人士的通力合作下，移风易俗行动取得了重大成效，使广大群众对移风易俗政策有了更好的了解，有效遏制了红白事大操大办等陋习，大大减轻了贫困群众的负担。

为了加强专项扶贫，县政府按照《“十三五”期间财政专项扶贫增量资金的分配意见》《循化县财政扶贫专项资金使用和项目管理办法》《“十三五”产业精准扶贫规划（2016—2020年）》等指导性文件的要求，在专项扶贫资金和县级财政预算资金的安排上，县就业局、农牧局、林业局等多个涉农部门在安排贴息资金时向贫困户主动倾斜，确保贫困户能够享受到更多的扶持优惠政策。

在加强基础设施建设过程中，县水务局、住建局、交通局、环保局积极加强与发改委、财政局、扶贫局的沟通协商，积极争取相关扶贫政策和建设资金，通过各部门间有效的沟通与协商，使得贫困地区和贫困群众在饮水安全、农村厕所改造、住房保障、交通等民生基础设施建设方面得到了巩固与提升。

在推进“530”扶贫小额信贷的工作中，当地金融办和扶贫局进村入户，积极宣传普及金融知识，推广金融产品服务，为农户提供零距离、贴身式服务。县农村信用合作联社则主要同各级扶贫干部完成金融服务档案工作和稳步开展信用评定工作，并且积极投放精准扶贫贷款，完善贷款台账及“三有一无”户名单。在各部门的综合联动下，各级政府部门与农户构建起了紧密互动、互惠共荣的新型服务关系。

在稳步推进社保工作中，循化县各级党委高度重视医疗社会保险中相关部门的联动工作，各乡镇人民政府、县委办、政府办、组织部、宣传部、社会保险局、财政局、人力资源和社会保障局等部门联合进行重点督导工作，以确保各项医疗费用的收缴如期完成，最后再由政府办负责将各乡镇任务完成情况报送至各县级联动点领导。

在扶贫项目和扶贫资金监管过程中，县政府十分重视审计部门、监察部门、扶贫局等联合监管作用的发挥。对已实施的到户产业、互助资金、乡村旅游、扶贫产业园、光伏、金融扶贫等项目，由三部门全程进行跟踪监管，发挥项目利益联动效益，确保贫困人口受益。对跨年实施的扶贫产业园、乡村旅游、易地搬迁等项目全程跟踪、加强监督，确保项目如期顺利完工，从而建立起了全过程、全方位、全公开、网格化、多部门联动的扶贫资金监管机制。

循化县县乡两级政府及各级职能部门在脱贫攻坚过程中，通力合作，强化共同意识，充分发挥了部门扶贫合力，有效推动了扶贫工作的开展。

（四）信息平台：推动职能部门信息共享

为了保障扶贫信息能够在各级政府职能部门之间快速有效传播，实现共享，循化县政府积极构建了跨部门信息共享平台，以强劲有力的信息沟通交流互动机制强化了县乡两级政府职能部门之间的沟通协作，推动了部门扶贫合力的形成。在保障信息有效共享的基础上，县乡两级政府和各职能部门提高了对上级扶贫政策的认识，整合了扶贫资源，充分发挥了县域扶贫信息的价值，创新了当地扶贫工作的机制。各部门之间通过信息共享与互补，整合并发挥了信息机制的内在价值，出台了一系列更具科学性、经济性的扶贫政策，加强了部门之间的合作，优化了扶贫服务。县政府还通过建立精准式扶贫信息平台构建起了全县的扶贫信息网络系统，既为贫困人口的识别与帮扶工作提供了基础，还为上下级部门间的沟通与交流提供了信息基础，加强了各职能部门间的交流与联系，强化了各部门间的沟通与协作关系。在扫黑除恶专项行动中，党委、政府与公安机关、司法机关密切配合，以信息互动交流机制为纽带，共享信息和情报，加强了部门间的互动与交流，取得了重大成效；在服务保障局组织的拉面技术培训中，就业局以信息交流机制为依托，与工业与商务局密切合作，了解贫困户需求，为贫困户开展多种培训服务。通过构建部门信息交流互动机制，整合扶贫信息资源，使各级政府部门的职能得到充分发挥，从而形成了扶贫合力，提高了扶贫质量，使得扶贫资源能够更好地对接贫困村和贫困户的需求。

三、以政府为主导的脱贫攻坚实施机制的经验与启示

（一）凝聚共识：多部门合作机制运行的前提

先有凝聚共识，才有凝心聚力；先有部门合作共识，才有扶贫工作取得成效。循化县政府在建设多部门合作机制过程中，重视凝聚部门合作共识，不仅设立了专门的扶贫开发局负责对扶贫工作进行统一规划部署，提升职能部门工作相互配合的意识，还通过召开各种会议、下发文件等多种形式使各部门工作人员认识到部门合作对于扶贫工作的重要性，达成合作共识。此外，循化县还积极鼓励各部门树立“勇于探索、善于破题、敢于

担责”的担当意识。倡导各部门领导干部在扶贫工作中面对困难时要迎难而上，敢于承担责任，积极争取项目支持和投资，严格落实各种管理制度。在与其他部门合作时，要注意明确自身扶贫责任，出现问题要勇于承担责任，并积极解决问题。为贫困群众谋福利，助力脱贫攻坚工作。

（二）部门合力：多部门合作机制运行的关键

脱贫攻坚是一项系统工程，它涉及部门多，项目类别广，实施难度大，因此要注意加强统一领导，加强各部门之间的信息沟通交流，形成扶贫合力。培养部门合力首先要注意部门职能优化与职能配合，职能优化与职能配合是形成部门合力的途径。只有优化各部门组织机构设置和职能配置，对各职能部门进行整合重组，将其中与扶贫任务有关的职能抽离出来，再由统一的机构对各部门扶贫任务与责任进行统一规划与部署，推动多部门合作机制的建立。其次，还要注意形成良好的部门互助协作组织文化，以多部门合作意识将政府各职能部门有效地联结起来，以使部门力量再集中、部门重点再倾斜、部门措施再具体、部门方式再创新、部门工作再加力、部门合力再壮大。

（三）职能配合：多部门合作机制运行的核心

循化县在脱贫攻坚过程中，各职能部门间职能互补、共同发力，推动了当地脱贫攻坚工作的开展。职能部门按照其专业和负责的领域组织扶贫领导小组开展扶贫工作，各部门的扶贫领导小组在具体工作过程中严格规范使用扶贫资金，有效推动了各个扶贫项目的具体运作。在扶贫政策的落实以及流程的操作上，各部门的扶贫领导小组积极寻求与其他职能部门的合作。在开展扶贫工作时，真正强化了职能配合与沟通协调，大大提升了工作效率。并且职能配合使得各职能部门的扶贫责任得以清晰与细化，各政府职能部门对扶贫工作也更加重视。使脱贫攻坚工作也得以真正上升到“中心任务”的高度，动员起各部门力量，使扶贫工作能够切实落到实处，促进扶贫工作成效更加显著。

第三节　以社会力量为补充的脱贫攻坚协同机制

一、以社会力量为补充的脱贫攻坚协同机制概况

（一）时代背景

1. 国家治理体系和治理能力现代化建设的战略需要

党的十八届三中全会以来，推进国家治理体系和治理能力现代化成为党和国家的重要战略目标。随之，引导社会力量参与治理，建构多元主体共同参与、协同治理的制度框架，搭建多元主体共治平台，塑造共同参与、共赢发展的体制机制，成为新时代国家治理的重要内容之一。脱贫攻坚是党和国家瞄准贫困问题开展的综合治理、协同治理，因此，积极引导社会力量参与贫困治理是完善我国贫困治理体系与提升国家贫困治理能力的重要内容，也是推进国家治理体系和治理能力现代化建设的应有之义。

2. 中国扶贫开发的经验模式积累

改革开放以来，中国减贫与发展事业取得了巨大成就，其中有一条宝贵经验即社会力量参与扶贫开发。早在 1994 年发布的《国家八七扶贫攻坚计划》中就曾指出，各级工会、共青团、妇联、科协、残联要积极参与扶贫开发工作；充分发挥中国扶贫基金会和其他民间扶贫团体的作用。近年来，中国始终坚持专项扶贫、行业扶贫、社会扶贫等多方力量、多种举措有机结合和互为支撑的“三位一体”大扶贫格局。“三位一体”大扶贫格局中的重要一“位”就是社会力量参与扶贫，即多方社会主体在坚持党的领导下，以自身力量积极参与国家的扶贫开发工作，在完成扶贫脱贫任务的过程中实现奉献自身力量、发展自身能力、密切社会关系、推动社会

经济等目标。

3. 社会力量的发展壮大

自改革开放以来，伴随着我国经济社会的迅速发展以及经济领域自主能力的增强，各地市场和社会力量纷纷发展壮大。根据中经网统计数据库数据分析发现，自 2004 年至 2016 年，循化县 GDP 有了很大增长，由原来的每年 4.9 亿元增长到 30 多亿元，增长了 612%；同时期居民储蓄存款余额由 2004 年的 8658 万元增长到 2016 年的 311554 万元，增长近 36 倍；而预算内财政收入由 2004 年的 3372 万元增加到 2016 年的 10044 万元，仅增加了 3 倍。由此可以证明，循环县经济发展所带来的民间资本在增加，穷县富民特点比较明显。借助民间经济力量开展脱贫攻坚不仅可以有效弥补政府财力的不足，而且可以营造先富带动后富的民间互助机制。

与此同时，循化县社会力量也在壮大，慈善公益扶贫力度持续上升。根据循化县 2017 年鉴统计显示，截至 2016 年，全县共有民间组织 14 个（不含群团组织），慈善捐赠扶贫济困蔚然成风。因此，需要引导企业、社会组织和民间力量共同参与脱贫攻坚，营造大扶贫格局，发挥彼此资源优势，助推脱贫成效。

4. 新时期贫困特征的要求

新时期，循化县的贫困问题呈现出以下特征：贫困程度深，扶贫难度加大，贫困成因更加复杂，贫困人口的自我发展能力受到多重制约，风险增加、能力不足、资本缺乏、权利受限、发展动力较低成为制约当地大多数贫困人口脱贫致富的主要因素。在这种情况下，单单依靠政府很难有效治理贫困问题，必须广泛组织动员社会力量参与贫困治理，汇聚强大合力攻坚克难。一方面，需要引导各类社会组织积极有序地参与脱贫攻坚，在贡献自身智慧和力量的同时实现共享发展；另一方面，需要在当地树立脱贫致富典型代表，激发贫困人口脱贫致富的精神动力。此外，也要实施先富带后富的互帮互助机制，积极引导先富群体回馈乡里，承担社会帮扶责任，走共同富裕之路。

（二）以社会力量为补充的脱贫攻坚协同机制内容

打赢脱贫攻坚战，必须高度重视社会力量在大扶贫格局中所发挥的重要作用，必须深入挖掘并充分释放社会扶贫潜力和社会自我治理贫困的内生动力。循化县在脱贫摘帽的过程中，组织动员各种社会力量以多种渠道、多种方式积极参与贫困治理，并且逐步实现了从“政府劝着去参与”到“自己主动要参与”的巨大转变，在脱贫进程中发挥了重要的促进作用。

1. 倡导互利共赢，引导市场力量参与开发式扶贫

循化县在脱贫攻坚工作中，在遵循市场经济规律的基础上，积极联系市场主体开展多种形式的扶贫合作，即鼓励企业依托自身市场、资金、技术、人才、理念等优势参与电商扶贫、旅游扶贫、光伏扶贫、农牧业产业扶贫等领域的扶贫合作，通过项目资金投入、生产就业技能培训、产业平台搭建、产业基地建设、人才引进等措施，以吸引贫困户到户产业资金整合入股、带动劳动力就业等方式参与扶贫开发。例如，循化县借助苏宁易购知名电商平台成立了循化县苏宁易购扶贫实训店，一方面为有能力的贫困户开展电子商务技能培训；另一方面也为农牧类扶贫产业开拓销售渠道，实现了良好的扶贫效益和经济效益。

2. 倡导公益理念，引导社会慈善事业捐赠扶贫

循化县借助团结互助这一民族文化内核，大力倡导社会公益理念，积极引导社会慈善事业助力脱贫攻坚。一方面，政府积极动员众多企业参与“控辍保学”项目，开展捐资助学公益活动。例如，西藏三江源工贸有限公司、青海达山清真肉业有限公司、青海甲秀农畜产品开发有限公司、青海河湟生态资源开发有限公司、青海粒粒康生态科技开发有限公司等为

循化县不同层级的学校捐赠办学物资、学习用品等。另一方面，当地社会慈善人士在政府的鼓励号召下纷纷响应公益扶贫事业。例如，2018 年 10 月 17 日为全国“扶贫日”，循化县大力召集社会力量为当地扶贫工作捐款募资，当地社会慈善人士结合“10・17”扶贫日活动，累计捐款捐物折合 2200 多万元，展现了社会扶贫的强大力量。

3. 实施结对帮扶，共筑扶贫脱贫爱心长城

循化县坚持培育和挖掘多元社会主体参与脱贫攻坚工作，努力改变脱贫工作中存在的政府热、社会弱的局面，致力构建成熟的企事业单位与县、乡、村直接对接的社会扶贫工作格局。一方面，开展村企结对帮扶。循化县积极组织开展“百企帮百村”活动，多家企业和商会组织纷纷响应，与乡镇村庄形成结对帮扶关系，比如中国移动公司循化分公司帮扶循化县道帏乡、青海化青生物科技开发有限公司帮扶循化县查汉都斯乡、文都粮油综合开发有限公司帮扶循化县文都乡等。另一方面，开展东西部扶贫协作和对口帮扶。例如，无锡第八医院、明慈医院、口腔医院等与循化县人民医院达成结对帮扶关系，向县人民医院派驻知名的专科医师和输送各种优质的医疗卫生资源等。此外，在动员各类社会力量结对帮扶助推本县脱贫攻坚的过程中，循化县人民群众积极响应，各级领导干部在熟练掌握中央、省、市、县关于精准扶贫政策的具体要求和实施措施下，推行落实“三带三推、结对帮扶”工作，即指定专人带政策、带信息、带服务深入各自负责的结对帮扶村，以推行政策落实、推进生产发展、推动精准扶贫，这在一定程度上也为社会力量参与结对帮扶工作奠定了良好的基础。

4. 发挥乡贤作用，搭建先富帮带后富机制

循化县各乡镇均注重发挥致富带头人、“土专家”等新乡贤人才的致富带动作用，为此建立健全乡土人才信息库。一方面，政府积极鼓励引导致富能人常思根源、回馈桑梓，在自身发家致富的同时，不忘家乡的困难同胞。

比如，青海粒粒康生态科技开发有限公司董事长韩文林在致富以后向新村小学捐赠教师办公桌椅和学生校服，改善全校的照明条件及设施，通过自身的实际行动呼吁更多的在外创业企业家和爱心人士积极投身到家乡脱贫致富的事业中，发挥了良好的致富带动作用。另一方面，当地充分发挥乡贤理事的主动性和创造性，引导本土乡贤能人发挥好带动和教育作用，一是积极引导他们对口联系建档立卡贫困户，带动贫困群众发展产业、实现就业增收；二是积极引导他们及时、主动、正确地向贫困农户宣讲国家脱贫的相关政策、基本要求、工作流程等，教育引导贫困户树立正确的思想观念，朝着有利于国家政策目标顺利实现、脱贫任务高效完成的方向发展。

（三）以社会力量为补充的脱贫攻坚协同机制的成效

1. 企业参与扶贫的激励机制初步形成

循化县为引导企业参与扶贫，从以下三个方面构建起一套相对完备的激励机制：其一，政府通过名誉宣传，激发企业参与扶贫的主动性。政府通过对积极参与扶贫的企业进行新闻宣传、颁发荣誉证书等方式，提升企业社会知名度，激发企业参与扶贫的热情。其二，政府通过各类补贴和奖励，调动企业参与扶贫的积极性。例如，政府对参与扶贫的企业给予技能培训补贴、转移就业补贴等。其三，政府通过健全购买服务机制，支持各类市场主体和社会组织通过公平竞争来承接适合市场化的技能培训、工程建设等服务项目。通过以上措施，政府有效地引导企业通过投资兴业、培训技能、吸纳就业、捐资助贫等多种方式，助力本地脱贫攻坚。

2. 多样化结对帮扶体系基本形成

在精准扶贫工作机制的基础之上，循化县不仅仅实行单位结对帮扶、党员干部结对帮扶，还鼓励社会力量参与结对帮扶。其一，借助政治、经济、文化等手段引导企业参与“百企联百村”，鼓励企业结对帮扶村庄。循化县发动 47 家民营企业对 31 个贫困村进行结对帮扶，具体内容涉及资金、物资、技术、信息、就业等多个方面。其二，实施先富帮带后富机制。循化县注重发挥致富能手的带动作用，通过建立健全乡土人才信息库，并教育引导他们对口联系贫困户，帮助贫困群体发展。其三，组织社会各界人士开展“户帮户、一扶一”活动。循化县通过构建多样化的社会力量结对帮扶体系，既为各类社会力量畅通了扶贫参与渠道，又大大解决困难群众的吃穿、住房、就业、就医、子女上学等问题。

3. 慈善公益助力脱贫攻坚蔚然成风

循化县撒拉族群众有着深厚的民族团结精神和宗教信仰意识，为当地营造互助奉献的良好局面奠定了坚实的精神基础。在创建全国民族团结进步示范县的工作中，循化县鼓励动员社会各界力量积极投身到扶贫公益活动中来，并对社会组织参与扶贫的优秀典型事迹进行大力宣传，在当地营造奉献公益的良好氛围。此外，当地还积极发挥民族宗教文化的教育引导作用，通过宗教人士深入宣讲公益活动的价值意义，为当地社会力量积极投身扶贫公益活动注入精神动力。

二、以社会力量为补充的脱贫攻坚协同机制运行

（一）东西部对口协作的扶贫机制

1. 高效的东西部扶贫协作领导机制

为加强对东西部扶贫协作工作的统一领导和统一管理，循化县委、县政府成立了东西部循化协作办公室和县招商引资工作领导小组办公室，负责东西部扶贫协作项目的整体规划和日常管理。该办公室在推进扶贫协作项目具体实施的过程中，一方面，向县委、县政府及时汇报进度并寻求帮助，与工业和商务局等政府职能部门紧密合作；另一方面，与东部对口帮扶单位紧密对接，在统一领导和统一管理中有效地建立起东西部扶贫协作的利益链接机制，切实提高了东西部扶贫协作的进程和实效。

2. 严密的协作项目对接实施机制

在无锡市梁溪区与循化县开展的东西部扶贫协作项目中，所有协作项目都要经过严格的审批操作流程：项目概况、项目申请、项目批复、资金拨付单据、竣工验收报告、项目审计报告、项目收益以及带动的贫困人口就业数量和信息等，都要以具体文件或者工作汇报的形式呈现给相应的具体部门和对应的利益相关者。此外，循化县对部分优秀企业的重大突出项目采取县级领导负责制，即指定专门负责人成立“帮办小组”，与企业进行紧密对接，为无锡优秀企业来循化县进行东西部扶贫协作尽可能地创造一切有利条件，畅通企业和项目进驻渠道。

3. 优惠的协作项目政策支持机制

为吸引无锡市梁溪区的企业和项目积极参与东西部扶贫协作，循化县政府出台相应的优惠政策，无锡梁溪的企业来循化县投资创业，在同等条件下可以优先享受各类优惠待遇，包括享受土地税收等各类优惠政策，优先享受上级专项扶持政策，缩减审批流程和环节，以保证项目顺利落地实施，促进企业早日创造经济和社会效益。比如，积石镇尕别列村利用村集体闲置土地，投资建成综合性商贸农贸租赁市场，对有关企业的税费做到能免则免、能减则减，极大地促进了本地的招商引资。

4. 绿色产业项目的引进和发展机制

循化县在开展东西部扶贫协作的招商引资过程中，并非盲目引进，而是有区别有重点地加以选择，具体体现为以下几个方面：坚持招东部龙头企业，以加强县域经济发展的带动作用；坚持招配套企业，以提高循化县市场主体的契合度；坚持招新型企业，以满足循化县百姓的多样需求；坚持招绿色产业，以保护县域绿水青山的天然优势；坚持招科技企业，以创新引领循化县的新型产业。此外，循化县各乡镇充分挖掘自身优势，确定各自扶贫开发项目的重要领域。例如，靠近黄河的乡镇因地制宜发展自己的重点特色项目，如街子镇的现代物流业项目，积石镇的现代商贸业和中介服务项目，清水乡的特色观光业和辣椒园区，文都乡班禅故居产业园，等等。

（二）汇聚民间力量的慈善公益扶贫机制

为引导当地慈善公益组织积极参与扶贫济困，循化县政府同样予以政策支持，并指定政府职能部门与慈善公益组织开展对口合作，畅通社会慈善组织参与帮扶渠道，共同开展各项扶贫公益活动。在具体的扶贫合作实践中，循化县逐渐探索出了一条由政府部门协助，社会慈善组织和慈善人士、当地致富能人、民族宗教人士、高等院校科研队伍以及各专业领域的志愿服务团队等多方社会公益主体参与的多领域慈善公益扶贫模式。在当地相继开展的控辍保学教育思想宣传、党建知识宣讲、移风易俗建设、特困人群捐款慰问、残疾人义诊、传染病防治知识宣讲、全民健身竞赛（篮球竞赛）、参加技能培训的价值讲解等活动中，各类社会公益慈善力量的身影随处可见。例如，县残联积极争取彩票公益金救助项目，为在校高中残疾学生、大中专院校的残疾学生提供助学贷款，做好贫困残疾大学生的资助工作；盲人协会、聋人协会、肢残人协会、智力和精神残疾亲友会等专门组织也纷纷开展宣传资助活动；高远慈善帮扶救助会联合驻循哇村工作队以及临近驻村工作队，亦精心组织开展5村联合义诊活动。

（三）以精准为导向的因村因户因人帮扶机制

在精准扶贫工作的开展中，循化县政府发现当地贫困人口的致贫、返贫原因主要是缺技术、缺资金、缺劳动力、患有重大疾病，为此当地政府引导社会力量实施精准施策：其一，引导帮扶企业和社会公益组织为缺乏技术但有劳动能力的贫困群众开展各种技能培训活动；其二，在东西部协作、连片开发、旅游开发、整村推进等扶贫项目的实施过程中对缺资金、缺技术的贫困户进行重点扶持；其三，在村级集体经济壮大时，引导贫困户（尤其是无劳动能力者）以到户增收项目资金入股等方式直接融入集体产业的发展链条中，构建利益联结机制，使其得以分享集体经济红利；其四，对因病致贫、因病返贫的贫困户，中国再保险（集团）股份有限公司与循化县合力成立青海循化大地保险公司，为当地贫困户提供第三道医疗保险防护网络；其五，针对有劳动能力但缺乏脱贫意愿和动力的贫困户，县循化县扶贫局联合县委统战部和民宗局，通过民族宗教人士在循化县大力开展移风易俗和宣传教育活动，助力贫困户精神脱贫，消减贫困户的“等靠要”思想和依赖心理。总之，在开展贫困户的具体帮扶工作过程中，循化县坚持因户施策、因人施策，合理引导社会力量有序参与扶贫，科学制订脱贫计划，因户制宜实施扶贫项目和政策，做到了精准帮扶不落一户、不漏一人。

（四）以激发内生动力为目标的社区营造机制

1. 乡村文化再造

乡村文化是乡村发展的精神之源。随着现代文明的演进，乡村原有的文化呈现出特定的时代滞后性，一部分腐朽落后的乡村文化在很大程度上阻碍着乡村的发展。为此，循化县针对本地乡村文化中不合时宜的内容及时进行改造，对于本地乡村文化中优秀的部分加大宣扬力度，使得乡村文化呈现出新气象、新风貌，有效地激发了乡村发展的内生动力，具体体现在以下几个方面。

其一，移风易俗。循化县实施村（社区）红白理事会全覆盖，充分发挥群众组织推动移风易俗、树立文明新风的积极作用，发动村民共同参与制定村规民约和婚丧喜庆公约，有效遏制天价彩礼、婚丧大操大办等乡村陋俗[①]，树立起积极向上的乡村新文化。其二，传统乡邻文化的发扬。传统

① 循化县文明办：《海东市循化县推动移风易俗树立文明乡风》，新华网青海频道，2018年12月4日。

乡邻文化强调邻里互帮互助，在循化撒拉族内部尤为注重团结友爱。基于此，当地积极发扬邻里互助的优良传统，形成和谐友爱的良好文化氛围，为当地脱贫摘帽提供了强大的内生动力。其三，新乡贤文化的回归。循化县注重发挥新乡贤在脱贫致富中的带动作用，为此各乡镇从基层干部、乡村教师、致富能手、创业人士、退伍军人等群体中大力发掘和培育新乡贤，并积极引导他们用自己的嘉言善行垂范乡里。其四，现代文明的注入。通过下派第一书记和驻村工作队、积极引进现代企业和项目、引导现代化保险公司进行定点帮扶等措施，循化县将现代社会先进的发展理念、发展模式、发展技术等现代文明注入乡村地区，为乡村文化注入了新的生机与活力。其五，榜样文化的引领。循化县注重发挥脱贫致富先进人物的榜样引领作用，对于脱贫致富的先进人物及其奋斗事迹进行宣传报道，通过正面宣传充分发挥榜样的力量，激发广大贫困户通过自身奋斗实现脱贫致富的意愿和动力。其六，感恩文化的教育。循化县积极引导贫困户树立感恩之心，在享受政府和社会各方力量大力帮扶的同时，不忘通过自己的努力奋斗来回报国家、回馈社会。循化县通过多种措施实现了对乡村文化的再造，为村庄发展注入了新的文化源泉和精神动力。

2. 倡导互助合作

为增强贫困村和贫困户脱贫致富的内生动力，循化县积极引导并建立多样化的互助合作机制，坚持走共享发展之路。其一，开展农村集体资金互助合作。为发展壮大村集体经济，循化县引导农村开展资金互助合作，即在所有行政村实施资金互助项目，并且按照“入会自愿、退会自由”的原则建立了农村资金互助社。互助社按照“年初放款、年终收款”的模式为村民提供小额联保贷款，并通过收取4%～5%管理费的方式实现集体收益，50% 用于村级集体事务支出，50% 用于发展壮大互助社本金[①]。其二，开展生产性互助合作。循化县积极培育以农民专业合作社为主的市场主体，并引导村民采用资金入股、劳动合作等方式带动贫困户脱贫致富。例如，在农牧业方面，循化县鼓励贫困村和贫困户以土地、资金、劳动等各种生产要素参与互助合作谋求共同发展，鼓励有条件者成立家庭农（牧）场、专业合作社，在带动贫困户就业的同时，以规模化合作经营的方式发展农牧业生产。在水产养殖方面，循化县以水产养殖专业合作社联合社为依托，积极开展水产养殖互助合作。其三，开展劳务输出互助合作。循化县将发展“拉面经济”作为脱贫致富的重要举措，通过“拉面经济”开展劳务输出，帮助有劳动能力的贫困户实现就业增收。在劳务输出的过程中，当地按照“亲帮亲、邻帮邻”的理念，依靠亲戚、朋友、同学、老乡、战友等人缘、地缘关系，形成了准确且可靠的民间劳务用工信息网络[②]。循化县通过引导村民开展多种形式的互助合作，有效地增强了村庄发展的内生动力。

3. 社区层面的资源整合与服务提供

社区内生动力的培育和激发，一方面有赖于社区治理者对社区内外部各种资源的整合以发展生产；另一方面也有赖于社区服务的精细和完善以赢得民心。社区只有以服务居民为根本，以发展生产为目的，以整合资源为手段，才能有效增强自身发展的内生动力。

在循化县的贫困治理中，以驻村第一书记为代表的基层扶贫干部和村干部就充当了社区治理者的角色。他们一方面结合本村的实际情况深入挖掘本地资源优势以寻求新的发展突破点；另一方面，又通过乡镇政府、帮扶单位、民间力量等多种渠道积极联络各种外部资源，争取发展项目，创

① 冯大謦、韩文华：《循化村级集体经济全面“破零”》，《海东时报》，2017 年 11 月 1 日。
② 张靖芬：《循化县：“拉面经济”促农增收》，海东市人民政府网，2017 年 1 月 13 日。

造发展机遇。他们通过整合村庄内外部资源，极大地激发了村民发展生产的积极性和能动性，增强了村庄发展的活力和内生动力。在提供公共服务方面，以驻村第一书记为代表的基层扶贫干部和村干部们借用扶贫资金、扶贫项目等要素大力推进美丽乡村建设，加大对人畜饮水安全、安全用电、村道硬化、污水管网铺设等农村基础设施建设方面的投入力度，并对村级综合活动中心、卫生室、幼儿园等公共服务设施进行全面的升级改造。为乡村发展创造了良好的物质基础条件，增强了群众的整体获得感和满意度，赢得了民心，激发了民力。

三、以社会力量为补充的脱贫攻坚协同机制的经验与启示

（一）制度引导与空间让渡是社会扶贫的前提

循化县之所以能充分发挥社会力量助推脱贫攻坚的积极作用，政府在制度设计上的积极引导和实践空间上的一定让渡，是一个基础性的前提条件。构建社会力量参与的大扶贫格局，首先需要政府在制度设计上为各种社会力量释放呼吁信号、畅通参与渠道，为各种社会力量有序参与脱贫攻坚搭建多样化的制度平台。其次，还需要政府在具体的扶贫实践中准确划定自己的职能范围，将一部分可以交由社会力量运作的具体实践领域让渡出来，为社会力量参与脱贫攻坚提供一定的操作空间，以实现政府与社会力量的资源整合和优势互补，在脱贫攻坚中发挥强大合力。反之，如果没有引导社会力量参与扶贫的制度体系，那么社会力量就会陷入“有心而无门”的尴尬境地，其发挥作用的空间就会受到极大限制；如果政府统揽扶贫工作的一切领域，而没有给社会力量提供一定的实践空间，那么制度引导只能成为一种口号，社会力量又将陷入“有名而无实”的另一尴尬处境。因此，根据循化县扶贫开发工作可以得出这样的结论：社会力量参与扶贫的两大前提必然是制度设计上的积极引导和实践空间上的一定让渡。

（二）以项目为纽带的资源整合是社会扶贫的关键

项目是资源整合的桥梁和纽带，也是社会力量参与扶贫的重要载体。在推进扶贫工作的过程中，循化县积极建立和引进了多种多样的项目，如互助资金项目、产业合作项目、旅游开发项目、劳务合作项目、思想活动建设项目、技能培训项目等。在众多项目的实施过程中，循化县将多种社会力量容纳进来，将多种社会资源整合起来，形成了政府和各类社会力量的充分联动和有效结合，并汇聚成为脱贫攻坚的强大合力。循化县的扶贫经验证明：各种社会力量只有在以项目为载体的参与实施过程中，才能有效形成脱贫攻坚的强大聚力；各类社会资源只有在以项目为载体的实施过程中，才能有效发挥其自身所蕴藏的巨大经济效益、社会效益和扶贫效益。正是以项目为纽带的资源整合才使得政府和多方社会力量形成有效合作和优势互补的良好机制。因此，可以得出结论：以项目为纽带的资源整合是引导社会力量参与扶贫并形成强大合力的关键。

第四章 循化撒拉族自治县脱贫攻坚的特色举措

2015 年 10 月 16 日，习近平总书记在减贫与发展高层论坛上首次提出“五个一批”的脱贫措施，为打通脱贫“最后一公里”开出破题药方。“五个一批”是指发展生产脱贫一批、易地搬迁脱贫一批、生态补偿脱贫一批、发展教育脱贫一批、社会保障兜底一批。循化县针对各贫困户致贫原因，结合本县的实际，在充分征求发展意愿的基础上，新增了“资产收益脱贫一批”“转移就业脱贫一批”，并将“社会保障兜底一批”细分为“医疗救助脱贫一批”和“低保兜底脱贫一批”，提出了“八个一批”脱贫措施，因人因户精准施策，确保扶贫扶到点子上、扶到根子上。在充分发挥本县原有优势的基础上，循化撒拉族自治县脱贫攻坚多措并举，形成了“三位一体”＋资产收益的农牧经济扶贫、大众创业＋劳动力转移背景下的“拉面经济”扶贫、民族文化资源开发＋共享收益的旅游经济扶贫、光伏／电商＋利益联接支持下的新业态经济扶贫以及福利／救助／商业＋风险共担为补充的社会保障兜底扶贫等多种扶贫方式。

第一节 循化县农牧经济扶贫：“三位一体”+资产收益

一、循化县农牧经济的扶贫背景

农牧经济扶贫是指在贫困地区建立农产品基地，或者是通过订单农业等多种手段带动贫困农民调整结构、增加收入的一种农业产业化形式。主要通过农业产业化经营拉长产业链，促进农产品的转化增值，增加贫困农民收入。在党和政府高度重视“三农”问题的时代背景下，循化县充分利用其特有的地理环境和历史悠久的特色农牧业，推动农牧产业发展走上富县富民的扶贫之路，形成了独特的“循化模式”。

（一）党和政府高度重视农业农村工作

党和政府历来高度重视农业和农村工作。中华人民共和国成立初期，党和政府采取重大措施，结束了农民遭受封建剥削的历史。1953 年，国家开始对农业进行社会主义改造，实现了生产关系的调整。1978 年，安徽农民创造的新的生产经营方式作为政策在全国推广。改革开放 40 多年来，我们党始终高度重视、认真对待、着力解决农业农村农民问题。党全面把握国内外发展大局，尊重农民首创精神，率先在农村发起改革，废除人民公社，确定家庭联产承包责任制，全面放开农产品市场，取消农业税，粮食产量不断增加，农民收入大幅增加，扶贫开发成效显著。农村改革发展的伟大实践，极大调动了几亿农民的积极性，极大解放和发展了农村社会生产力，极大改善了广大农民物质文化生活。“据统计，全国农村绝对贫困人口从 1978 年约有 2.5 亿人，到 2017 年减少为 3046 万人，农民人均收入从134元增加到13432.4元。”[①] 始终把解决好“三农”问题作为全党工作重中之重，是习近平新时代中国特色社会主义思想的重要内容。习近平总书记关于“三农”工作的重要论述作为习近平新时代中国特色社会主义思想的重要组成部分，更是充分体现了国家对于“三农”问题的高度重视，为农业产业扶贫模式的有效推广提供了时代背景的支持。

（二）因地制宜的产业兴旺政策倡导

坚持从实际出发是中国共产党在长期的革命与建设历程中积累的宝贵经验，要求各级党委政府在决策时立足本地客观实际，反对主观经验主义与本本主义。2012年5月，时任中共中央党校校长的习近平指出，本本是对实际事物研究、抽象的结果，不能成为研究问题和做决策的出发点，出发点只能是客观实际。在《中共中央　国务院关于打赢脱贫攻坚战的决定》中因地制宜是基本指导原则。贫困地区、贫困村乃至贫困户的特色产业发展是产业扶贫政策的基本思路，也是长期与贫困做斗争积累的宝贵经验。当前，中国特色社会主义进入新时代，建立健全重塑城乡关系、城乡融合发展的产业扶贫政策是促进贫困地区经济社会发展的关键。借助以工代农、以城带乡，实现三产融合，强化贫困人群利益共享机制，成为新时代做好产业扶贫的基本思路。2016年，青海省人民政府办公厅颁布《关于印发青海省发展产业、易地搬迁等七个脱贫攻坚行动计划和交通、水利等九个行业扶贫专项方案的通知》，其中关于产业发展的部分做了如下说明：依托全省“四区两带一线”区域发展战略和“三区一带”的农牧业发展格局，坚持因人因地分类施策，立足贫困地区资源优势，宜农则农、宜牧则牧、宜林则林、宜商则商、宜游则游，支持贫困村和贫困地区发展特色产业，实现就地就近脱贫。

---

① 国家统计局：《中国统计年鉴2018》，中国统计出版社2018年版，第19页。

（三）历史悠久的特色农牧业

循化县南部有广阔的岗察草原，东部的道纬、东风，南部的文都、尕楞地区都有大面积草山、草坡，但在旧社会，这些可用资源都掌握在地主、牧主手里，畜牧业发展落后。循化县解放后，党和国家关心牧民群众，重视畜牧业的生产，草原很快得到了新生和发展①。尤其是党的十一届三中全会以后，循化县总结农牧业生产的经验和教训，认真贯彻党的路线、方针和政策，遵照“宜农则农，宜牧则牧”和“畜牧业的发展应数量与质量并举，以提高质量为主”的原则，根据县域实际情况积极发展畜牧业。在农业方面，循化地处黄河沿岸，耕地面积在解放初期约有 50 余亩，土地肥沃，气候温暖，宜发展农业，但农业生产面临着干旱的严重威胁。党和政府积极领导各族人民开渠饮水，凿井挖泉，兴修水利工程，农作物产量逐年增长，耕地面积和农作物播种面积迅速增加，2012 年耕地面积已达到 174710 亩。由于工矿企业少，环境污染轻，日照时间长，循化县域内发展无公害蔬菜和清真旅游食品系列产品生产、加工具有得天独厚的优势。总而言之，循化县一产基础较差、发展滞后，但是却盛产具有地域特色的农副产品，具有较好的产业发展基础。

二、循化县农牧经济扶贫的做法与成效

乡村振兴不仅仅是经济的振兴，也是涵盖生态、社会、文化、教育、科技等方面的振兴，更是“五位一体”总体布局在农村的生动实践，要系统认识，准确把握。近年来，循化县认真贯彻落实中央和省市一系列强农惠农富农政策措施，提出了“农业稳县”发展战略，并立足特殊的地理环境和气候光热条件，以“黄河彩篮”现代菜篮子基地为引领，大力发展以

① 循化撒拉族自治县概况编写组：《循化撒拉族自治县概况》，青海人民出版社 1984 年版，第 111 页。

“一核两椒”为主的特色种植业和以“牛羊繁殖”“生态牧场”为主的农区畜牧业，形成了农牧业稳步发展、农牧民持续增收、社会和谐稳定的良好局面。

（一）循化县农牧经济扶贫的做法

1. 以打造产业链为核心的传统优势农牧业扶贫

进入“十二五”以来，扶贫开发工作的一条重要经验就是产业化扶贫，即通过培育和发展生产，提升贫困地区和贫困人口自我发展的能力，以确保扶贫成效的可持续性[①]。在产业发展方面，贫困地区必须因地制宜，立足自身优势，另辟蹊径，发挥传统优势，开创独特的发展现代产业之路。循化撒拉族自治县充分发挥自身优势，形成了以打造产业链为核心的传统农牧业扶贫方式。

一是继承并发扬传统特色农牧业。在产业选择方面，优势产业是精准扶贫的关键。循化县在产业扶贫方面选择以下产业作为扶持重点：第一是特色种植业的选择，围绕十大特色农牧业产业，在发展油菜、马铃薯等传统优势产业基础上，重点支持贫困农牧户和贫困地区发展枸杞、核桃、树莓、大果樱桃、蔬菜、饲草、中藏药材等附加值较高的经济作物，支持牛羊繁殖、奶牛繁殖以及生猪、兔禽、冷水鱼等养殖业发展。第二是农畜产品加工业的选择，加快农牧业融合发展，拓宽延长产业链和价值链，推动农牧业高质量发展，着力建构产业基地、农畜产品初加工及精深加工、产后商品化处理、特色农牧产品品牌打造、市场营销的全产业链条，推动贫困地区农牧地区产业化经营，提高农产品附加值，解决贫困劳动力就地就近就业，提高产业促农增收能力。

二是打造以龙头企业为牵引的农牧业产业链。在脱贫攻坚过程中循化

① 张化珍：《培育特色产业 促进跨越发展》，《北方经济》2016 年第 3 期，第 26—27 页。

县政府积极提供优惠政策，鼓励农牧民专业合作社、家庭牧场、种养大户、龙头企业带动贫困户发展产业，帮助实现就业。培训培养带头人，创新经营形式，加强市场培育和品牌建设，推进“龙头企业 + 合作社 + 基地 + 农户”的发展模式，带动农户发展模式化经营、专业化生产、产业化经营，提高农民的组织化程度，完善销售网络，加大发展“互联网 +”行动，开辟农民增收新途径。

三是以扶贫产业园建设为平台推动农牧业产业扶贫。依据本地区资源、经济优势和发展功能定位，结合东部城市群高原特色现代生态农业示范区、环湖地区现代生态畜牧业及乡村旅游建设示范区、青南地区生态畜牧业发展示范区和民族特色服饰加工及第三产业项目，合理布局，积极促进和培育区域产业发展壮大。按照精准扶贫、精准脱贫的原则，通过“基地 + 公司 + 合作社 + 农户”的运营模式，形成关联的利益共同体，互惠互利，扶贫产业园项目建立健全带动贫困户脱贫增收的利益联结机制，确保贫困农牧户优先收益。同时，积极吸纳建档立卡贫困户进入园区务工、经商等，确保贫困户实现长期收益。

2. 贫困乡村与贫困户收益共享的益贫方式

产业扶贫如何实现贫困人群的充分参与、带动贫困人口受益是扶贫开发的关键，对此问题循化县交上了一份合格的答卷。在充分尊重贫困群众发展意愿和自主选择项目的基础上，按照“措施到户、资金到户、项目到户、效益到户”的精准扶贫原则，以实施到户、扶持到人的方式，形成了以贫困乡村与贫困户受益共享的益贫方式。

一是家庭资产建设与收益方式。资产收益扶贫是精准扶贫的重大创新举措。对于有劳动能力、有发展意愿，但没有经营能力和产业选择困难的贫困人口，循化县通过龙头企业、专业合作社等各种新型经营主体带动方式，将财政专项扶贫资金和其他涉农资金投入形成的资产，折股量化给贫困村和贫困户，鼓励贫困户以订单生产、务工方式参与产业发展。同时，支持贫困户将土地、草场等生产资料折股量化到产业扶贫新项目，增加财政性收入。将精准扶贫产业项目、旅游扶贫和扶贫产业园等专项扶贫工程有机结合起来，按照以点带面、点面结合的精准扶贫产业发展思路，加快二三产业融合发展，扩大规模、增强市场竞争力，加快推进区域经济发展，让贫困户更多分享农牧业全产业链和价值链增值效益。

二是加强劳动力培训，促进就业。在农牧业产业扶贫方面，循化县加大科技智力支持的同时，加强劳动力培训，促进就业发展。2017 年争取省、市“三区”人才科技专项资金，选派 20 名县外科技特派员和 50 名农牧业技术人员深入基层，围绕贫困村特色产业发展、贫困户能力提升开展技术服务和指导。通过新型职业农民培育工程，针对贫困村产业发展需要，培育生产经营型、社会服务型、专业技能型贫困职业农民 70 名。

3. 生产要素聚集的农牧经济扶贫保障体系

贫困地区农牧产业的发展需要制度的建设、资金的投入、基础设施的支撑以及科技金融等涉农公共服务能力的提升等多方面保障。脱贫攻坚过程中循化县农牧产业生产要素的集聚为其长效发展提供了有力的支持。

在制度建设与资金投入方面，循化县按照“统一规划，优先扶持”的原则，切实做到农业项目向贫困村倾斜，积极提供各种优惠政策，鼓励贫困户发展产业，实现充分就业。2018 年，循化县累计整合农牧业财政扶贫资金达到 1178.87 万元，涉及全县 62 个贫困村；重点实施了农牧业补贴（粮食直补）、良种繁育、农技推广、畜用暖棚、露地蔬菜、饲草种植、新型农牧民培育、全膜马铃薯、农牧业灾害防控、草原奖补以及标准化肉牛、肉羊养殖场建设等项目 8 大类 65 个项目（其中粮食直补、草原补奖属于全覆盖补贴类项目）。

在基础设施建设方面，农牧业要补齐短板，现代化基础设施建设是关键。以 2018 年为例，循化县积极整合中央、省级专项资金和县级支农资金，在贫困村扶持发展线辣椒、马铃薯为主的特色种植业和肉羊、肉牛为主的特色养殖，投资 57 万元，在查汗都斯乡新建村、团结村，积石镇河北村扶持建立线辣椒基地 550 亩；争取中央、省级投资 780 万元，对街子镇孟达山村、苏瓦什村等 17 家规模养殖场进行扶持；投资 215.5 万元，在道帏乡铁尕楞村、白庄镇米牙亥村、查汗都斯乡赞卜乎村、文都乡抽子山村建成 13 家家庭牧场；投资 80 万元，在白庄镇条井村，清水乡塘赛村，街子镇孟达山村，文都乡抽子村，尕楞乡牙尕村、哇龙、曲卜藏村建成 12 处中小型农产品贮藏窖，等等。

在科技、金融等涉农公共服务能力方面，科技扶贫在提升贫困户和贫困村的产业技术方面具有良好的支撑作用。以农业科技园区为载体，以“1020”生态农牧业重大科技支撑工程为依托，实施 50 项产业化扶贫项目，重点以油菜、马铃薯、蚕豆、果蔬、中藏药材、牦牛、藏乳制品、冷水鱼养殖十大高原特色农牧业产业为主体，加大科技支撑力度，示范推广一批新品种，集成转化一批新技术新成果，加强新品种和新技术推广、病虫害综合防治、农产品加工等先进适用技术成果的应用。以科技信息化服务为手段、以“三区”科技人员和科技特派员创业示范为支撑，适时编制适用技术指南，切实解决精准扶贫“最后一公里”问题，有效提升了农牧业科技创新水平和社会服务能力。

（二）循化县农牧经济扶贫的成效

1. 产业发展情况

在脱贫攻坚过程中，循化县因地制宜，结合自身传统优势大力发展农牧产业，取得了明显的成效。2018 年循化县完成各类农作物种植 20.85 万亩，以线辣椒为主的特色作物种植面积达 12.6 万亩，蔬菜产量达到 1.2 万吨。在“公司 + 基地 + 农户”的产业经营模式下，特色农业牧业的发展使农民收益不断增加，特色农业的种植面积也不断扩大，牧业以及相关民族食品加工业得到长足发展。以循化特色产业“一核两椒”为例，近年来旅游行业的发展，进一步促进了当地制干辣椒的发展，当地撒拉族回族群众则充分发挥其在黄河沿岸的地理优势，沿公路和旅游线路摆摊设点，采取当面加工直接销售的方式，大量销售辣椒制品，带动了辣椒产业的发展，降低了流通费用，取得了良好的效益。2018 年，在东西部协作扶贫的带动下，多种循化特产在天惠超市上架，销量不断增加，使贫困户获得了实质性的收益。随着循化县“一核两椒”种植面积的不断扩大，逐渐形成生产加工一体化的产业格局，产品已经出口到多个国家和地区，形成了独具特色的民族产业模式。

2. 贫困户收益情况

循化县特色农牧产业扶贫模式在脱贫攻坚中成效显著，贫困户受益范围不仅体现在农产品收入的增加，更表现在以下几点：一是贫困户家中农牧业基础设施得到完善。循化县在农牧业设施补贴方面，补助 64 万元，建设 9600 平方米畜用暖棚，涉及贫困户 80 户，有效改善了贫困户农牧业设施。二是对于缺乏资金、技术支持的贫困户而言，农业类扶贫项目资金的整合为贫困村带来了资金帮扶，科技扶贫方式为贫困户发展农牧业提供了技术支持。三是对于缺乏劳动能力的贫困户，通过入股等资产收益性扶贫方式实现脱贫减贫的目标。例如，青海化青畜禽养殖精准扶贫产业园项目在管理人员、后勤、保安的招聘过程中优先安排全县建档立卡贫困人员就业，提供了大量的工作岗位。

三、循化县农牧经济扶贫的经验与启示

循化县按照“政府主导、社会参与、自力更生、扶贫开发”的方针政策，依托产业开展资产收益扶贫，积极实施产业扶贫和就业扶贫，选准本

地优势特色产业、对贫困群众辐射带动强的产业，引导生产要素向贫困地区聚集，带动贫困群众增收，把发展产业作为群众实现稳定增收的根本支撑，提高了精准脱贫成效。循化县农牧产业在扶贫领域的成效带给我们以下两点经验和启示。

一方面，注重现有资源与民族特色相结合，形成了“三位一体”的农牧产业发展模式，即产业园、村级集体经济、个体经济相统一，形成收益共享的联动主体。产业扶贫在精准扶贫、精准脱贫方略中具有强基固本、行稳致远的突出意义，其以产业援助为支撑，着力增强贫困地区的“造血”功能。在产业扶贫中，就参与主体而言，主要涉及政府、贫困村（户）、社会力量和企业四个方面。循化县在农牧产业扶贫过程中根据地方特点采取“三位一体”的民族工业产业，促进一二三产业融合，以实现农牧产业的可持续发展。

另一方面，扶贫产业的精准选择不仅需要考虑该产业是否与本地区资源环境相协调，还需要考虑该产业是否能够为贫困户带来收益。循化县在产业扶贫方面积极探索，逐渐形成以增加贫困人群受益机会为导向的产业扶贫模式。众所周知，产业扶贫容易出现政府积极推动，但贫困户参与意愿不高，处于被动消极参与的尴尬处境，多主体良性互动不足，导致产业扶贫效果不明显。循化县通过精准识别 + 精准施策，针对贫困户的自身情况，多措并举拉动贫困人群参与产业发展受益，为我国其他地区产业扶贫提供了一个新的思路。

第二节　循化县“拉面经济”扶贫：大众创业 + 劳动力转移

一、循化县“拉面经济”的扶贫背景

作为黄河边上的集中连片特困地区，面临脱贫攻坚这场重大战役，青海省循化县在地理位置、交通条件、经济发展、基础建设等各个方面都不占优势。但如今该县却成为全国第一个少数民族区域性整体脱贫摘帽的县域。作为全县转移就业、群众增收致富的重要渠道——“拉面经济”在这场战役中发挥着至关重要的作用。

（一）追求副业致富的地方传统

提起撒拉族精神，人们通常用“勤劳勇敢”四个字来给它定义，具有强烈的吃苦耐劳精神和进取精神。同时，受其所信奉的伊斯兰教影响，撒拉族具有浓厚的商业文化，视商业为真主喜爱的行业，伊斯兰教鼓励生产，主张两世幸福，所以虔诚信仰伊斯兰教的撒拉族非常乐于和善于经营商业。早在 20 世纪 50 年代，循化县就形成了副业单干、追求副业致富的地方传统。据资料记载，当时全县男劳力一度就有一半以上外出搞副业，致使相当数量的社队出现了“男子外出抓钱，妇女在家种田”的现象。由此可见，循化撒拉族人民追求副业致富的历史传统浓厚。改革开放以后，撒拉族群众纷纷放下手中的农具，背起行囊，开启了发展副业实现脱贫致富之路，在交通运输、商贸等行业占据重要一席之地，被称为青藏高原上的“温州人”。

（二）“拉面经济”产生与发展

“拉面经济”是以小麦、牛羊肉等为主要材料，以青海省海东地区农

村剩余劳动力为主体，以增加农民收入为目的，以家族式经营为主要经营模式，以地缘和亲缘关系为纽带，以经营“清真拉面”为主体的经济行为模式。20世纪80年代，在当地能人的带动下，成功开启了青海海东贫瘠山区农民赴内地的“拉面潮”。青海拉面中经营拉面馆的多数为青海海东地区的回族、撒拉族等信仰伊斯兰教的群众，其经营一般都以家庭、亲友或同村人员共同经营，形成典型的亲帮亲、邻帮邻模式。据不完全统计，循化县穆斯林群众在沿海280多个大中城市经营拉面馆，逐步形成规模效应。当地设有拉面服务中心为拉面经营者提供信息咨询、法律援助等服务，并且支持拉面经营者带薪在岗培训，为拉面馆输送人才。此外，各地设有拉面办事处，对拉面店的选址、装修等方面做出明确规定，提升了拉面店的档次。

（三）强力的政府介入和推动

青海“拉面经济”发展离不开政府的引导和扶持，在这一点上各级政府近几年在顶层设计、扶持政策、资金帮扶方面给予了坚强支持，为青海“拉面经济”发展注入了强大的动力，为青海拉面提档升级、可持续健康发展奠定了坚实的基础。自精准扶贫政策实施以来，循化撒拉族自治县坚持把“拉面经济”为主的劳务经济作为一项富民产业来培育和打造，通过政府引导、转型升级、技能培训、金融支持等措施，大力支持“拉面经济”为主的劳务经济壮大规模、提档升级，全力做好劳动力转移工作，帮助群众拉出“致富面”。在资金方面，青海省政府对“拉面经济”的发展扶持力度加大，支持农民开拉面馆，扩大拉面经营规模，各地市就业服务部门建立起小额贷款担保服务平台，为拉面馆创业人员发放小额贷款以缓解创业人员资金不足的问题。在技能培训方面，循化县就业局成立“拉面经济服务中心”，并与有意愿创业者签订“带薪在岗培训”协议，提供各种培训咨询服务，此举有力地拉动了当地“拉面经济”的发展。

二、循化县“拉面经济”扶贫的做法与成效

为认真贯彻落实全省“拉面经济”精神，充分发挥“拉面经济”在推动农牧民转移就业、增加农牧民收入方面的重要作用，循化县政府积极引导更多建档立卡贫困对象从事“拉面经济”。根据《青海省人民政府办公厅转发省人力资源社会保障厅等部门关于进一步推动青海拉面经济发展促进就业创业的实施意见》精神，循化县结合自身实际情况，紧紧围绕实现整体脱贫摘帽目标，面向全县建档立卡贫困户，以市场为导向，以提高建档立卡贫困对象谋生技能为重点，以全国“撒拉人家”为品牌的拉面店为载体，全面开展拉面“带薪在岗实训＋创业”精准扶贫项目。循化县通过拉面培训，使建档立卡贫困对象掌握一技之长，实现贫困户对象从“跑堂”到“拉面匠”再到“拉面老板”的转变，从而促进拉面产业转型发展，加快全县脱贫致富步伐。

（一）循化县“拉面经济”扶贫的做法

1. 借助资金杠杆与劳动力培训推动有能力者创业

在劳动力培训方面，实施“带薪在岗实训＋创业”计划，推动有能力者创业致富。驻村扶贫工作队、村委会负责将有意愿参加“带薪在岗实训”的贫困对象的基本信息上报到乡镇，由就业局拉面经济服务中心负责，将拉面实体店用工信息和全县有意愿参加“带薪在岗实训”的贫困对象基本信息限期录入拉面数据库，并对拉面店用工需求与贫困对象信息进行匹配。匹配成功后，拉面店老板与培训人员签订一年以上的“带薪在岗实训”用工协议，拉面店老板负责对贫困对象进行一年以内的“带薪在岗实训”。贫困对象“带薪在岗实训”满一年，经评定合格后，由县就业部门发放拉面技能合格证书。同时，循化县对参加“带薪在岗实训＋创业”的贫困人员实行奖励措施，以鼓励更多的人通过参加拉面技术的培训来增

加自己的收入进而摆脱贫困。

参加“带薪在岗实训”的贫困对象均能申请开办“扶贫拉面店”。“带薪在岗实训”期间提前拿到拉面技能合格证书并有条件的也可开办“扶贫拉面店”。对有意愿开办拉面店的贫困对象，政府给予“扶贫拉面店”开办扶持资金1万~2万元。按照“转移就业脱贫一批”的目标，整合各类培训资源，2015年至2018年三年间先后投入1611.6万元实施了新型职业农民培育、拉面烹饪、“雨露计划”等城乡劳动力技能培训10789人，累计组织引导转移就业14.64万人次，实现劳务收入13.5亿元，其中建档立卡贫困户就业技能培训2181人，组织贫困劳动力实现转移就业3446人。

2. 开展金融扶贫促进拉面经济提档升级

在“金融扶持”方面，循化县针对扶贫对象融资难、融资贵、担保难、支付经营难等问题，通过“三农”惠民、小额创业贷款、“拉面信用卡”等方式，加大资金扶持力度，帮助村民开拉面馆，扩大拉面经营规模。对参加“带薪在岗实训”满一年以上，掌握拉面技能后被银行评定为信用户，并有意愿开办拉面店的贫困对象给予20万元的信用贷款，由县扶贫部门给予三年全额贴息。凡开办的“扶贫拉面店”完成选址，并签订房屋租赁合同或店面转让合同，经所在地驻外办事处确认后，予以发放扶持资金及贴息贷款。自2015年到2018年累计发放创业担保贷款1.1亿元，有效缓解了部分“拉面经济”创业人员资金不足的问题。儒家文明、伊斯兰文明与佛教文明在循化交融，成就了循化美食的多元融汇。撒拉族人心灵手巧，所做的食物种类繁多、制作精良、色泽明镜、味道醇厚，形成了循化独有情调的饮食文化。循化县依托于独有的饮食文化和遍布全国的拉面餐饮店铺，借助金融扶贫贷款杠杆，重点打造“撒拉人家”餐饮品牌，带动“拉面经济”走向了国际市场，产业发展也走上规范化道路，成为青海“六大”劳务经济品牌之一。

（二）循化县“拉面经济”扶贫的成效

循化县作为一个人多地少，资源匮乏，工业化、农业现代化、城镇化相对滞后的少、小、边、农、穷地区，县情决定了大部分群众的收入来源主要依靠劳务输出，劳务收入的多少直接关系到群众脱贫致富和县域经济发展。通过劳动力转移的方式实现大量的劳务输出，尤其是“拉面经济”产业化经营的推动，循化县走向了一条“富民”“富村”“富县”的小康之路。

1.“拉面经济”壮大，并带动拉面相关产业发展

截至2020年底，循化籍劳务人员在全国200多个大中城市经营的餐饮店达7873多家，年均从业人员4万多人，实现“拉面经济”产业收入20亿元以上。循化县先后扶持“撒拉人家”餐饮品牌994家，培育“北京撒拉花儿”“上海骆驼泉”等100家民族餐饮龙头企业，先后实施新型职业农民培训、“雨露计划”等城乡劳动力技能培训10789人，其中贫困户就业技能培训2181人，累积组织引导转移就业9.87万人次。同时，积极利用“中国拉面网”、拉面公众号等媒介，为贫困群众与拉面店提供技术培训、用工、店铺转让、信息发布以及拉面食材、设备、餐具等配送服务，引领“拉面经济”进入了2.0时代，呈现出“经营规模不断扩大、经济效益不断提高、带动致富效果不断突出”的良好发展态势。“拉面经济”已成为循化县大众创业、万众创新和促进农村贫困群众增收致富的有效途径。“拉面经济”成了循化县转移就业的响亮名片，“撒拉人家”也被评为青海省六大劳务品牌之一。

循化县拉面产业走出去以来，当地政府以及群众不断丰富拉面产业的发展模式，拉面产业链条也越来越完善，逐步实现了拉面全产业链闭环。当地拉面经营者努力以拉面产业为龙头，带动当地牦牛和藏羊养殖、小麦蔬菜油料的生产加工、互联网信息调配和物流运输等相关产业发展。同

时，依靠政府补贴和相关金融机构的信贷，实现拉面店的规模化经营和劳动力省外输出，逐步构建以拉面原材料为主的农副产品生产、加工、配送的产业链。此外，“拉面经济”的推广间接开辟了青海特色牛羊肉和其他土特产品直供直销的绿色通道。

2. 贫困户收益增加，精神面貌改善

循化县“拉面经济”成为众多农村劳务人员致富的成功法宝，是相对落后的青海省同发达的东南沿海互动，促进少数民族地区发展的典型案例[①]。“拉面经济”的成功不仅仅在于带领循化县村民走向了小康之路，更在于通过这样一种规模经营的方式为大量的贫困人群提供了就业机会，实现了脱贫致富的目标。在循化县村庄走访过程中，多数老人谈到过去村庄里有很多“留守青年”，年轻人不参加工作而是骑着摩托车在村里转悠，整日无所事事。而现在，很多年轻人参加了村子里的拉面技能培训，在政府的资助和鼓励下贷款开起了拉面馆，一下解决了技术和资金两大难题。“现在平常村子里很少有年轻人了，过年时候（年轻人）都是开着汽车回来，都富起来了。”村民们在感慨物质生活水平提高的同时，还提到在“拉面经济”的带动下，村民的精神面貌也有了极大的改善，在外创业过程中村民们视野变得开阔，素质也有了很大提高，最终创造了和谐稳定的社会环境。

具体案例：

循化县白庄镇下拉边村，又被称为“拉面村”，全村共411户1716人，劳动力1117人，耕地面积532亩，人均不足0.3亩地，原是全县有名的贫困村，2015年底被确定的精准扶贫建档立卡户

① 吴文钰：《西部少数民族地区劳动力的转移——青海“拉面经济”现象的分析》，《西北人口》2010年第2期。

为58户247人。为改变贫困局面，村支部以“怀揣技能衣食无忧”为理念，向县就业部门申请了免费培训项目，先后700人次接受了各类技能培训，包括拉面、汽车驾驶等。其中尤以发展“拉面经济”最符合村情，更是提出了“党建+拉面”模式，以党建引领带动全村发家致富，在2016年实现了整村脱贫。截至2016年底，全村经济收入达到1852.49万元，其中“拉面经济”收入高达1295万元，占总收入的70%，人均纯收入7840元。

三、循化县“拉面经济”扶贫的经验与启示

（一）以小微企业为主体经济业态益贫性强

近年来，小微企业在我国国民经济中所占的比重日趋增加，悄然成为经济发展中一支无法替代的力量。相对大型企业而言，小微企业不仅具有“船小好掉头”即外部环境适应能力强、自我调整快等基本特点，而且在解决众多劳动力就业方面发挥着无可替代的作用。循化“拉面经济”扶贫模式正是利用小微企业为主体的经济业态，带动贫困人群参与到扶贫开发中来，共享发展成果。由“外出进厂”“工地务工”向“个体经营”转换，再由个体经营转型升级成为小微企业，循化县在劳动力转移方面实现了创新突破。实践证明，以小微企业为主体的经济业态具有更强的益贫性。在政府的支持带动下，经过带薪在岗培训后，贫困人口可以获得小额贷款开自己的“扶贫拉面店”。贫困户中一人外出务工，就能实现全家脱贫，如果在外地开拉面馆，年收入至少8万元，这种“授人以渔”的扶贫方式赢得了村民一片赞誉。

（二）更多参与渠道的大众创业是产业扶贫的新方向

抓创新就是助发展，谋创新就是谋未来。不创新就要落后，创新慢了

也要落后。习近平总书记强调，我们要激发创新创业活力，推动大众创业、万众创新，释放新需求，创造新供给，推动新技术、新产业、新业态蓬勃发展。有效拓宽贫困户增收渠道、提供更多受益机会的大众创业是产业扶贫的新方向。循化县通过拉面培训，为贫困对象提供了多种就业参与渠道，带动全县有意愿就业的贫困人口实现了脱贫致富之梦。

（三）规则建构与政府引导是产业扶贫的关键

制度规则的构建和政府的引导支持是产业扶贫的关键条件。党的十八大以来，以习近平同志为核心的党中央高度重视扶贫工作，提出精准扶贫理念并将其确立为我国扶贫开发的主战略。党的十九大报告提出“坚决打赢脱贫攻坚战，坚持精准扶贫、精准脱贫，确保到 2020 年我国现行标准下农村贫困人口实现脱贫，贫困县全部摘帽，解决区域性整体贫困，做到脱真贫、真脱贫”[①]。从公共政策的视野来看，精准扶贫的提出既是扶贫政策的调整和深化，也涉及扶贫政策的制订和执行问题，当然，这些都包含于精准扶贫政策的建构过程[②]。在明确精准扶贫政策情境的基础上，中央政府、地方政府和贫困人群，都会从自身的立场出发提出相应的政策诉求。如何平衡不同的政策诉求，达成基于公共利益基础上的价值和责任分担方案，是政策问题建构的关键。在产业扶贫过程中，规则的构建和政府的引导决定着产业扶贫发展的方向和路线，是产业扶贫能否达到效果的关键。

① 习近平：《决胜全面建成小康社会　夺取新时代中国特色社会主义伟大胜利——在中国共产党第十九次全国代表大会上的报告》，《人民日报》，2017 年 10 月 28 日。

② 胡振光、向德平：《精准扶贫的政策建构及演化逻辑》，《西南民族大学学报》2018 年第 8 期。

第三节　循化县旅游经济扶贫：民族文化资源开发 + 共享收益

旅游扶贫具备强劲的“造血”功能和新兴的产业活力，能在扶贫工作中发挥重要作用，是一种有着庞大市场前景的扶贫方式。循化县自 2017 年以来，坚持实行“旅游立县”战略，全力提升当地旅游服务质量，并重点围绕“一带三区”全域旅游的资源空间布局，加快循化旅游基础设施建设，不断促进当地文化与旅游的相互融合，打造了“青藏之旅，首游循化”的全域旅游品牌。依托其丰富的旅游资源，牢固树立全域旅游、全民参与、全业融合的发展理念，将旅游扶贫作为实现和巩固脱贫攻坚工作的强大动力。

一、循化县旅游经济扶贫的形成背景

1. 全球化背景下的民族传统文化自信

少数民族地区普遍存在着老、旧、穷的状况，但其却拥有珍稀的具有特色的民族传统文化瑰宝。少数民族地区的发展之路是一条能体现自身文化特点的现代化发展道路，是使本土的民族文化走向世界，让世界的文明融入本土的道路。少数民族文化来源于民族内部及民族间交流，是少数民族在历史发展长河中沉淀下来的具有本民族特色的精神和物质产物，是民族智慧的结晶、民族团结的精神纽带、民族精神的充分体现，也是人类社会共有的宝贵财富。少数民族地区的环境是少数民族长期以来生活、生产的空间以及独具特色的人为景观，远离城市现代生活的原生态环境。游客借助于文化观光与旅游，透过民族生产和生活方式的考察，能够引发一种奇观效应，使旅游者能够获得异域的视觉体验，满足对民族文化异质性的

好奇心。因此，国民愈加喜爱孕育着民族文化的原生土壤，富有民族特色的文化受到旅游者的青睐。

2. 文化体验导向型旅游开发模式的兴起

随着生产力的发展，物质生活水平的逐渐提高，消费者更多地追求丰富的精神享受，不再满足于单纯的物质需要。目前中国处于一个消费需求急剧升级的时期，游客需求层次日益提升，旅游消费成为国人消费的刚需，原有的旅游模式已无法满足新时期旅游消费者。此时，一种新型的旅游模式——体验型“休闲旅游”模式，类似农家乐，就闯进了大众的视野并深得国民喜爱。游客也更倾向于通过旅游来满足自身对文化内涵的追求，于是将目光转向生态环境优化、村风民俗淳朴的民族地区。民族地区多元文化所形成的独特资源对国内外旅游消费者产生极大的诱惑力，旅游消费者通过感悟独特文化，实现自我提升。文化体验导向型旅游开发模式强调突出旅游体验的文化性质，同时文化赋予旅游体验更深层次的内涵，加深了旅游体验的参与度和深度的文化旅游的关键在于这种体验，将循化县文化旅游资源开发置于体验视角下具有现实意义。

3. 旅游扶贫成为贫困治理的有效手段

1999 年，在联合国发展署第七次会议上，英国国际发展局提出 PPT（pro-poor tourism）的概念，首次将旅游和扶贫联系起来。2016 年，我国旅游局发布《中国旅游发展报告（2016）》指出，“十三五”期间旅游扶贫的目标是每年有 200 万贫困人口通过发展旅游业脱贫，直至“十三五”末能够带动 1000 万贫困人口脱贫。旅游扶贫是在扶贫开发工作的基本理念上，根据地区自身特色开发贫困地区当地的旅游特色资源，并将这些资源的效能放大，构造旅游特色产品，形成旅游特色文化，最终形成一整套当地旅游特色产业链，以此吸引旅游市场的目光。旅游对扶贫的作用机理，主要体现在旅游打破贫困地区生态文化资源丰富与经济社会发展落后的两难悖论，带动贫困地区其他产业的发展，给贫困人口提供基业岗位和机会，提升当地人口素质，突破人口、贫困、资源恶性循环等方面[①]。

4. 循化县旅游经济扶贫的发展优势

循化县地处青海省东部黄河谷地，是中国撒拉族的发祥地，是全国唯一的撒拉族自治县。儒家文明、伊斯兰文明和佛教文明在这里交融，形成了他独具特色的多元民族文化。全县总面积约 2100 平方公里，河谷地带平均海拔 1780 米，无霜期约 220 天，从而成为冬无严寒、夏无酷暑、林木葱郁、物产丰富的避暑休假之地。黄河穿城而过，流经全域近 90 公里，已建成公伯峡、苏志、黄丰、积石峡四座大中型水电站，库区水域面积近 10 万亩。平均气温 8.6℃，是全省海拔较低、气候宜人、物产丰富、生态宜居和旅游资源富集地区。全县有十大景区、上百处景点，旅游类型齐全，组合度好，互补性强。这些优越的资源为循化实施旅游扶贫模式奠定了坚实的基础。早在 20 世纪 80 年代末 90 年代初部分群众便自发组织发展民俗旅游，主要是在一些游客有需要的情况下做简单的饮食接待和民俗表演，虽未形成规模，但为后来大力发展旅游业提供了借鉴和参考。

二、循化县旅游经济扶贫的做法与成效

（一）循化县旅游经济扶贫的做法

1. 坚持发展“旅游立县”战略

为贯彻落实《中共中央 国务院关于打赢脱贫攻坚战的决定》，大力推动乡村旅游扶贫工程的建设和发展，青海省旅游部门协同相关部门在资金安排、宣传推广等各方面加大了对循化县旅游扶贫项目的支持力度。近年来，循化县响应国家号召，努力打造和发展“旅游立县”战略，充分调

① 黄渊基、匡立波：《旅游扶贫的作用机理及减贫效应探析》，《南华大学学报（社会科学版）》2018 年第 1 期，第 75—81 页。

动各方力量、凝聚广大人民智慧，深入挖掘贫困地区旅游资源优势，并结合当地特色发展适应当前旅游形式的项目，不断创新发展乡村旅游的模式和思路，将旅游业打造为县域经济发展的支柱型产业，有效发挥旅游产业在循化贫困地区脱贫攻坚的促进和带动作用。

在资金投入方面，循化县充分发挥政府引导作用，以“旅游立县”“旅游兴县”为目标，加大对景区的投资开发和建设，推动旅游扶贫的发展和落实。循化县对当地旅游业的投资金额从 2012 年的 1.92 亿元，到 2016 年的 3.4 亿元，再到 2018 年的 7.81 亿元，整体上呈逐年上升趋势；截至 2019 年底，游客数量达到 320 万人，其所带来的经济收入达到 19.2 亿元，是 2012 年的 4.68 倍和 2014 年的 2.78 倍。

在基础设施建设方面，循化县大力支持有关重点旅游景区、红色旅游和乡村旅游的交通基础设施建设，加快风景名胜景区和重点村镇旅游集聚区旅游基础设施和公共服务设施建设。通过部门力量整合，以政府主导、社会参与的方式，积极动员社会力量参与到乡村旅游的建设与发展中去，大力推动乡村旅游的发展和基础设施建设、城乡环境治理、道路交通以及新农村建设的有机整合。同时，具有浓郁地域特色、文化特色、民族色彩的游客中心、宾馆、导向牌等硬件设施的完善也为循化县旅游扶贫增强了发展后劲。

2. 以本土文化为主打造区域特色

循化作为全省旅游扶贫开发的重点县，有独特的自然风光、人文景观和民族风情，各种可开发利用的旅游景点多达 92 个，而且很多都是垄断性的特色景点，同时各个景点因其民族性、人文性、自然性等，在省内外都有自身的特殊地位，是全市乃至全省少有的旅游资源富集地，颇有“青藏高原微缩景观”的特点。近年来，凭借着黄河极限挑战赛、撒拉族旅游文化节等赛事节庆的举办，民族文化和体育活动的双重助力，“天下黄河循化美”的知名度大幅提升。

（1）民族文化助力旅游扶贫。循化县作为中国唯一的撒拉族自治县，撒拉族文化具有不可替代的文化价值。县委、县政府坚持旅游、文化和脱贫攻坚相结合，因势利导，大力开发撒拉族、藏族民俗风情体验和红色文化体验等特色文化旅游资源，推动旅游文化扶贫产业的加快发展，帮助贫困群众就近就业、实现增收。循化县在文化旅游项目的设计中重点突出旅游需求的个性化和灵活性，强调旅游活动在整个过程中的经历和感受，强调民族差异化的体验。将传统意义上的旅游者转换成一定意义上的生产者，即引导游客融入撒拉族日常的生产生活、民俗婚庆、节庆假日、民俗风情中，由旅行社或民族演艺者配合或是共同进行，指出旅游体验内容的真实性，这正是循化民族文化园设计的重要原则，以达到民族文化园的内涵与体验的一致性。

（2）体育活动助力旅游扶贫。体育作为重要的社会文明标识，在循化县的脱贫攻坚战中有着重要地位。随着《关于加快发展体育产业促进体育消费的若干意见》等有效激励措施的出台，循化县将自身自然环境的劣势转变为优势，重新定位体育理念，在保留原生态的基础上，宣传和举办国际性体育赛事，大力发展体育休闲旅游，开辟出一条脱贫的新路。循化县利用地理位置优势依托黄河举办相关的体育赛事来吸引游客，用赛事拉动自身旅游业的发展。每年因这些赛事循化县接待游客约 150 万人次，带动全县 5000 多人直接或间接从事旅游业，每年收入约 10 亿元。

3. 创新旅游扶贫项目模式，保障贫困者受益

旅游扶贫项目采取贫困户入股的“股份合作型”方式、联户经营方式及龙头企业带动的方式进行运作，进一步改善当地乡村旅游服务业基础条件，并通过发展旅游业，促进旅游扶贫，同时可吸纳贫困户中的剩余劳动力就业，形成特色产业发展平台。通过项目实施，使项目村群众组织化程

度得到进一步提高，产业结构得到进一步调整，贫困群众收入稳步提高，呈现出当地旅游、民族风情等产业相互协调、相互促进的局面，这对促进当地资源优势尽快转化为经济优势，确保地区经济社会持续稳定发展具有良好的推动作用。

（二）循化县旅游经济扶贫的成效

1. 富县与富民双重效果基本实现

循化县对于旅游产业脱贫攻坚的创新与实践，实现了当地旅游业的繁荣发展，为整个循化县经济和产业的发展带来了稳定的人力和财力支持，实现了"富县"和"富民"的双重目标。从循化县旅游扶贫项目的建设和运营情况来看，当地的非贫困户以及贫困户都从旅游扶贫项目中得到相应的利益，拓宽了当地居民的收入渠道，其家庭总收入也有提升。通过旅游扶贫产业的发展，循化县贫困户通过经商获得一定收入是一种最常见的收入方式，主要包括在旅游景点以及周边经营餐馆、旅馆、农家院、特色超市等，或是售卖当地的土特产、民族饰品、绿色有机农牧产品等获得经营收入。除了旅馆、超市和餐馆需要投资较多的资金、人力、物力进行运营外，其他的商品经营形式并不需要很大的经营场地，对资金和物力投入的要求也比较低，由于是自由经营的方式，贫困者可以通过灵活的经营形式获得较大的经济利益。比如白庄镇实乙日亥村、清水乡下滩村、积石镇羊圈沟等花海和特色果品采摘观光基地项目，带动贫困群众人均增收近万元。

2. 促进了生态保护与民族文化保护

旅游产业的发展必须要有良好的生态环境作支撑。对原始生态环境的保护和开发是旅游产业得以发展的基础，对旅游业的发展起着巨大的推动作用。要想使旅游业持续健康地发展下去，就要对旅游环境和资源进行良好的保护。例如，旅游产业园开发过程中大面积绿色产业园的建设不仅能够美化环境，保持生态平衡，还能够为旅游者及当地居民提供健康绿色的食品。为发展旅游业，循化县有效地实施退耕退牧还林计划，努力恢复当地的环境，使当地居民体会到环境改善带给他们的利益价值，提高其自觉保护生态环境的意识。

在民族文化保护方面，循化县通过旅游的发展保留和保护自身优秀的传统文化。旅游业的发展使当地一些较为古老的、具有鲜明文化色彩的传统建筑得以修缮和保留，各种体现民族色彩的农家院及民族餐厅也能够将当地的民族文化宣扬出去。技艺与现代技术相结合的各类手工艺术品，使游客感受到当地古老的民族文化。旅游扶贫产业的发展促使循化县传统优秀的民族文化得以开发和保留，并通过各地游客的参观与宣传而弘扬出去，不断丰富我国优秀民族文化的内涵。

三、循化县旅游经济扶贫的经验与启示

（一）重视民族文化的作用

循化县高度重视“民族文化”的旅游扶贫模式为我国其他民族地区通过旅游实现脱贫目标提供了一个良好的思路。如今旅游已逐渐成为一种流行趋势，民族地区被各个不同民族背景的游客频繁造访。构建民族文化与旅游扶贫开发协同路径，关键在于建立原著居民对本民族文化的高度认同，并深刻认识到民族文化价值，理解用文化推动旅游经济可持续发展的重要性。因此，要从改变居民意识、政府科学规划、抓住历史发展机遇等方面着手实现旅游扶贫开发。

在居民意识方面，当地居民对于自身文化的高度重视和深刻认同是实现民族文化旅游的重要前提。基于民族文化的旅游扶贫开发不仅增加地方财政收入，还可以迅速带动地方居民脱贫致富，对于少数民族落后地区的经济发展有着巨大的推动作用。在政府规划方面，政府应该通过相应政策

和资金的支持，科学规划当地旅游扶贫发展模式，因地制宜宣传打造特色品牌，塑造少数民族特色，形成独具特色的民族风格景区。在历史发展机遇方面，少数民族地区在全球旅游发展大背景下通过旅游彰显少数民族特色文化，促进旅游业持续发展。

（二）坚持以开发式扶贫为导向

我国多年的扶贫工作经验告诉我们，无偿的补贴及援助对贫困人群的发展以及脱贫存在一定的负面作用，会让他们产生依赖的惰性心理。而循化县旅游产业扶贫发展的过程中，较多体现了以开发式扶贫为导向的扶贫手段和目标。在旅游扶贫开发的过程中，应积极鼓励和倡导贫困者参加到脱贫过程中来，例如通过旅游项目以及公路、水利等基础设施的建设过程中鼓励，鼓励贫困户以劳动力、土地、资金等形式参与其中，通过教育政策以及技术培训等提高劳动力的文化素质和技能水平。同时，循化县还通过政策、资金的支持，鼓励和引导当地居民投身到旅游扶贫事业的发展过程中去，如开办具有民族特色的农家院、开拉面馆、售卖特色旅游商品以及其他消费品的经营等，使贫困户具备自我创业的能力和自我发展的动力。

（三）保证贫困人口的受益权

旅游扶贫的核心其实是贫困人口，他们在旅游扶贫中的收益情况是衡量扶贫工作是否成功的关键。在旅游扶贫开发的过程中，贫困人口在资本、市场竞争和技术等方面缺少竞争力，属于旅游活动中的弱势群体。如果旅游开发完全依靠经济机制运行，贫困人口往往被排除在利益主体之外，扶贫所强调的对贫困人口的扶助和发展机会的创造很难实现，达不到旅游扶贫的目的。因此，在旅游扶贫过程中需要正确发挥政府主导作用，构建面向贫困人口受益的旅游扶贫机制，更好地保障贫困人口的利益①。

---

① 冯伟林、李诗冰：《旅游扶贫中贫困人口的受益机制构建——以重庆武陵山片区为例》，《江苏农业科学》2018 年第 22 期，第 333—336 页。

在构建旅游扶贫的精准识别机制方面，发展旅游业只是手段和途径，旅游扶贫的核心目标是消除贫困人口的贫困状况。构建面向贫困人口受益的旅游扶贫机制，要以提升贫困人口实际受益和发展水平为基本立足点，扩大贫困人口的发展机会，促使贫困人口能够真正获益。此外，政府应通过相关政策和制度，鼓励和引导贫困人口通过多种形式参与到旅游项目的产业链中。如扶持开办农家乐、其他旅游消费品原料供应以及鼓励旅游企业在同等条件下优先雇用贫困人口。

第四节　循化县新业态经济扶贫：光伏/电商+利益链接

在五大发展理念中，创新居于首位，“创新是一个民族进步的灵魂，是一个国家兴旺发达的不竭动力，也是中华民族最鲜明的民族禀赋”。党的十八大以来，习近平总书记从决定民族前途命运的高度反复强调创新的极端重要性。在精准扶贫领域，习近平总书记多次提出要“创新扶贫内容”“要采取超常举措”，在理论与实践层面拓展精准脱贫方式。扶贫创新的要义就是要突破传统扶贫模式，清醒地认识到新挑战与新问题，采用新思维、新视野、新平台、新机遇，大胆探索，破解脱贫难题。新业态经济扶贫正是突破了传统扶贫方式，实现了扶贫开发的思路创新、机制创新和方法创新的新型扶贫模式。

一、循化县新业态经济扶贫的背景

1. 经济新常态的产业升级换代

我国自推行精准扶贫方略以来，不断加大经济结构调整、推动产业转型升级、大力培育新经济模式以开拓产业扶贫新路径，提高扶贫成效。国内新产业、新业态如雨后春笋不断涌现，经济新动能加速孕育与发展，其益贫成效（对贫困人口就业的带动与贫困地区经济的助长作用）逐步凸显。从产业维度来看，传统经济模式的扶贫边际效应已日渐弱化，益贫成效不显著。战略性新兴产业正在形成扶贫新动力，成为弥合传统产业扶贫失灵下滑“空缺”和助力经济增长的重要支撑[①]。从业态维度来看，随着“新能源”“互联网 + 传统行业”的发展模式在各领域的蓬勃发展，以电子商务、光伏发电等为代表的新业态经济模式在脱贫攻坚中得到广泛应用。当前，我国正处于新旧产业转换期、脱贫攻坚关键期，新业态经济模式将在精准扶贫的伟大事业中发挥中流砥柱的作用。

2. 传统经济业态的益贫性局限

随着市场经济体制的逐步完善，其资源凝聚效应凸显，出现了优势资源优势人群的聚集现象，借助传统经济发展方式的传统扶贫方式，也存在着益贫性减缓的趋势。传统扶贫方式益贫性的减弱在产业扶贫、整村推进、以工代赈中都有体现。具体表现为：在产业扶贫中，由于联结纽带机制较弱以致贫困户在产业扶贫中受益程度不高，贫困农户的利益分享度不高，利益大多被大户、政府及龙头企业所持有，即“扶富不扶贫，扶农不扶贫”现象的发生[②]。由于存在“配套门槛”，对为解决温饱问题的绝对贫困人口而言，“整村推进”所实施的扶贫项目帮助有限，受益最大的多为贫困村内收入水平中等或较高的群体。在以工代赈方面，主要参与者是留守的30—45岁的青壮年劳动力，2015年底尚有的5000多万贫困人群大多为老弱病残群体，劳动能力不足，显然以工代赈很难带动现存贫困人群参与其中，项目实施很难让贫困人群直接受益。总而言之，传统扶贫方式主要通过生活救济和财政补贴等方式进行扶贫，其指导思路有浓厚的自上而

① 梁达：《新产业、新业态孕育经济增长新动力》，《观察与思考》2016年第10期，第22—24页。

② 莫光辉：《精准扶贫视域下的产业扶贫实践与路径优化》，《云南大学学报（社会科学版）》2017年第1期，第102—112页。

下特征贫困人群参与不足，考核机制注重短期，可持续关注不足，大多为短期行为且与贫困人群利益衔接机制不明确，缺乏制约性。究其深层次的原因主要在于传统扶贫方式中“精英俘获”现象难以避免。传统经济业态的益贫性局限致使扶贫工作中加快经济发展新业态进程显得尤为紧迫。

3. 循化新业态经济的发展

电商扶贫作为一种将扶贫开发与互联网深度融合的新型业态，已经成为深化脱贫攻坚、实施精准扶贫的重要路径之一。通过大众创业、万众创新，发挥市场机制作用，加快农村电子商务发展，把实体店与电商有机结合，使实体经济与互联网产生叠加效应，有利于促消费、扩内需，推动农业升级、农村发展、农民增收。可以说，电商扶贫不仅是精准扶贫的重要载体，同时也是转变农业发展方式的重要手段。循化县多数贫困人口因病、因残及缺乏劳动力致贫，传统产业扶贫模式难以带动这部分贫困人口脱贫致富。

二、循化县新业态经济扶贫的做法与成效

循化县委、县政府根据中央、省市决策部署并结合地方实际，在推进县域经济发展与农村精准扶贫过程中，大胆尝试了一些新业态经济扶贫模式，包括电商扶贫、光伏扶贫等，不仅有效弥补了传统扶贫方式的不足和局限，也有利于创新和丰富新时期少数民族与高原地区特色扶贫新模式、新路径。

（一）循化县新业态经济扶贫的做法

1. 电商扶贫的基本做法

近年来，循化县高度重视电子商务发展，从平台建设、品牌创建、金融服务、人才培养等方面对电商企业给予大力扶持，着力培育一批具有现代经营理念的新型职业农民，推动贫困农牧民通过电子商务平台实现脱贫

致富。截至2018年，已建成了1400平方米的农村电子商务运营服务中心和覆盖全县各乡镇、社区的线下服务网点及62个村级服务点，并已全部挂牌运营，初步形成了市场牵龙头、龙头联中心、中心带农户的运营体系，成为助推地方产业转型升级的经济新动力，促进了电子商务事业的快速发展。

一方面，加强基础设施建设为电商扶贫提供条件。网络基础设施的建设完善对于电子商务的发展起到基础性作用。循化县作为西部贫困地区，农村电子商务发展仍处于起步阶段，网络基础设施建设滞后，缺乏统筹规划，有待升级改造。贫困群众网上交易能力较弱，影响了农村贫困人口通过电子商务就业创业和增收脱贫的步伐。为破解制约电商发展的瓶颈，循化县积极协调三大通信公司实施农村信息化建设工程，“宽带青海”工程推动循化信息网络基础设施持续改善，循化县已成为继湟源县之后的全省第二个“全光”网络县，已经具备千兆到户能力，打通了电商进农村的“网络高速公路”，无线信号覆盖率达到100%，有线网络覆盖率达到97%。全县154个行政村全部实现4G网络全覆盖，城乡通宽带率达到90.4%。循化县吸纳电信运营商（主要包括电信、联通、移动三大运营商）加入脱贫攻坚计划，根据国家“提速降费”政策要求，积极推进“村通工程”建设工作，提升农村地区4G网络覆盖范围，缩小城乡信息化差距。

另一方面，立足特色优势产业发展电子商务经济。循化县坚持把电商扶贫作为精准扶贫的有效抓手，确定“一核两椒”、黄河石艺和撒拉族刺绣等适宜网络销售的主打产品，把“互联网+”引入农村，引领群众创业就业。

2. 光伏扶贫的基本做法

自2013年提出光伏扶贫以来，一直备受关注。光伏扶贫作为国务院扶贫办2015年确定实施的“十大精准扶贫工程”之一，顾名思义是利用贫困地区当地资源优势，建设光伏电站，利用光伏发电招商所发电量获得国家补贴，帮助贫困人口脱离贫困。从促进当地产业发展看，发展光伏发电必将带动其他相关产业，形成比较完整的光伏产业链，能有效改善目前光伏配套产品远距离运输带来的高成本问题；光伏产业链的本地化还将滋生大批制造企业，提高循化地区的电能消纳能力，促进就业，增加税收，形成经济社会发展的良性循环。另外，循化属于兰西城市群，是青海省的主要经济地区之一，城市群一体化发展必将打破传统行政区域间隔，实现跨省经济联合，增加区域内电量需求，扩大清洁电能的消纳潜力。由于光伏远距离输电损耗比煤电还大，就近消纳效益更高，像循化这类清洁能源丰富且并网条件好的地区，可以充分发挥资源优势，就近为自身及城市群等负荷中心提供大量清洁绿色电能。

循化县为加强光伏扶贫电站管理，规范光伏扶贫电站收益分配，让贫困村、贫困户分享光伏扶贫成果，如期实现增收脱贫。根据国家发改委和国务院扶贫办《关于实施光伏发电扶贫工作意见》以及国家能源局、国务院扶贫办《关于“十三五”光伏扶贫计划编制有关事项的通知》、青海省扶贫开发局关于《青海省村级光伏扶贫电站收益分配管理实施意见》《关于实施村级光伏电站扶贫项目有关工作的通知》等文件精神，制定了循化县 2018 年 14.3 兆瓦村级光伏扶贫项目收益分配管理细则。主要包括各乡镇除去已享受 2015 年光伏扶贫收益资金的建档立卡户后未享受的建档立卡户，按照应纳尽纳的原则进行分配。一是收益资金分配精准原则。收益资金主要用于提高贫困村集体经济收入和帮助贫困人口脱贫，原则上按 3000 元 / 户标准执行。二是贫困户收益全覆盖原则。所有除去已享受 2015 年光伏扶贫项目的建档立卡户后精准识别的建档立卡户均为收益对象 (即全县 62 个贫困村 1037 户 4148 人，返贫、新识别的 26 户 106 人)。三是公平公正原则。贫困村按民主程序编制收益资金使用方案、公开使用条件、公益性岗位设置、受益对象和额度，组织项目实施等。在光伏扶贫项目收益资金的分配与管理问题上，县扶贫局严格按政策确定光伏扶贫收益资金享受对象，公正、公平、公开分配，真正让贫困群众享受光伏扶贫成果。其次，收益资金主要用于贫困村公益性岗位补助、公共服务设施建设与维护、资助贫困学生上学等方面，形成正确的激励导向，坚决杜绝养懒汉现象发生。在程序上，严格按照贫困户申请、民主评议、召开村民大会、张榜公示等程序阳光操作，精准分配，并对受益贫困户实行动态管理。光伏扶贫项目收益以乡镇为单位落实到户，按照贫困户申请、民主评议确定、村级初审公示、乡镇审核公示、县级审批的程序，对光伏扶贫收益分配按贫困人口管理要求，实行一年一评的动态管理模式。在收益资金监管上，加强对收益资金分配的全过程监管，实行“专户管理、专人负责、专款专用”，确保资金安全。

（二）循化县新业态经济扶贫的成效

1. 电商扶贫的成效

在“电商换市”的大背景下，循化县以电商应用和特色产品上线为重点，大力培育新型电子商务经营主体，为农村经济发展注入活力。2017年，循化县通过争取国家商务部电子商务进农村综合示范专项资金、引进第三方机构发展资金等方式，在部分乡镇建设电子商务服务站，同时帮助当地企业搭建电商合作平台，这为推动循化县民族企业发展迈上快车道，如期实现脱贫攻坚目标奠定了基础。截至2018年，已投资794.5万元建成了县级电商运营中心和9个乡级服务站、62个贫困村的服务网点、3个社区服务点和13个专业合作社服务站，全部实现挂牌运营，拓宽了特色农产品网上销售新渠道，年运营成交额达到1700万元，其中上行200万元，下行1500万元。2017年循化县成功入选“全国电子商务进农村示范县”。

2. 光伏扶贫的成效

新一轮精准扶贫开展以来，循化县抢抓“国扶办光伏扶贫试验点”和全省光伏扶贫试点县机遇，利用光资源丰富、山地面积广、电力输出方便等优势，聚集光伏产业扶持政策，积极发展贫困人口受益的光伏扶贫产业。据循化县扶贫局工作人员介绍，循化县30兆瓦光伏扶贫项目总投资2.8亿元，位于循化县吾土斯山，该区域常年气候温和、日照时间长、太阳辐射强，光、热、水垂直变化明显，为循化县实施光伏扶贫项目提供了得天独厚的自然条件。项目占地面积约1200亩，其中光伏场区占地面积约52.5平方米，设计年发电量4500万千瓦时，实现产值4000万元。光伏电站于2017年并网运营，截至2020年底产生收益资金2511.68万元，惠及92个非贫困村和62个退出村的所有建档立卡户。预计未来16年在此基础上将受益家庭扩大至1200户，20年将累计增收达6960万元。光伏扶贫产业的顺利实施，有力推动了贫困户富余劳动力向第二、三产业转移，有效拓宽了贫困群众增收渠道，提高了贫困群众收入，取得了显著的经济效益，成为壮大村级集体经济和促农脱贫的新路径，探索出了一条农村生态环境保护与扶贫产业开发相宜相长的精准扶贫新路子。

三、循化县新业态经济扶贫的经验与启示

（一）政府引导与规则建构是前提

自精准扶贫战略实施以来，各级政府在脱贫攻坚战线中发挥了基础性和先导性作用。循化县新业态经济的扶贫成效离不开各级政府的引导与支持，离不开国家宏观政策提供的良好创业环境。近年来，中央持续实施了扶持人口较少民族发展、六盘山片区区域发展与脱贫攻坚、西部大开发、扶持藏族聚居区发展政策的同时，还启动实施了“丝绸之路经济带”建设战略，在政策、资金、发展布局、人才引进等多方面加大对少数民族贫困

地区的支持力度。国家政策机遇叠加释放帮助循化县集中力量解决基础设施建设、特色产业发展、结构优化升级、民生改善等全局性、关键性重大问题。在中央政府大力支持下，造就了循化良好的政策环境、蓬勃的产业环境、完善的基础设施环境，为循化新业态经济的发展提供了千载难逢的加速发展的战略机遇期。同时，循化县紧抓产业扶贫，以特色化、专业化扶贫产业园为引领，促进新业态产业项目蓬勃发展，探索和打造多渠道、多样化的精准扶贫新模式，不断激发贫困群众的内生动能。

（二）以责任担当为核心价值引领的企业参与是关键

对于企业而言，精准扶贫，是共识，是责任，是挑战，是机遇，更是行动[①]。循化脱贫成就的取得离不开诸多企业积极参与脱贫攻坚战，使最具有开发能力的组织与发展需求最迫切的贫困地区、贫困群体有效对接，极大丰富了开发式扶贫的载体和形式。企业在参与扶贫工作中，不仅实实在在地带去资金和项目，同时带去了企业的先进技术和管理理念，为贫困地区提高自我发展能力产生了深远的影响。总结社会企业参与循化新业态经济扶贫的成功之处，主要得益于以下几个方面：一是政府部门针对企业扶贫进一步细化鼓励和优惠措施，打开参与大门。特别是为调动民营企业的积极性，政府出台了企业参与扶贫的支持、引导、监管等相关政策，为企业参与扶贫搭建了广阔的平台。二是企业增强了社会责任意识、合作意识，循化地区的贫困问题系统且复杂，并非一己之力就能彻底解决，企业与政府一道共同探索联合多方力量合作扶贫的方式，发挥企业所长、弥补政府短板，提高扶贫效果。三是企业提升了创新意识。循化县诸多企业以创新发展为引领，强化新技术、新产业、新业态和新商业模式在扶贫工作中的推广与应用，不断探索新方法、新模式、新路径，为循化新业态经济

---

① 王秋蓉：《实力与增长的突进——扶贫大考中的企业责任和实践担当》，《WTO 经济导刊》2017 年第 8 期，第 14—19 页。

的持续发展提供源源不断的内生动力。

（三）增强新业态经济的包容与共享度是核心

近年来，面对传统产业增长乏力，以高新技术产业、“互联网 +” 等为代表的新业态经济悄然崛起，日益成为支撑我国经济转型升级、提质增效的关键力量[①]。运用新业态经济模式扶贫的过程中，促进了当地新经济产业突飞猛进发展，激发了当地经济结构转型新动能，新经济主体加速孕育，为当地经济发展注入了新活力，新业态经济的快速成长对当地脱贫攻坚和经济增长的贡献与日俱增。然而，不容忽视的是，相较于传统产业，运用新业态经济模式进行产业扶贫还面临如下挑战：一是新业态经济具有高技术性、整体性，以光伏产业为代表的新型经济模式虽能有效利用贫困户自身屋顶、空闲土地、农业设施等建设光伏电站，又给贫困户提供了稳定的收入，但其对电网结构、负载能力、消纳能力等提出了较高的要求，而广大农村又处于国家电网的末梢，电网基础设施负载能力差、网络结构不完善等问题对光伏扶贫提出了新的挑战。二是新业态经济具有系统性，以电子商务为核心的新商业模式主要依赖产销团队建设，以顾客需求为导向，需要以消费者为核心打造稳定价值链。而多数贫困户文化水平较低、思想理念落后、社会网络简单，这将成为在农村推行电商扶贫的重要障碍之一。基于新业态经济系统性、高技术性、整体性的特点和贫困人群文化水平低、思想观念落后、社会网络简单、农村基础设施落后等现实情况，在今后的新业态经济扶贫中，如何提升贫困人群参与新经济产业能力，同时降低新产业市场准入门槛，营造新业态经济有利生存环境，增强新业态经济的包容与共享程度将是努力的目标与方向。

---

① 梁达：《新产业、新业态孕育经济增长新动力》，《观察与思考》2016 年第 10 期，第 22—24 页。

第五节 循化县社会保障兜底扶贫：福利 / 救助 / 商业保险 + 风险共担

从全球来看，社会保障政策与扶贫开发政策之间存在着相互融合的趋势。在扶贫领域，随着学者对贫困内涵的认识，从收入贫困扩展到人力贫困、权利贫困，扶贫政策便从多个方向渗入社会保障领域，比如教育、医疗、住房等，形成教育扶贫、医疗扶贫、易地搬迁扶贫等新扶贫方式，而保障的研究重心也从重视公平过渡到公平和效率并重，强调贫困群体的义务和责任，要求“用行动换保障”。在我国，贫困人口中有六成以上属于因病致贫、因灾致贫，所以促进这两类政策的有效衔接和组合更有必要。如果将这些贫困人群尽可能纳入保障范围，扶贫开发就有了最给力的推手，反过来也可提升保障政策的长期效应。

一、循化县社会保障兜底扶贫的形成背景

（一）国家扶贫理念的演变

随着中国农村贫困的性质由区域的、整体性的贫困逐渐过渡到个体性贫困，扶贫开发战略随之进行重要的调整，我国的扶贫工作进入精准扶贫阶段。即由以前的区域瞄准和经济增长为主的开发式扶贫，转变到瞄准个体、以社会保障网络救助边缘化人口为主的保障型扶贫[①]。

在扶贫定位方面，扶贫对象的识别从“区域开发”转变为“因户施策”。2014 年以前，中国农村扶贫的重点是区域而非农户家庭，主要手段是开发，主要措施是通过项目来改善地区基础设施、发展农业生产等实现

① 都阳：《中国农村贫困性质的变化与扶贫战略调整》，《中国农村观察》2005 年第 5 期，第 2—9 页。

区域的发展。但由于贫困原因的多样化，2014 年国家提出精准扶贫方略，将扶贫重点由区域下降到农户，国家扶贫的重点不只是区域开发，而更重视对精准识别出来的贫困户进行“一对一”帮扶[①]。在帮扶手段方面，扶贫方式从“以扶为主”转变为“扶兜结合”。开发扶贫的重点是通过为贫困地区农村劳动力提供获取收入的机会实现脱贫致富，而对于那些缺少劳动力的农户家庭，以及有劳动力却不愿响应环境机会或者响应失败的农户扶贫效果并不明显。因此，精准扶贫不再仅仅是为贫困户提供外在的环境机会，而是通过兜底帮扶将部分贫困户纳入救助体系之内，通过最低生活保障制度或其他社会救助手段进行兜底，以维持其基本生活。

（二）社会保障体系的完善

农村社会保障制度是我国整个社会保障体系建设的重要组成部分，也是国家和政府重点关注的农村问题。虽然我国农村社会保障还面临着发展水平不平衡、覆盖面不足、参保率较低、资金管理水平低下等问题，但总体而言，我国农村地区已经建立了较为完善的社会保障体系，也为精准扶贫工作中社会保障的兜底作用的发挥奠定了一定的政策基础。

在养老保险方面，2009 年国家开始试点新型农村社会养老保险（即“新农保”），以解决我国农村的养老问题。实践证明，新农保的实施确实显著增加了农村老人的经济收入，提高了他们的养老质量[②]。在医疗保险方面，由政府组织、引导、支持，农民自愿参加，个人、集体和政府多方筹资的新型农村合作医疗制度（即“新农合”）的实施有效帮助农民减轻医疗负担，在保障农民获得基本卫生服务、缓解农民因病致贫和因病返贫方面发挥了重要作用。同时，大病保险对农民患大病发生的高额医疗费用给

---

① 贺雪峰：《中国农村反贫困战略中的扶贫政策与社会保障政策》，《武汉大学学报（哲学与社会科学版）》2018 年第 3 期，第 147—153 页。

② 靳卫东、王鹏帆、何丽：《“新农保”的养老保障作用：理论机制与经验证据》，《财经研究》2018 年，第 125—138 页。

予报销，缓解了群众反映强烈的“因病致贫、因病返贫”问题。在社会救助方面，农村最低生活保障制度（即“低保”）和特困人员救助供养制度（原“五保”）与精准扶贫战略相衔接，为农村地区缺乏劳动能力的弱势群体提供生活保障。社会保障兜底扶贫按照“保基本、兜底线、促公平、可持续”的基本原则，进一步完善农村最低生活保障制度，对无法通过产业扶持和就业帮助实现脱贫的家庭实现政策性保障兜底。

（三）循化县贫困问题解决的现实需求

循化县作为扶贫开发重点县，共有建档立卡户 1934 户 7950 人，其中一般贫困户 1096 户 4939 人，低保贫困户 314 户 1307 人，低保兜底户 524 户 1704 人。建档立卡户中因残致贫、因病致贫、缺劳动力致贫以及因灾致贫占比超过 40%，这类贫困户非外界帮扶难以在短期内实现脱贫目标，需要政府在社会保障方面进行帮扶 + 兜底措施。贫困户自身劳动力不足或社会风险的冲击使得建档立卡户尤其是低保兜底贫困户的脆弱性增加，社会保障兜底扶贫的必要性日益凸显。一方面，贫困户缺乏劳动力导致扶贫效果不明显。循化县在扶贫工作中取得了初步成效的同时面临着更大难题——剩下的贫困人口在减贫工作中属于底子最薄、条件最差、难度最大的部分，其中就包括贫困户缺乏劳动力导致“产业扶贫”等扶贫方式效果不明显。另一方面，面临更多的社会风险贫困户脆弱性增加。现代社会是一个风险社会，人们面临着更为多样化、更具有破坏性的风险。尤其是贫困地区的居民在风险面前的抵御能力明显不足，更易受到冲击造成贫困。具体到不同家庭、不同个体等微观层面，贫困的原因更为复杂多样。生一场大病、遭遇自然灾害、子女外出求学、商品市场行情出现重大变化等风险的发生都会导致贫困的发生或返贫。

二、循化县社会保障兜底扶贫的做法与成效

（一）循化撒拉族自治县社会保障兜底扶贫的做法

1. 构筑完善的社会保险体系

社会保险是我国社会保障体系的核心，作为覆盖全体国民的一项社会保障制度，发挥着风险共担、互助共济的功能。社会保险包括养老保险、医疗保险、失业保险、工伤保险和生育保险（与医疗保险合并实施）五项内容。在我国贫困的农村地区，则主要实施的是新型农村养老保险和新型农村医疗保险两项制度。在实际走访过程中发现，循化县农村地区空心化、老龄化现象明显，多数农村青壮年均外出打工，导致老人养老问题矛盾突出，随之一系列的医疗、留守儿童等诸多问题相继产生。为了应对人口老龄化趋势、医疗资源短缺的现象，循化县积极倡导农村居民加入新型养老保险制度和新型农村医疗保险制度，以期通过社会保险等社会保障措施实现对贫困人群的兜底扶贫。

在“新农保”实施过程中，该县积极引导贫困人口积极参保续保，确保为60周岁以上贫困人口按时足额发放养老金，确保落实残疾人全额代缴和缴费补贴政策。对该县建档立卡未标注脱贫的贫困人口、低保对象、特困人员等困难群体，每人每年按照该县城乡居民基本养老保险最低缴费档次100元的50%代缴养老保险费，对重度残疾人每人每年代缴300元的养老保险费，对缴纳养老保险费的中轻度残疾人给予每人每年50元的政府缴费补贴。在“新农合”方面，该县社会保险服务局为了实现“贫困人口参保全覆盖”的目标，积极与扶贫、民政、财政等部门协调，加快实现贫困人员参保信息和动态新增贫困人口扶贫开发信息的对接，及时将未参保贫困人员纳入基本医疗范围、兑现医保待遇，为各部门完善医保、救助政策提供依据。确保贫困人口充分享受医疗保险待遇，其中贫困人口大

病起付线从5000元降低为3000元、降低门诊特慢病准入门槛、扩大门诊特慢病报销范围等倾斜性政策，及时兑付医保待遇，切实减轻贫困群众就医负担。为了进一步巩固脱贫攻坚的成果，循化县出台政策加强“两费”的收缴工作，按时足额落实社保各项待遇，扎实开展健康扶贫工作，构建完善的社会保险体系保障贫困人口的基本生活。

2. 提高救助扶贫的强度

社会救助是指国家对因遭受经济、社会及自然灾害等风险而难以维持日常生活水平的国民提供援助，从而可以帮助其维持基本生活水平，其本质是对国民收入进行再分配调节，通过国家干预的手段，缓解贫困群体的困难程度，实现社会救助兜底的目标，发挥“社会稳定器”的功能，成为社会保障制度的“最后一道防线”。社会救助内容翔实，涵盖领域广泛，覆盖范围全面，主要包含生活救助、专项救助和临时应急救助三大方面内容，生活救助具体细化为最低生活保障和特困人员供养，专项救助具体细化为医疗救助、教育救助、住房救助及就业救助，临时应急救助具体细化为受灾人员救助和临时救助①。

循化县2015年开展精准扶贫工作以来，该县9个乡镇62个村的精准扶贫户开展了低保兜底脱贫攻坚工作，重点对农村低保对象、特困人员、贫困残疾人、贫困退伍军人及现役军人家庭、受灾困难家庭、困难家庭的失能老人和80岁以上高龄困难老人进行政策倾斜。第一，完善农村最低生活保障机制，实施低保兜底扶贫。第二，健全完善特困人员供养制度，加强了特困人员供养工作，制定城乡统一的特困人员供养政策。对无劳动能力、无生活来源且无法定赡养、抚养义务人，或者其法定赡养、抚养义务人无赡养、抚养能力的老年人、残疾人以及未满16周岁的未成年人，给予了特困人员供

---

① 白小平、代枚训、王娅荣：《精准扶贫与社会救助制度“协同”观察》，《重庆社会科学》2017年第5期，第49—56页。

养。第三，加大城乡居民医疗救助体系建设。在做好最低生活保障家庭成员和特困供养人员等重点对象医疗救助的基础上，将低收入家庭和支出型贫困家庭纳入医疗救助范围。充分发挥医疗救助“托底线、救急难”的作用，着力推进重特大疾病医疗救助。总而言之，社会救助作为兜底线、救急难、保民生的基本制度，在脱贫攻坚中肩负着不可替代的责任，循化县多点施策较好发挥了社会救助制度在扶贫开发攻坚中的兜底保障作用。

3. 提升贫困人群的福利待遇

社会福利相较于社会保险和社会救助而言，覆盖人群、保障水平远不及后两者，但在对特殊人群的保障方面却具有长足的影响，能够有效纾解特殊人群的负面情绪，维护社会和谐稳定。具体而言，社会福利作用的发挥主要有两种方式：一是通过现金和实物供给的方式直接为弱势群体提供社会福利；二是通过促进就业等方式增加弱势群体的收入，间接地降低弱势群体的贫困程度[①]。相较之下，后者则更加有利于保证扶贫的可持续性，体现出精准扶贫功能的转变，即改“输血”为“造血”，表现出“扶贫先扶志”的特征。

循化县在实施精准扶贫政策以来，在依托社会保险与社会救助的同时，深入贯彻国家的社会福利政策，并根据少数民族地区的实际情况，制定出适合本地区的社会福利政策内容，进一步实现社会保障兜底脱贫的目标。首先，在残疾人福利方面，一是通过教育扶贫，解决残疾人就学难问题；二是借助康复扶贫，减轻残疾人家庭负担；三是通过建立残疾人集中就业基地，安排贫困残疾人就地就近实现就业，增加家庭收入，实现脱贫；四是通过举办农村残疾人实用技术培训，提高残疾人就业创业能力。其次，在老年人福利方面，循化县提倡构建多元养老服务新格局，加快推

① 李琼、张登巧：《少数民族地区社会保障制度减贫的功能及实践》，《甘肃社会科学》2017 年第 4 期，第 87—92 页。

进社会养老服务体系建设作为保障改善民生、推进基本公共服务均等化的重要方面，大力推进养老服务业发展。此外，积极开展丰富多彩的助老活动，在搞好居家养老服务的同时，积极探索，不断丰富老年人的文化精神生活，开展了一系列“健康助老行”活动。最后，在妇女儿童福利方面，青海省妇女儿童医院和锦州医科大学附属第三医院签订了医疗联合体帮扶协议，成立了循化县人民医院危重孕产妇及新生儿抢救中心及循化县人民医院危重孕产妇及新生儿抢救专家库，提高了产妇的安全生产率。同时，在教育、营养餐方面为全县儿童提供福利，认真全面落实 15 年免费教育政策，实现了建档立卡贫困户子女在校生 15 年免费教育全覆盖，大力实施教育扶贫项目，扩大教育资源覆盖面。

4. 以商业保险构筑底线兜底模式

循化县在社会保障兜底扶贫方面的一大创新在于以商业保险构建底线兜底模式。在多数西方国家，社会救助发挥着“社会安全网”的作用，保障弱势群体的生存权和基本生活需要，而商业保险作为中上层阶级的专属品更多的是为富人提供较高水平的保障。我国在实施精准扶贫以来，在积极探索扶贫开发方式的同时，也不断创新兜底模式以期为贫困人群提供多层保障。商业保险在扶贫脱贫工作中的兜底作用引起学界和政府的高度重视，循化县在“社会安全网”构建过程中，通过为贫困人群提供社会救助，将难以通过产业扶贫实现脱贫致富的农民纳入相应的救助政策中来，包括低保、“五保”、残疾人保障等。此外，循化县联合商业保险公司，探索“保险 + 扶贫”模式，促进医疗补充作用的发挥，同时创立产业保险，助力循化产业扶贫的推进，为贫困人口编织了一张“商业保险网”。

保险扶贫作为中国再保险（集团）股份有限公司（以下简称“中再集团”）针对定点帮扶青海省循化县制定的“1+N”精准扶贫模式的核心一环，也是循化县商业保险兜底脱贫的点睛之笔。按照“应赔尽赔、快速理赔”的原则，充分发挥保险的风险保障功能，为避免因灾因病造成的积贫返贫现象发生，解除贫困人口在应对风险意外及疾病时的后顾之忧提供兜底保障，着力打通循化县贫困人口整体脱贫“最后一公里”。为了解决贫困群众因病因灾返贫的问题，2017 年中再集团和中国大地保险公司为青海省循化县 11284 名贫困人口，投入专项资金 350 余万元，购买保额价值总计 25.7 亿元，包括农房保险、种植业和养殖业保险、住院医疗补充保险、意外伤害保险、门诊急诊团体医疗保险、疾病身故与全残保险、学平险、女性安康保险等在内的多层次全方位的保险产品，为循化县贫困人口的脱贫摘帽提供了有力保障。例如，在健康扶贫方面，循化县为建档立卡贫困户建立了基本医疗保险、大病医疗保险、民政医疗救助、大病医疗商业补偿救助四道防线，其中大病医疗商业补偿救助在其中发挥着兜底作用，通过四道防线基本能够实现医疗费用的 100% 报销。

（二）循化县社会保障兜底扶贫的成效

循化县开展精准扶贫工作以来，向困难群众精准发力，倾心竭力惠民生，凝心聚力促发展，用真抓实干织起了一张覆盖广、民心暖的社会保障大网。截至 2020 年底，城乡居民养老保险、基本医疗保险参保率均达到 100%。社会保险、社会福利、社会救助和商业保险的有效衔接，尤其在巩固脱贫成果方面取得了明显的成效，有效降低了贫困地区和贫困人群面临风险的脆弱性。一方面，贫困地区产业发展脆弱性降低。考虑到农业生产对维持农民家庭经济具有“稳定器”和“压舱石”的作用，农业保险扶贫效果明显，循化县农业保险赔款为农民灾后恢复生产提供了重要资金保障，有效缓解了各类灾害风险的冲击。同时，循化县积极引进保险资金以多种形式参与县域贫困地区基础设施、重点产业和民生工程建设，支持新型农业经营主体融资需求。另一方面，贫困人群脆弱性降低。循化县为建档立卡贫困户量身打造意外伤害保险、大病补充医疗保险等一揽子“脱贫保”

产品，提供“一站式菜单化”保险服务，提高贫困人群抗风险能力。

三、循化县社会保障兜底扶贫的经验与启示

（一）安全网建设是社会保障兜底扶贫的基本任务

贫困问题在很大程度上是权利贫困。强化贫困人口权利平等和保障贫困人口权利实现是治理和消除贫困的治本之道。农村贫困地区贫困人口应像城市居民一样享有在遭遇风险时获得物质帮助的权利。农村社会保障制度的健全和完善是对精准扶贫工作的补充和完善，为农村贫困人口基本生活保障建立了“安全网”。贫困地区健全完善的社会保障制度通过互助共济和分散风险机制为贫困人口提供生存和生活保障，提高贫困人口生存发展能力，为摆脱贫困和降低返贫概率提供了基础支撑。

循化县针对各贫困户致贫原因，在充分征求发展意愿基础上，采用“八个一批”脱贫措施，因户因人差异化施策，精准滴灌，确保扶贫扶到点子上、扶到根子上。在“低保兜底脱贫一批”“医疗救助脱贫一批”的同时，发挥商业保险在扶贫过程中的兜底作用，为贫困户编织了完善的社会安全网，确保实现“小康路上一个都不能少”的发展目标。首先，充分发挥农村低保在脱贫攻坚中的重要作用。对于一些受先天条件所限，完全或部分丧失劳动能力的扶贫对象，依靠自身努力很难如期脱贫，可以通过农村低保实现兜底保障，帮助他们脱贫。其次，通过健康扶贫解决贫困户的“后顾之忧”。医疗救助作为我国多层次医疗保障制度体系重要组成部分，是一项托底保障困难群众基本医疗权益的制度安排。最后，“保险+扶贫”模式增强贫困户风险抵御能力。

（二）建立多元主体共同参与的贫困人群风险应对共同体是兜底扶贫的关键

党的十八大以来，针对贫困问题，以习近平同志为核心的党中央，不

仅着眼于培育贫困群体的内生动力，达到从根本上脱贫的目的，而且坚持底线思维，对于无劳动能力，无法通过产业扶贫、生态扶贫、教育扶贫等实现脱贫的群体实施了社会保障兜底工程，给予这类群体基本的生活保障，由国家负责其基本生活问题，确保在全面建成小康社会的道路上一个人都不许掉队，从而更好地践行我们党以人民为中心的发展思想，补齐全面建成小康社会短板。在政府主导社会保障兜底扶贫的同时，积极引导各种力量参与到社会保障兜底扶贫之中，形成社会保障兜底扶贫政府主导，各种力量充分参与的社会保障兜底扶贫大格局，进而在总体上提升社会保障兜底扶贫对象的待遇等，精准实施社会保障兜底扶贫措施，筑牢精准脱贫的社会保障安全网①。

综上所述，建立多元主体共同参与的贫困人群风险应对共同体是兜底扶贫的关键。一要发挥政府的主导作用。政府在贫困治理中的核心作用是世界范围内的基本共识，政府作为扶贫治理的主导力量，尤其在社会保障和扶贫政策的衔接整合方面不可或缺。充分发挥政府在社会保障兜底扶贫中的主导作用，整合资源，推动大扶贫格局的形成。二要发挥市场协同作用。在政府主导下，充分发挥市场的作用是推动保障扶贫工作高效实施的重要举措。贫困治理中的市场主体类型多样，主要包括各种所有制形式的商业企业、金融机构等。其中，国有企业作为主要经济资源的拥有者，在社会保障兜底扶贫中发挥的作用和应承担的社会责任不可忽视。三要鼓励社会力量参与。社会组织在扶贫过程中更多地以组织内部人员的利益为主，而不像企业以经济利益为首要，所以在扶贫中社会组织能够最大限度地维护贫困群众的利益。

① 陈建:《习近平新时代精准扶贫思想形成的现实逻辑与实践路径》,《财政科学》2018 年第 8 期，第 48—58 页。

第五章　循化撒拉族自治县脱贫攻坚的主要成效

在脱贫攻坚统揽经济社会发展全局的思路指导下，循化县整体意义上消除了绝对贫困问题，而且产生了经济社会发展的综合效应：第一，贫困人群自我发展意识与内生发展动力增强；第二，县域经济实现了高质量增长，基础设施明显改善，公共服务供给短板得以补充，民生领域有了很大进展；第三，基层治理体系与治理能力现代化水平得以提升。总体来讲，增强了党的领导力、县域治理能力、乡村治理能力，实现了经济、社会、政治、文化、生态文明全面进步，脱贫攻坚取得了重大历史性、系统性、创造性成就。

第一节　循化县贫困人群内生动力增强

党的十九大报告指出，坚决打赢脱贫攻坚战，要注重扶贫同扶志、扶智相结合，增强贫困人口的脱贫内生动力，确保到2020年我国农村贫困人口实现脱贫，贫困县全部摘帽。习近平总书记多次强调，精准扶贫不是简单的送钱送物，而是要激发贫困地区和贫困群众的内生动力，调动贫困群众的积极性、主动性和创造性，引导贫困群众树立主体意识，发扬自力更生精神。贫困群众既是脱贫攻坚的对象，更是脱贫致富的主体，要将扶贫与扶智相结合，增强贫困人口的内源发展能力和自我发展意识。自精准扶贫工作开展以来，循化县始终坚持把脱贫攻坚作为统揽经济社会发展的第一民生工程，特别注重扶贫同扶志扶智相结合，通过价值引领扶起贫困人口“我想脱贫”之“志”，通过教育培训扶起贫困人口“我能脱贫”之“智”，有效增强了贫困人口摆脱贫困的自我发展意识和脱贫发展能力，使循化县圆满完成了脱贫攻坚任务。

一、贫困人群自我发展意识增强

（一）扶贫扶志与自我发展意识觉醒

贫困人群自我发展的主体意识觉醒，是增强其脱贫内生动力的根本要求。精准扶贫中贫困人群的主体意识能否觉醒以及觉醒到什么程度，直接影响他们把自己当“旁观者”还是当“局中人”的态度和主体性的发挥。循化县党政领导及广大党员干部在认真落实精准扶贫各项政策的基础上，针对贫困人群自我发展意识不足的状况，采取多种措施，激活贫困户在扶贫过程中的积极性，使得贫困户的自我发展意识觉醒起来。

1. 贫困人口逐渐意识到自身主体地位

要想改变贫困，仅依赖政府的帮扶是远远不够的。只有调动起自身脱贫意识、脱贫志气和实干精神，从自我发力，才能从根本上摆脱贫困。比如，在循化县文化旅游局的组织下，文化下乡惠民演出活动深入积石镇、道帏乡、文都乡、白庄镇以及惠康养老院等地，演出 30 余场次，受众达 18800 人次。同时，还积极开展“送书下乡”活动，发放各类宣传手册，为广大群众带来了丰富的精神食粮。通过文化扶贫，极大地丰富了贫困地区的群众文化生活。通过参加脱贫攻坚系列宣传教育活动，广大贫困人口不断破除思想上的障碍，树立起不等不靠、自立自强、自我脱贫的信心和斗志，并形成了开拓进取、主动参与、敢于创新的品质。

2. 贫困人群享受到移风易俗的政策福利

为了有效遏制婚丧喜庆大操大办的陈规陋习，循化县掀起“移风易俗”的大浪潮。在循化县委、县政府的硬性约束和引导下，充分发挥民间群众组织植根群众、了解群众的特殊优势，在全县所有村成立红白理事会，对每一个婚丧活动跟踪指导，贫困人群积极响应规范并遵守。移风易俗新规的全面推行，切实使得千百个贫困家庭挥手告别了“一个媳妇半边天”“一场丧事两头空”的落后时代，也卸下了长期压在贫困人群上的心理负担和经济包袱，得到了广大群众一致肯定。这不仅是循化县委、县政府深层次巩固脱贫攻坚的成效，更是广大贫困人群自我意识提升的表现。

3. 农户对教育的重视程度提高

循化县地处偏僻，贫困家庭一般文化素质普遍较低，缺乏生产脱贫志向和本领。很多家庭为了生计，让年龄不大的孩子辍学去打工挣钱，普遍没有通过教育让孩子拥有发展技能和工作机会的想法，对于子女教育并不重视，思想观念封建落后。在教育局“控辍保学”的政策号召下，贫困家庭全面普及 15 年义务教育，严格落实建档立卡贫困户学生生活补助、公用经费等各项教育惠民政策。在全县更加重视教育、支持教育和办好教育的氛围中，贫困家庭深刻意识到，只有通过教育提升自我综合素质，才是提升家庭发展的动力源泉，才能从根本上脱贫摘帽。如表 5-1 和表 5-2 所示，在对有适龄学生的 65 户样本家庭调研中发现，贫困户对于孩子接受教育越来越支持，让孩子辍学的越来越少。这不仅得益于 15 年义务教育的实施，更是贫困户自我发展意识不断提升的一个例证。通过对贫困户及其子女的思想教育，提高了贫困户对于贫困和改变贫困的深刻认识。只有依靠自己自主脱贫才是根本，从而大大鼓舞贫困人群改变贫困的信心。

表 5-1　调查样本户对教育投资的态度

家里对花钱给小孩上学的看法	频率	百分比（%）
支持	62	95.4
不支持	3	4.6

表 5-2　调查样本户家庭适龄儿童辍学情况

家里小孩是否有过辍学经历	频率	百分比（%）
有	6	9.2
没有	59	90.8

（二）脱贫致富奔小康动力增强

1. 贫困人群对美好生活充满向往

真正的脱贫致富要实现精神脱贫，否则难以从根本上摆脱贫困。这些年来，我国的扶贫工作取得了举世瞩目的伟大成就，尤其是精准扶贫方略的提出，从根本上破解了扶贫的难题。实现共同富裕，除了让有能力有条件发展经济的人能够脱贫致富，也要对没有能力条件或者暂时没有能力条件发展的人扶贫，这是实现共同富裕思想的核心所在。2017 年乡村振兴战略的提出，更是把农民主体地位放在更加突出的地位。循化县深入贯彻脱贫攻坚工作，坚持扶贫到村入户，创新扶贫机制，严格执行县级领导联乡包村督战责任制、县直机关单位结对帮扶、干部结对帮助责任制。针对每个贫困户的情况提出具体扶贫方案，齐抓共管，大幅度减少农村贫困人口，2018 年 9 月底实现脱贫摘帽，使贫困人口真切感受到共建小康社会的氛围，齐心协力共同脱贫，为全面建成小康社会打下了坚实的基础。未来小康社会和农村建设发展的美好愿景使得脱贫户明确了发展目标，脱贫户脱贫致富奔小康愿望较为普遍。

2. 贫困人群获得感覆盖面广

一方面，针对扶贫过程中容易出现的贫困标准不明确，贫困户评定要素不全面的难题，循化县全面落实“六个精准”举措，驻村帮扶，在全面排查摸底识别基础上，对照“五看法”“八不准”识别措施，通过对精准识别的对象开展多轮次精准识别“回头看”，扎实开展扶贫对象的复核比对和动态调整，对于贫困户的识别和结对帮扶始终公正、公平、透明，同时也有效改善了一些贫困户的收入波动大、脱贫不稳定的现象，实现脱真贫。此外，在落实扶贫帮扶工作过程中，循化县委坚持因户施策、因人施策，深入了解村情民意，科学制订脱贫计划。通过驻村干部的一对一帮扶，大大提高了贫困户脱贫致富的信心和动力，保证了贫困人群的获得感和幸福感。另一方面，通过提供生态管理员等公益岗位、到户产业扶持项目等透明方式，为有脱贫意愿的贫困人群寻找提供工作岗位，让贫困群众尝到勤劳脱贫的获得感，真正树立起“自己干、政策帮，脱贫致富奔小康”的信心和精气神。

3. 贫困人群致富动力得以激发

脱贫致富终究要靠贫困群众自己的辛勤劳动来实现。脱贫致富贵在立志，只要有志气、有信心，就没有迈不过去的坎。循化县一方面围绕“爱党爱国、诚信守法、勤劳奉献、团结风尚、卫生整洁”五个方面开展“文明家庭”“星级脱贫户”等文明创建活动，通过定量和定性指标开展扶贫济困活动，不断丰富创建活动内容，通过一定的荣誉奖励和物质激励促使贫困人群的脱贫致富意愿不断增强。另一方面，通过选拔脱贫致富典型和产业致富典型的活动，向贫困人口宣讲脱贫经验，用身边的典型和榜样带动激励贫困人口，引导贫困户后进赶先进，积极向先进脱贫户学习，即使有外援但不依赖外援，需要国家帮扶但不坐等国家帮扶，从而增强贫困人群自我脱贫的使命感和责任感，变被动的“要我脱贫”为主动的“我要脱贫”。同时也营造出一种勤劳致富光荣、懒惰等靠可耻的社会氛围，进一步增强了贫困人群脱贫致富的自觉性。

二、贫困人群自我发展基础得到夯实

贫困人群脱贫发展能力的提升，是增强其脱贫内生动力的重要保障。在贫困人群自我发展意识觉醒和脱贫致富动力增强的基础上，循化县贫困人群才具备了脱贫发展的能力。2018 年循化县成为全国首个少数民族区域性整体脱贫摘帽贫困县，这不仅仅归功于政府的保驾护航和大力扶持，更是贫困户自身发展能力不断提升的一个显著表现。通过对循化县数个贫困村的走访，总结发现贫困户致贫的原因有很多，贫困户建档立卡中主要致贫原因有缺资金、因病、因残、因学等（见表 5–3）。从主要致贫原因分析，缺资金致贫 576 户，占贫困户的 29.78%；因残致贫 372 户，占贫困户的 19.23%；因病致贫 254 户，占贫困户的 13.13%；缺劳动力致贫 241 户，占贫困户的 12.46%；缺技术致贫 230 户，占贫困户的 11.89%；因学致贫 152 户，占贫困户的 7.86%；自身发展动力不足致贫 85 户，占贫困户的 4.4%；因灾致贫 16 户，占贫困户的 0.83%；缺土地致贫 7 户，占贫困户的 0.36%。针对贫困户的主要贫困原因，循化县结合基层实际情况，抓实帮扶工作，建立机关单位帮村、党员干部帮户的“双帮”责任机制，实施贫困学生补助、保险扶贫等细化帮扶措施，大力宣传扶贫政策，并指导产业发展，切实提高贫困户的自我发展能力，实现了物质扶贫与扶志扶智“双促进”。

表 5–3　建档立卡贫困户致贫因素排序表

序号	主要致贫原因	序号	主要致贫原因
1	因病	8	缺水
2	因残	9	缺技术

续表

序号	主要致贫原因	序号	主要致贫原因
3	因学	10	缺劳动力
4	因灾	11	缺资金
5	因婚	12	交通条件落后
6	因丧	13	自身发展动力不足
7	缺土地		

（一）贫困人群赋权与增能一定程度上得以实现

所谓“赋权”就是要赋予贫困人口参与扶贫政策制订与执行的权利，改变过去政府本位主义的扶贫观念和做法。所谓“增能”就是要增强贫困户自身的脱贫能力，从要求贫困户脱贫向贫困户主动脱贫转变。只有把赋权和增能齐抓共进，才能从根本上提高贫困人群的自我发展能力。

为了实现贫困人群的赋权，循化县充分把握贫困户的文化程度和身体健康状况，赋予贫困人群充分的生命健康权、教育权和公平医疗权的优惠政策。与此同时，为使出台的各项扶贫政策更加契合贫困人口的意见和实际，了解他们的偏好和诉求，循化县委和政府积极建立起尊重贫困人口意愿、畅通贫困人口利益表达的有效机制。换句话说，凡是影响到贫困人口生产和生活的决策方案，都有贫困人口的参与讨论。这既是增强贫困人口脱贫内生动力的需要，也是贫困人群自我发展能力提升的表现。循化县贫困人群与村干部的接触不断增加，在会议上发言的次数也不断增长（见图5-1、图5-2）。部分贫困人口代表甚至直接参与到县级扶贫政策制定、村级扶贫项目选择和扶贫绩效评价等重大决策会议中，充分表达自我的利益表达和愿景诉求，充分行使知情权与参与权。

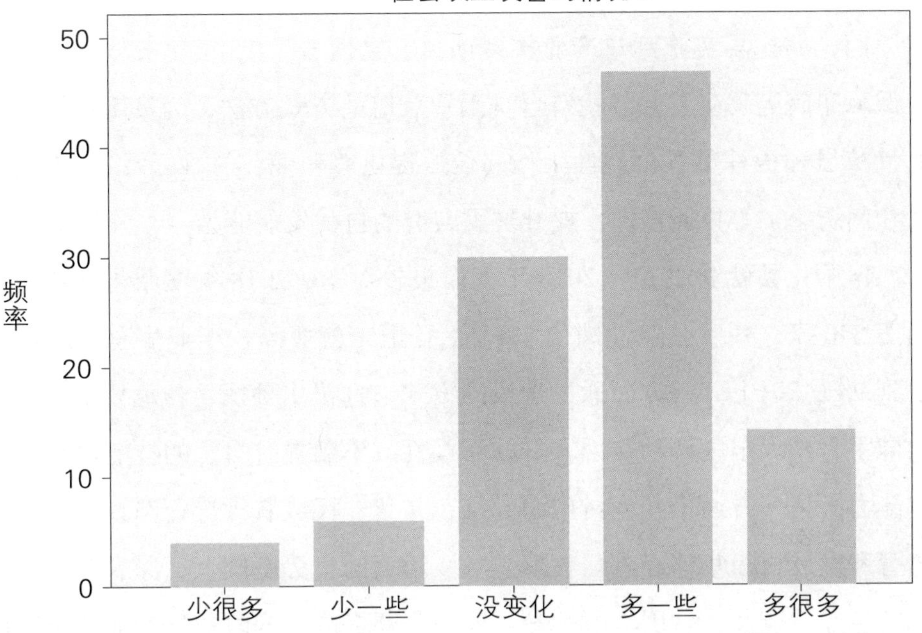

图 5-1　2014 年以来循化县农户参与乡村集体会议变化情况

村民与村干部的接触情况

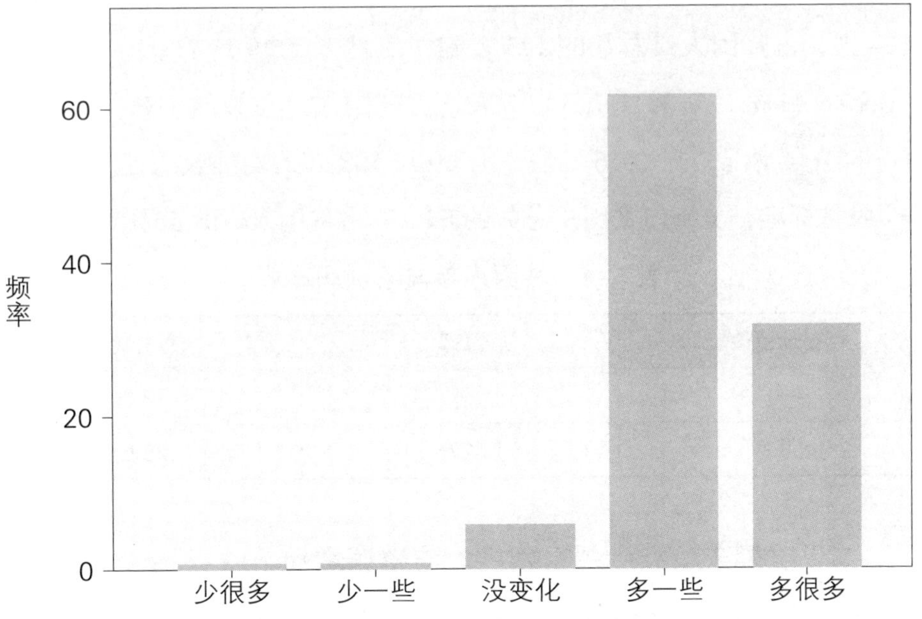

图 5-2　2014 年以来循化县农户与村干部接触变化情况

除了赋权之外，结合贫困人群的收入情况、土地财产情况和不同的致贫原因，循化县实施到户产业扶持项目、全面普及15年免费教育和政策性保障兜底等政策，并寻找符合贫困户意愿的方式方法，为贫困户提供花海种植员和护林员等公益性工作岗位，提供养殖业、“拉面经济”创业扶持和刺绣手工等技能培训，提升贫困人群的自我发展能力。

据循化县就业服务局2018年工作报告显示，2018年度循化县新增拉面店240家，开发公益性岗位71个，登记未就业高校毕业生总体就业率达到96.2%以上。一方面通过选拔的方式，选拔出种植、养殖技术等方面的能手，极大限度调动贫困人群的积极性，不断提升自己的技能水平和就业能力；另一方面依托乡村旅游、红色文化、民族餐饮等资源禀赋，积极培育和发展村级集体经济。在聚焦各乡镇资源优势基础上，深入打造和挖掘特色经济产业，贫困人群的参与能力不断提高。同时通过参加针对性培训（见表5–4），在扶贫干部结对帮带的带领下，贫困人群脱贫发展的能力不断得到提升。比如乙日亥村35户193人贫困人员，其中餐厅务工15户24人，占贫困人口总数的12%；建筑工地务工19户21人，占贫困人口总数的11%；货运务工6户7人，占贫困人口总数的4%。根据各贫困户的综合情况，在2016年底，有19户108人人均纯收入超过3320元这个脱贫标准，分别占贫困户总数的54%，占贫困人口的56%。

表5–4 贫困户参与培训频率表

是否参加技能培训	频率	百分比
有	75	73.5
没有	27	26.5

（二）贫困人群社会关系网扩大与资源增加

为了提升贫困人群的脱贫发展能力，循化县政府有效利用了贫困人群的社会关系网络，以贫困户为中心，动员一切可以调动的社会资本来整合他们的脱贫资源，形成脱贫的资源效应。目前，贫困人群社会关系网主要包括干群关系网和民间交往关系网。

干群关系网的完善使得村民不仅获得干部搭桥引线的工作资源、产业获利资源，还能够及时了解到国家农村发展的政策资源。循化县着眼“三治”任务，选派204名行政事业单位党员干部驻村担任71个“三类村”第一书记和扶贫工作队员，在两年攻坚期间，县委、县政府主要领导遍访9个乡镇的62个贫困村，乡镇领导遍访所有的贫困户，积极主动地展开工作，通过近距离与群众接触，为贫困人群提供合适的产业项目，或者组织引导资产入股产业园区、就近就业等。与驻村干部的接触使得贫困人群能够及时了解到国家的帮扶项目和惠民政策，其广泛的资源便利性和信息接收度，以及高度的党性觉悟都能够不断拓展贫困人群的社会关系网，让贫困人口能够把握机会参与到就业或创业项目中，帮助吸引社会组织的投资和帮扶，从而提升贫困人群的内在动力。同时，贫困人群通过与党群干部的互动和联系，增加了贫困人群动员一切社会关系给自己脱贫的动力。

民间交往关系网的生产功能也已形成，便于贫困户获得招工信息或者直接得到工作机会，得到农产品需求信息和供给机会。比如，贫困人群可借助自己的社会关系网络利用自身的人脉，比如亲戚、朋友、同学或邻居等找到合适的就业机会。再者，循化县农牧业特色禀赋优越，大部分贫困家庭还需依靠低保兜底、易地搬迁等政府扶持项目维持生活。贫困人群可以利用民间交往关系网的发展，发现资源优势，共同整合资源，发展特色产业经济。如表5–5所示，在对106户样本家庭调查中发现，人均牧草地面积达20.82亩，在耕种农作物自给自足的情况下，贫困人群可凭借天然草场面积广阔，在农牧业方面的良好优势，在政府文旅局的帮扶下，通过花海等特色旅游经济提升脱贫发展能力。在此基础上，可借用优秀的领导班子和带头人的政策和经验优势，发展农林牧业和旅游业，建立并形成独特的品牌，使得项目发展具有长效性。

表 5-5 建档立卡贫困户农牧业资源拥有情况

类型	极小值	极大值	均值
牧、饲草地面积（亩）	0	611	20.82
耕地面积（亩）	0	18	3.4142

在精准扶贫中，贫困人群也可以利用循化县独特的民族风俗和人文禀赋来实现脱贫。依托临近区县的优势资源和人才、技术力量，努力实现特色的乡村旅游经济和农牧业经济，开发乡村旅游和农牧业一体化的多元旅游文化，让文化成为经济的依托和载体。贫困人群自我创业会为贫困人群提供更多的就业机会，这一循环无疑为发展和壮大乡村旅游业、养殖业和个体手工业，实现精准脱贫提供了强大的助力。

（三）贫困人群人力资本水平得以提升

所谓“人力资本”指的是体现在人身上的资本，即对生产者进行教育、职业培训等支出及其在接受教育时的机会成本等的总和，表现为蕴含于人身上的各种生产知识、劳动与管理技能以及健康素质的存量总和。循化县在提高贫困人群的人力资本水平上所做的工作，不仅是增加对贫困人群的教育投入，而且有效地增加了劳动技能投入和健康投入。

据循化县就业服务局提供的数据显示，2018 年至 2020 年循化县就业困难人员分别实现就业 61 人、61 人和 62 人，分别完成年度目标任务（60 人）101.6%、101.6% 和 103%；2018 年至 2020 年三年间城镇失业人员分别实现再就业 488 人、327 人和 393 人，分别完成年度目标任务（300 人）162.6%、109% 和 131%。三年间，城镇登记失业率分别为 3.3%、3.10% 和 3.07%，低于年度目标任务（3.5% 以内）。2018 年和 2019 年贫困村未就业劳动力技能培训分别为 470 人和 100 人，完成年度目标（300 人）分别为 156.67% 和 100%。从就业率和失业率中可以看出，贫困人口人力资本的显著提升。

1. 贫困人群的知识储备得到有效发展

循化县在立足于国家“两基”政策基础上，严格落实学前幼儿免保育费、义务教育阶段“两免一补”和高中、中职贫困学生免学费教材费的全方位教育脱贫举措，并通过教学设备的更新换代和教学仪器设备的购置，加大教育基础设施方面的投入。与此同时，加大对教师队伍的学习培训，保障授课质量，切实加强教育的实际性投入。从惠民教育政策到教学设施的完备、教师队伍的强化，切实保障贫困家庭子女获得充分的教育机会、教育资源和教育资助，全面提升贫困人群的智力水平和综合素质。另外，注重挖掘本地区的优秀人才，发挥本地人才在精准扶贫工作中的积极作用，从而大力提升贫困地区的教育水平。

2. 贫困人群的技能储备得到高效拓展

循化县加大贫困地区新型农民职业技能培训和农业实用技术培训投入，提高贫困群众职业技能培训精准性，从而提升了贫困人群的人力资本水平。一是通过技能培训讲座和课堂，开展定向培训，重点培训挖掘机等一线技术人员和刺绣、工艺品制作、拉面技能人员，通过产业经济持续发展带动贫困人口就业和增收。二是加强贫困地区农村电商等新兴产业人才培训，依靠科学技术进步有效提高劳动者的素质，帮助贫困地区专业技术人员返乡创业，从根本上提升摆脱贫困所需要的实际能力。循化县在脱贫攻坚过程中，把眼前利益与长远利益结合起来，把贫困户的脱贫摘帽和可持续发展结合起来，增强贫困人群知识储备和技能储备，通过提升贫困人群的人力资本水平，充分提高了贫困人群的自我发展能力。

第二节　循化县经济高质量增长

一、区域经济增长整体状况向好

脱贫所产生的效应并不仅仅是帮助贫困人群，而且对于整个循化地区的经济发展起到了强大的助推作用。扶贫投入的逐年增长，为循化县的经济增长注入了强大力量。

（一）扶贫拉动县域经济增长明显

上级拨付给循化县的扶贫资金从2014年的9208.86万元，提升至2018年的14496.2万元；本级财政预算内扶贫投入由2014年的204万元，提升至2018年的3731.04万元，扶贫资金投入整体呈逐年增长趋势。大量的扶贫资金投入使得循化县的GDP总规模由2014年的24.32亿元，到2018年、2019年和2020年分别增长到32亿元、36.02亿元和37.7亿元；人均GDP由2014年的1.53万元，2019年、2020年两年间分别达到2.32万元和2.8万元；社会消费品零售总额由2014年的6.68亿元，增长至2020年的11.3亿元；2015年相较于2014年上级拨付扶贫资金增长率为27.02%，本级财政预算内扶贫投入增长率为36.76%，GDP增长率为9.25%，人均GDP增长率为11.11%。其中2016年上级扶贫资金拨付、本级财政预算内投入、GDP增长率及人均GDP增长率都是2014—2018年度的最高值，分别达到了15.77%、718.28%、13.10%和33.41%。2017年相对于2016年，上级拨付财政资金减少33.45%，本级财政预算内投入增长35.74%，GDP总规模与人均GDP增速放缓。2018年上级拨付资金、本级财政预算内投入，增长率分别为60.85%、20.39%，GPD总规模与人均GDP均处于历史新高，增速明显放缓，仅为0.88%和7.88%。可见，上级拨付扶贫资金对于县域经济增长具有很强的拉动作用（详情可见表 5–6、表 5–7）。

表 5–6　循化县扶贫投入与经济增长数据表

指标		年份						
		2014	2015	2016	2017	2018	2019	2020
扶贫投入	上级拨付扶贫资金（万元）	9208.86	11697	13542	9012	14496.2		
	本级财政预算内扶贫投入（万元）	204	279	2283	3099	3731.04		
经济增长	GDP 总规模（亿元）	24.32	26.57	30.05	31.72	32	32.06	37.7
	人均 GDP（2010 年不变价）（万元）	1.53	1.7	2.268	2.41	2.6	2.319	2.8
	社会消费品零售总额（亿元）	6.68	7.44	8.29	9.06	9.8	10.96	11.3
	年度新登记企业数量	15	21	27	50	65	995	1314

数据来源：调研过程中循化县有关部门所填写的县级基本信息采集表。

表 5-7 循化县扶贫投入增长率与经济增长数据表

指标	2015 年相对于 2014 年增长率	2016 年相对于 2015 年增长率	2017 年相对于 2016 年增长率	2018 年相对于 2017 年增长率
上级拨付扶贫资金增长率（%）	27.02	15.77	–33.45	60.85
本级财政预算内扶贫投入增长率（%）	36.76	718.28	35.74	20.39
GDP 总规模增长率（%）	9.25	13.10	5.56	0.88
人均 GDP 增长率（%）	11.11	33.41	6.26	7.88

（二）扶贫投入增强县域经济活力

此外，循化县 2018 年固定资产投资 33.4 亿元，同比增长 10.2%。2019 年增长为 36.88 亿元，增速为 10.02%。2020 年受疫情影响，有所降低。地方财政一般预算收入 11004 万元，同比增长 15.6%；2018 年完成工业增加值 4.1 亿元，同比增长 10.1%，2019 年完成工业增加值 12.32 亿元，2020 年增长为 12.84 亿元。第三产业增加值增速在 18% 左右。金融机构存贷款余额分别达 65.57 亿元和 20.33 亿元，同比增长 1.2% 和 7.62%。年度新登记企业数量由 2014 年的 15 家增长至 2020 年的 1314 家。

二、乡镇经济得以发展

循化县各乡镇在精准扶贫过程中逐步确立了自身发展思路和具体目标，根据本乡镇实际情况和独特优势找准自身定位，形成“一核、三心、多极”的城镇经济发展体系，“一核”是指积石镇和街子镇，主要发展公共服务、文化旅游业、农副产品等综合产业；“三心”是指白庄镇、查汗都斯乡、文都藏族乡，根据不同乡镇的特点分别重点发展农副产品和商贸物资、现代农业、水产养殖和以藏传佛教为特色的旅游业；“多极”是指清水乡、道帏藏族乡、尕楞藏族乡、岗寨藏族乡，主要发展旅游和农业。立足自身实情，稳扎稳打，循化县各乡镇的经济均较往期得到了不同程度的增长。以道帏藏族乡和查汗都斯乡为例，2016年道帏藏族乡农村经济收入为15049.5万元，同比增长10%；人均可支配收入为7217元，同比增长4.82%。2016年，查汗都斯乡实现农村经济总收入1.61亿元，同比增长8.1%；农村居民人均可支配收入为8932元，同比增长7.6%；劳务经济收入4387万元，同比增长6.7%；完成招商引资7700万元，同比增长70%。

三、村级集体经济得以壮大

在推进扶贫工作过程中，循化县把发展村级集体经济作为抓基层、打基础的重要抓手，以建立互助资金项目为主导模式，有效破解了村集体经济“空壳”难题，村集体经济的规模不断壮大。2016年以来，共投入资金4020万元（其中，县财政自筹920万元），按贫困村每村50万元标准、非贫困村每村10万元标准，在所有行政村实施了互助资金项目。项目启动以来，各村本着“入会自愿、退会自由”的原则建立了农村资金互助社。到2017年底，全县互助资金协会入会会员6801户，其中贫困户入会户数为1665户；农村集体资金互助社本金累计达4328.43万元，互助协会当年发放借款3291.89万元，其中建档立卡贫困户借款471.1万元。以此为基础，各村因地制宜推动村集体经济滚动发展壮大。

2018年底，全县154个行政村集体经济资产总额达7520.89万元，年总收入达533.23万元。2019年底，全县154个行政村集体经济资产总额增长到9200万元，2020年底达到19059.4万元。

年集体经济收入5万元以上村庄数量由2014年的3个增至2018年的

62个（详情见图5-3）。2020年底，贫困村有集体经济收入的数量达到62个，其中集体经济收入5万元以上的贫困村达到23个，实现了62个贫困村具有集体经济收入，超过三分之一的贫困村超过5万元。例如，积石镇尕别列村利用村集体闲置土地，投资建成综合性商贸农贸租赁市场，总产值达1660万元，年总收益达160万元。尕楞乡秀日村按照“公司+农户”的模式，注册成立秀日藏酒有限公司，总产值已达100多万元，年收益30余万元。街子镇上坊村有800万元村集体经济和100万元的村级互助资金，2015年实施投资664万元（其中旅游扶贫资金400万元）的撒拉族特色农家院，争取东西部协作项目资金20万元，2018年4月该项目已经建成使用，按照8%的比例进行分红，由上坊村的贫困户收受益。

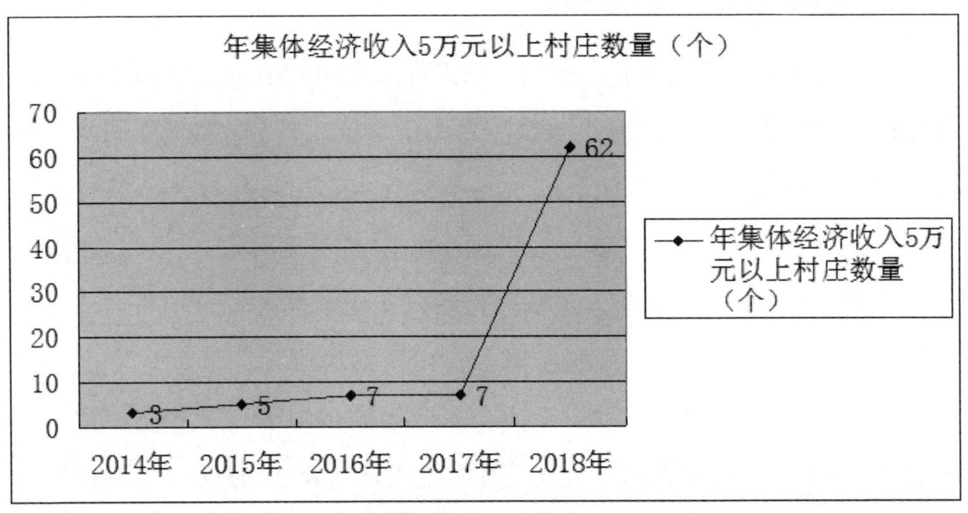

图5-3 2014年以来循化县农村集体经济收入5万元以上村庄数量增加情况

四、贫困人群的收入增加明显

在脱贫攻坚过程中，非常具有代表意义的是贫困人群的收入有了明显的提升，国家贫困线标准由2014年的2300元增长为2018年的3762元，但是循化县的农村贫困人口总规模却逐年减少，到了 2018 年为 0 人，实现了全县整体意义上消除了绝对贫困。

2014 年农村居民人均可支配收入为 7450 元，2018 年增长到 10609 元，2019 年增长到 11628 元，2020 年底则为 12452 元。城市居民人均可支配收入也有了明显提高，2014 年底为 20699 元，到 2018 年底为 29344 元，再到 2020 年增长至 32994 元（详情见表 5-8）。此外，循化县 2016 年建档立卡贫困户年人均可支配收入为 3453 元，达到了脱贫标准 3316 元的 104%。2017 年建档立卡贫困户年人均可支配收入为 5371 元，达到了脱贫标准 3532 元的 152%，到了 2019 年则增长为 11835 元，高于全县农村居民可支配收入水平。全县综合贫困发生率下降到 0，达到了低于 3% 的要求，贫困人口漏评率和脱贫人口错退率均低于 2%，在脱贫攻坚过程中，贫困人群收入得到了明显的增长。例如文都乡拉兄村 62 户贫困户 253 人将产业发展资金入股腊姆服饰公司，年人均分红 432 元。25 名贫困群众经过技术培训吸纳就近就业，月均增加工资收入 3000 元。

表 5-8　循化县贫困人群收入相关数据表

	年份						
	2014 年	2015 年	2016 年	2017 年	2018 年	2019 年	2020 年
国家贫困线标准（元）	2300	2970	3316	3532	3762		
农村贫困人口总规模（人）		7950	4352	26	0	0	0
农村贫困人口总户数（户）		1934	1054	106	0	0	0
农村居民人均可支配收入	7450	8158	919	9733	10609	11628	12452
城市居民人均可支配收入	20699	23070	25201	27424	29344	31472	32994

注：数据来自调研过程中循化县有关部门所填写的县级基本信息采集表。

第三节 循化县治理能力显著提升

一、村级治理体系完善与治理能力提升

（一）村级治理体系完善

1. 驻村工作自觉下沉

驻村工作做得好不好，关键在于领导班子是否组建得好，村级作为最基层的组织，治理机制是否完善，各个部门、各个环节是否衔接紧密都对脱贫攻坚工作的顺利开展产生很大的影响。相应地，随着脱贫攻坚工作的开展，村级治理体系也在查漏补缺，不断完善。以查汗都斯乡中庄村为例，中庄村是青海省 970 个重点贫困村之一，位于循化县西南部，距县城 20 公里。精准扶贫第一书记到位后，立即组建由第一书记任队长、选派干部和乡派遣干部为成员的村级精准扶贫工作队，并按照精准扶贫工作需求，立即组织召开村民大会、村党支部会、村委会等会议，研究成立了由第一书记任组长的村精准扶贫领导小组、精准扶贫评审小组、精准扶贫监督领导小组，并制定了相对应的精准扶贫工作室制度、精准扶贫“五访五问”制度、精准扶贫建档立卡工作流程等规章制度，并做到全部制度上墙、落实到基层，乡村治理体系得到良好完善。

2. 结对帮扶全面覆盖

为了更有针对性地帮助各个村子的发展，按照市县“一村一扶贫工作队、一户一帮扶责任人、一户一帮扶档案”“单位到村、干部到户、责任到人、措施到位”的要求，由县政府办公室结对帮扶，确保每村每户贫困户有 1 名干部帮扶，并建好档案。对前期识别出来的贫困人口，建立了精准扶贫对象管理档案，实现了户有卡、村有册、乡有档，并建立

了贫困对象退出机制，实行了贫困人口动态管理。以户为单位，了解贫困户当前急需解决的困难和问题，算好时间账、经济账，找到脱贫致富的路径，按照“一户一策”制订了年度目标、阶段计划和帮扶措施。以循化县尕楞乡曲卜藏村为例，曲卜藏村的联点帮扶单位是县政府办公室，县政府办公室切实做到了选派第一书记、驻村工作队和干部结对帮扶贫困户三个全覆盖。坚持“精准扶贫，精细考核，不脱贫、不脱钩”原则，形成了“重担千人挑、肩上扛指标”的精准扶贫格局，组织开展了一系列富有成效的活动，为曲卜藏村结对帮扶贫困户累计发放慰问金 47000 元、面粉 3500 斤、清油 340 斤。协调争取各类资金，大力推进美丽乡村建设、危房改造、田间道路水渠建造、卫生厕所整改、耕地平整等工程，有效地激发了贫困群众内生动力，确保了曲卜藏村脱贫攻坚工作开展势头足，脱贫形势好。

3. 民间力量的积极介入

扶贫是一项艰巨且漫长的道路，仅靠一方之力是不行的。俗语说“众人拾柴火焰高”，只有多元主体协同参与，万众一心，才能把扶贫效果发挥最大化。以道帏乡俄家村为例，在访谈中该乡干部提到，社会力量的注入主要体现在三方面：第一是致富能人，该乡近年来都会与致富能人进行沟通，希望他们能够在外出务工的时候带上村里一些贫困的人，拉动就业。致富能人在外出创业时热心带动剩余劳动力，对于贫困人口增收产生积极影响。第二是宗教人士，宗教人士在村规民约、移风易俗、民族团结、脱贫攻坚等方面进行宣讲，带头执行，起到了良好示范作用。第三是企业，虽然该村的企业规模并不大，但这些企业每年都会为村里的贫困学生进行资助，帮助学生顺利完成学业。

（二）村级治理能力提升

1. 村级党组织堡垒得到巩固

（1）村级党组织建设效果明显

在脱贫攻坚过程中，村级党组织在工作中不断得到历练，战斗力增强，党员的先锋模范作用得到发挥。在循化县随机抽查的 11 个村庄中，平均每个村的党员数量为 21 人，其中参加党员代表会议的平均人数为 10 人，并且随机抽查的 11 个村庄均有村支部活动室，平均村党组织活动频率为每月 2 次（详情见表 5–9），其中有 5 个村的党支部及村级组织分别在 2016 年和 2017 年被评为全国先进基层党组织或脱贫攻坚先进村。以循哇村和中庄村为例，循哇村在 2016 年前属于贫困村，在进行精准脱贫的工作中，驻村工作队经常与村干部之间进行交流与互动，充分发挥全体党员的带头作用，以县委组织部要求的每月一号“固定党日”活动为载体，确定活动主题，丰富活动内容，使党支部的凝聚力、战斗力和党员的基本素质和信心得到了提升，确保更好地发挥支部的战斗堡垒作用和党员的先锋模范作用。

中庄村贯彻的原则是“围绕扶贫抓党建，抓好党建促扶贫”。中庄村坚持把建强村党支部作为脱贫攻坚的“桥头堡”。首先，明确了村“两委”主要负责人工作职责，严格落实“三会一课”“三议一表决”、民主评议党员、村“两委”班子“坐班轮班”等各项制度，定期组织党员学习理论知识和上级文件精神。其次，进行“两学一做”专题学习教育，组织村党支部和党员，通过第一书记讲党课、夜晚集中学习、座谈会等多种形式，学习党章党规和习近平总书记系列重要讲话精神，并组织观看革命历史题材电影，进一步陶冶党员情操，发挥农村党员的先锋模范作用。最后，建立了《党支部一班人约束自己言行的具体内容》《党员十带头》《共产党员廉政准则》等规章制度，进一步强化了村党支部的模范带头作用。

表 5–9　村级党组织相关数据表

村庄名称	全村中共党员数量（人）	党员代表会议中党员人数（人）	是否有村支部活动室	村党组织活动频率（每月次数）
团结村	23	23	有	2
中庄村	18	5	有	1
红光上村	12	5	有	5
加入村	17	17	有	3
下拉边村	25	7	有	1
唐洛尕村	24	6	有	3
乙日亥村	23	2	有	1
俄家村	18	8	有	1
宁巴村	28	1	有	3
贺塘村	20	20	有	3
团结村	23	23	有	2

（2）党群关系改善

党员干部在一线工作的过程中，踏实苦干、作风廉政，切实帮助贫困群众解决生产生活中的实际困难，与贫困群众同心同德推动脱贫攻坚，加深了与群众的感情，密切了党群干群关系。在循化县进行问卷调查中，92.2% 的参与者表示从 2014 年以来村里开会的次数变多了，60.4% 的参与者表示家里人在开会时发言的次数变多了，73.5% 的参与者表示家里人平时讨论政策的情况变多了，91.0% 的参与者表示家里人与村干部的接触变多了，83.2% 的参与者表示村里人平时讨论政策的情况变多了，92.2% 的参与者表示村民与村干部的接触变多了（详情见表 5–10）。村民们的民意最具有代表性，正是党群关系密切了，群众才敢与党员干部接触，敢于在会议上表达自己的想法，说出自己的心声。白庄镇乙日亥村村党支部副书记韩乙拉四说，“党的十八大之前，我们的群众仇富仇官的思想非常浓。他们觉得凡是当官的，包括当个村干部，肯定这样那样，拿一些老百姓的东西，对村干部极度的不信任。但是呢，现在的村干部也知道这个情况，他们在2014年底上任以后，2015年党支部带领村民把村上的三个项目改造完成后，老百姓对他们产生了信任。后来他们把林地、荒地将近八亩地储备起来，作为村级发展留用地。当时没有一分钱，但是老百姓信任他们。正是因为这块土地才让美丽乡村项目得到了落实”。在扶贫的过程中，群众越来越相信党员干部，党群关系越来越密切。

表5-10 精准扶贫以来村里的干部和群众关系的变化情况表

	有效百分比（%）		
	多一些	多很多	累积
村里开会的情况	56.9	35.3	92.2
家里人在开会时发言的情况	46.5	13.9	60.4
家里人平时讨论政策的情况	63.7	9.8	73.5
家里人与村干部的接触情况	61.0	30.0	91.0
村里人平时讨论政策的情况	58.4	24.8	83.2
村民与村干部的接触情况	60.8	31.4	92.2

（3）村级党组织行动能力提升

政府前期的资金扶持，经过各村的合理运用，使得资金有效运行，带动村级集体经济发展。有了资金保障，村级党组织在落实村级集体经济发展的项目更加从容有力。道帏乡俄家村村干部说："我们的整个脱贫工作中，互助资金的运行是个亮点。我们村是政府扶贫部门帮扶的一个村，开始的时候扶持资金大约15万块钱。通过运行以后，现在发展成了208万元，村上的集体经济，主要是指高速公路修建这一类的征地补偿款，把这些钱合并在一起以后，形成村级滚动资金，帮助村里的老百姓形成产业发展。"村级党组织对村里的互助资金进行合理的规划，使其帮扶贫困村民效益最大化。如同俄家村村干部所说的那样："有些村民对国家金融部门贷款的流程不熟悉，他不一定能及时贷出来，而通过村上的互助资金借款就比较容易方便，比如到了他们挖虫草的季节，4月份挖虫草没有路费，可以通过村上的互助资金，借两三千块钱，回来以后再还就可以了。"

2. 村级干部工作能力提升

（1）村情村况判断能力提升

循化县有154个行政村4个社区，每个村村情不同，根据具体情况，着重依靠的发展产业不同，村级领导干部立足各村的优势，提出具体的脱贫巩固计划，以循化县清水乡下滩村为例，清水乡下滩村位于循化县城以东约3公里，人多地少，经济发展缓慢，但村干部意识到清水乡地理位置优越，处平大公路、清官交通大动脉沿线，拥有孟达天池、撒拉族古居民篱笆楼、清水湾景区、河东和塔沙坡清真寺等人文景观和撒拉族民俗风情等丰富的旅游资源，又拥有万亩辣椒基地、花椒基地等丰富的农业旅游资源，该村坚持文化旅游发展思路，立足民族文化独特、旅游资源丰富的资源优势，对于该村的发展地位认识清晰明确，申请了2018年乡村旅游扶贫项目，项目建成后，将承包资金的20%当作村内公益基金，剩余的80%由村里贫困户和非贫困户受益。2019年人均增收约1126元，拉动全村经济增长。

（2）村级资源整合能力提升

扶贫过程中政府和社会各界力量的资助，使得各个村有了原始发展资金，在此基础上又通过村级集体经济的发展，村里的资源不断增多。村干部面对大大多于往日的村级资源，通过对先进地区的走访借鉴以及自身在工作中的锻炼摸索，探索建立长效运行机制，整合资源能力不断上升。以积石镇加入村为例，积石镇加入村村干部在访谈中说道："我村贯彻落实一村一策，积极响应国家政策，面对村资源增长，以村集体经济为手段，投资 300 万元打造农家乐，经过村'两委'协商，选取合适空地，实施了经济林造林工程，通过对资源的有效整合，使其利润不断增加，再过两三年，产生规模效益以后，可以拉动贫困户就业，增加经济收入，形成资源良性循环发展，不断拓展群众增收的渠道，实现更好发展。"

（3）对村民的聚合能力提升

通过宣传和呼吁奉献精神、相互帮扶和先富帮后富等社会风尚，整个循化地区非常团结。很多循化企业家在多年打拼后，将自己的资金投入循化本地的建设中去，村级干部也会主动联系有资金、有技能的本村人帮扶贫困户，形成顺畅的传帮带机制。以乙日亥村为例，乙日亥村立足于本村村民擅长面食制作等餐饮方面的独特优势，组建由企业主、富裕户等农户自愿参与入股的拉面经济互助合作社，并根据实际加强引导，同时联系在外从事"拉面经济"富裕户与新开业农户开展"一对一"或"多对一"帮扶，形成先富帮后富传送带机制，助其尽快融入行业步入从事环境。经过核算，该村互助合作社从事拉面户 65 户，户均年均收入 12 万元，共计 780 余万元，人均年收入达 2 万余元。传送带机制的形成及时分享了先进经验，提高从业人员创新创业能力，并有效消化该村剩余劳力，提高劳务收入。

3. 村级服务能力提升

（1）党群综合服务能力提升

创建服务型党组织是贯彻党的宗旨的必然途径，党组织需要拓宽民意渠道、提高自身服务水平，增进党建工作的渗透力，促使各级党组织更好地践行宗旨，夯实党的群众基础和执政根基，使人民群众从内心深处觉得满意。循化县各个村在脱贫攻坚时期，立足以群众为主，党员干部实行一对一帮扶机制，多次到户了解情况，仔细倾听村民需求，真正做到从群众中来、到群众中去。以查汗都斯乡红光上村党支部书记马乙四夫为例，2008 年马乙四夫在村党支部换届中当选为红光上村党支部书记，当时村内没有党员活动阵地，根本无法为村民提供服务。为尽快增强村党支部的战斗力和凝聚力，在 2009 年底修建完成红光上村党群活动室，同时，也在室内同步设图书阅览室、党团会议室、村级医务室等。党群活动室的建立表明了红光上村为村民服务的决心，也是党服务能力提升的起点。

（2）涉农公共服务能力提升

涉农公共服务能力提升主要表现在几个方面：第一，大力扶持农村教育事业。普及义务教育，提高义务教育质量，完善义务教育免费政策和经费保障机制，保障经济困难家庭儿童、留守儿童特别是女童平等就学、完成学业。各村均通过开展“雨露计划”，对于上学的孩子提供支持，在教育局的访谈中也提到“建档立卡的贫困户学生可以获得 15 年免费教育。中小学是全部不收费，到高中阶段，按照每生每年 800 元的标准免学生的课本和学杂费”。第二，加强农村基础设施和环境建设。包括安全饮水、公路建设、垃圾处理、危房拆迁等涉及农村卫生条件和人居环境的若干项目。循化县各村已经全部改为水泥硬化路，完成了危房改造，解决了所有农民的安全饮水问题，做到了村道硬化、安全生产生活用电、标准化村卫生室、村级综合服务中心实现全覆盖等。第三，强化农村社会管理。农村广大干部要进村入户做好下访工作，切实把矛盾和问题解决在基层、化解在萌芽状态。巩固和发展平等团结互助和谐的社会主义民族关系。全面贯彻党的宗教工作基本方针，依法管理宗教事务。反对和制止利用宗教和宗族势力干预农村公共事务，坚决取缔邪教组织，严厉打击黑恶势力。各村的村干部会定期开展宣讲活动，宣扬民族团结，并请阿訇来为村民进行宣传教育，切实做到村民之间相互尊重彼此信任，关系其乐融融。

二、乡镇治理体系完善与能力提升

（一）乡镇治理体系的完善

乡镇政府是我国最基层的政权机关，是国家法律法规政策落实到“最后一公里”的重要执行者，是基本公共服务的重要提供者，是基层治理的重要组织者。在精准扶贫政策落实过程中，乡镇政府的这一作用更加突出且得到强化，循化县脱贫摘帽之后，乡镇政府治理体系更加完善。

1. 党员领导干部力量的下移

党员领导干部在扶贫工作中，工作重心不断下移，深入走访乡镇村落村民家中，了解具体情况。党员领导力量下移，使干部更加了解社情民意，更有助于精准扶贫政策的落实，以及深入贯彻理解基层工作中的每一个关键环节。党员领导力量在乡镇进行重新优化组合，有效弥补了之前乡镇治理体系“上重下轻”的结构，形成地基稳固的乡镇政府治理格局。以白庄镇为例，实施双组长制，由党委书记和镇长共同担任组长，这是在精准扶贫工作之前从来没有采取过的。成立专门的扶贫机构领导小组，由党委书记担任组长，抽调得力的人员参加，进行小组规划。白庄镇有 11 名副科级别以上的干部，均分配到白庄镇贫困村担任第一书记一职。

2. 社会力量的有效参与

社会力量的有效参与主要体现在两个方面：一是以城带乡背景的企业

下乡。在精准扶贫过程中，一些企业和能人带着资金和就业机会从城市投入乡镇，以白庄镇为例，早在20世纪90年代初，白庄镇便有一些人外出打工，通过多年打拼，摸索出依靠拉面生意脱贫致富的路子。截止到2018年底，白庄镇30000多人中有8000多人从事拉面行业，白庄镇居民人均收入的45%左右来自“拉面经济”，其中一些能人在外开创了自己的拉面品牌，由拉面馆起家后，转行从事加油站、电厂、肉联厂等，在创业致富后，他们不忘家乡父老乡亲，便主动帮扶贫困人家，注入资金下乡，承包水费、电费等并且提供就业岗位。二是公益慈善资源的下沉。在脱贫攻坚过程中，除了政府投入的扶贫资金外，社会扶贫成了另一道亮丽的风景，通过党委政府的大力宣传，扶贫工作的不断开展，各界社会力量纷纷伸出援手，进行人力、物力、财力等慈善资源的捐赠。以白庄镇为例，一些公益慈善人士例如宗教界的阿訇、社会上的民营企业家、各界的能人，主动投身于扶贫工作，出钱出力对贫困户进行帮扶，2018年白庄镇的社会帮扶资金达到362万元左右。

3. 宗教力量的积极发挥

循化县是一个少数民族自治县，县内居住人群主要是撒拉族，信教群众多。以白庄镇为例，白庄镇深入开展扶贫宗教政策宣讲活动，在宣讲活动中，将扶贫政策与宗教知识宣讲相结合，使群众更加支持扶贫，扶贫政策得到了更加顺畅的推进。

（二）乡镇治理能力提升

1. 乡镇党委政府政策认知水平提高

乡镇党委政府政策认知水平的提高不仅体现在党委政府能够理解政策，而且体现在能够联系自身的实际情况，将政策与自身实际情况融会贯通。以白庄镇为例，在县委扶贫政策下达后，白庄镇党委政府便结合自身的实际情况思考应该怎么发展经济。白庄镇汇集了清水河和西昌河两条河流，河流两岸绿树成荫，气候宜人，适合发展旅游产业，可以通过旅游拉动经济增长。于是乡镇政府便借款种植了 80 亩花海，2017 年县政府把白庄镇乙日亥村作为整个县的乡村旅游示范村，2018 年海东市又将其评为市脱贫工作乡村旅游示范村，花海旅游经济不仅为白庄镇居民提供了就业机会，还带动了集体经济的发展，白庄镇党委政府不仅理解了政策的目标和精神，还深入贯彻了政策的核心含义。

2. 乡镇党委政府政策执行能力提升

乡镇党委政府不仅在政策认知能力上有了很大的提高，在政策执行能力上也有了很大的提升。以白庄镇为例，白庄镇党委政府的一名干部在访谈时举了一个案例，他说："2014 年的时候，镇上某村村'两委'的工作不是非常规范且很保守。基本上都是按照个人的主观臆断，在分配救济面粉时，村'两委'是按照自己认为的公平进行分配的，把面粉打开后，按斤分配给每个人，而不是最贫困的人。"乡镇党委政府在执行扶贫政策时，不仅精准到户，而且具体结合每户不同情况，采取不同的扶贫方式进行帮扶，政策执行能力不断进步。

3. 乡镇党委政府服务能力提升

乡镇党委政府在脱贫攻坚过程中，服务人民群众的能力获得提升。以白庄镇为例，白庄镇在循化县属于人口大镇，有 27 个行政村，其中 21 个撒拉族村、5 个藏族村、1 个汉族村。面对众多人口，白庄镇党委政府首先考虑到改善人民群众的生活环境，通过实施村街乡道的全面硬化、电网的全面改造、退耕还林等工程为乡镇居民提供宜居的生活环境。其次，为了更好地了解民意、解决民生问题，白庄镇全面建设村级服务中心和村级卫生室，充分满足了群众的多样化服务需求。

三、县级各部门治理能力得到提升

（一）县级治理领导体系完善

为了脱贫攻坚取得更好成效、完成计划目标，循化县加强组织领导，层层落实责任，不断完善领导体系，坚持党政同责、协力推进，严格落实三级书记抓扶贫的工作责任，成立了县党政一把手为双组长、双指挥长的扶贫开发工作领导小组和脱贫攻坚指挥部，组建了县扶贫开发领导小组办公室，独立运行，集中办公，乡镇、村两级均成立脱贫攻坚工作领导小组和工作机构，形成了县有指挥部、乡有工作站、村有工作室的脱贫攻坚组织领导机构。同时，进一步健全完善扶贫工作责任机制，县乡村以及各行业部门层层签订目标责任书，立下“军令状”，制定作战图，压紧靠实主体责任、领导责任、部门责任、干部责任、社会责任、企业责任，以最严格的脱贫攻坚责任机制，凝聚了强大的攻坚合力。县委、县政府认真履行主体责任，两年集中攻坚期间，县委常委会10次、县政府常务会32次、扶贫工作领导小组会36次，传达学习中央、省、市会议及文件精神，研究脱贫攻坚进度安排、项目落地、资金使用、人力调配和推进实施等工作，乡镇党委政府和行业部门认真落实各项扶贫措施，形成了一级抓一级，层层抓落实，责任明确、领导有力、督促有效的组织领导体系。

（二）县级治理保障体系加强

县级各项事务的运行治理，离不开财政资金保障，循化县县域治理保障体系之所以增强，是由于不断完善投入机制。一是整合财政资金投入脱贫攻坚。制定出台《整合财政涉农资金管理办法》，大力推进县级支农涉农资金统筹整合，把有限的财政资金用到“刀刃”上。2017年共整合各类涉农资金56887.21万元，共统筹项目87个，比上年增长150.1%。二是融资银行资金助力脱贫攻坚。2017 年累计争取国家开发银行 6.3 亿元的金融扶贫贷款，全部集中用于贫困村人畜饮水、农村环境综合整治、环保基础设施、扶持中小微企业发展、培育扶贫产业等项目。三是汇聚社会资金支持脱贫攻坚。2017 年，省市县各级联点帮扶单位整合各类物资投入达 800 多万元，助力贫困村贫困户改善生产生活条件。有了强大的资金保障，循化县县域治理才能更加“稳、准、狠”。

（二）县级治理能力提升

1. 党的领导力明显提升

（1）认识分析与解决重大问题能力提升

循化县如何精准脱贫，采取什么样的步骤与措施，脱贫中的重点、难点问题以及脱贫后巩固提升计划，这些都需要敏锐的观察力、正确的认识分析和及时解决问题的能力。在两年多的攻坚实践中，循化县不仅客观分析自身实际，还挖掘出可以利用的自身特色资源和比较优势，创新探索出了一些特色亮点工作，实现了落实政策和脱贫效果的最大化。在工作中，通过乡村现场查看分析解决微观问题，借助会议研讨宏观问题、部署决策，借助脱贫攻坚指挥部落实政策解决问题。这些都提高了对贫困问题的认知水平、对脱贫攻坚难度的认可度和对脱贫成效的认知水平。比如，结合循化本地人会做拉面这一习俗，开展“拉面经济”，通过“雨露计划”等培训项目，先后对 10789 人进行技能培训，其中建档立卡贫困户就业技能培训 2181 人，并通过政府引导、技能培训、金融支持、群众主导等措施，累计组织引导转移就业 9.87 万人次，解决了迫切的就业问题。

（2）大学习大讨论机制与氛围形成

开展精准扶贫工作以来，全县各层级领导干部始终坚持学习贯彻习近平总书记关于扶贫工作的重要论述和视察青海时的重要讲话精神，全面贯彻落实党中央、国务院和省市党委政府关于脱贫攻坚的一系列决策部署，咬定“两不愁三保障”和“两个确保”目标，通过理论中心组集体学习、党校培训、专题研讨、辅助讲座等方式，第一时间传递学习习近平总书记发表的重要讲话、做出的重要指示，在脱贫攻坚工作原则、基本方略、标准把握上同党中央、国务院对标看齐，在思想上、政治上、行动上始终同以习近平同志为核心的党中央保持高度一致，在去外省市学习调研时，认真借鉴先进地区的成功经验和做法，全县形成浓厚的学习讨论氛围。

（3）深度调查能力提升

在精准扶贫过程中，循化县、乡党政主要领导认真落实“一线总指挥”的责任，县委常委和政府、人大、政协主要负责同志领衔督战 9 个乡镇战区，29 名县级主要领导联乡包村指导工作。两年集中攻坚期间，主要领导遍访 9 个乡镇所有的行政村，乡镇党政主要领导遍访所有的贫困户，仔细听取民众意见，询问民众需求，了解每个贫困户贫困的原因，寻找共同之处，核查实情、发现矛盾、解决问题，形成了上下联动、齐抓共管、深度入户、强力推动的良好局面。

（4）组织动员能力明显提升

组织动员能力是指将人力、物力、财力等资源潜力的调动和发挥以及转化与重新配置的本领和组织力。就循化县而言，就是整合无锡相关智力、人力、财力支持，最大限度地争取上级各类资源，最大限度地动员县域内部资源，投入脱贫攻坚战中。在整个脱贫攻坚过程中，循化县依靠党建引领机制、党政机关协同机制、驻村帮扶机制、东西部协作扶贫机制等具体机制，借助科学、规范、有效的制度保障体系，形成了强大的组织动员能力，为 2020 年疫情防控工作乃至后续的乡村振兴战略实施积累了丰富的经验。

2. 党委政府综合治理能力提升

（1）党政部门协同能力提升

扶贫工作是一项系统工程，具有很强的整体性、全局性，需要各部门整合资源，形成合力。协同互动，是以开放的视野、系统的思维、协作的理念，融合集体智慧，整合各方力量，在协同中提升扶贫效果。循化县在纵向上注重与青海省、西宁市党委政府工作协作，横向上建立了各部门参与扶贫工作的协同配合机制，形成党政重视合作互助的良好氛围。

（2）服务型治理能力提升

循化县在举全县之力推进贫困村贫困户脱贫进程中，党委政府始终将增进人民福祉作为首要任务，围绕脱贫攻坚工作，坚持抓党建促脱贫攻坚，扎实开展“两学一做”学习教育，扎实推进“三基”建设、民族团结进步创建活动，并结合村“两委”班子换届，强化村级党组织建设，选优配强基层干部队伍，努力打通联系基层、服务群众的“最后一公里”。扶贫干部坚持全面系统宣讲扶贫政策，切实落实精准扶贫各项政策，从思想教育引导、基础设施建设、生态环境保护、社会事业发展着手，推动建立专项扶贫、行业扶贫、社会扶贫“三位一体”的大扶贫格局，着力提高贫困群众收入，改善群众生产条件、生活环境和生活质量，使所有贫困群众在产业、教育、卫生、就业、住房等方面都能得到有效帮扶。贫困群众在脱贫攻坚过程中切身感受到村容村貌、乡风文明、干部作风发生的深刻变化，也深切感受到党中央大政方针政策带来的深层次、根本性变化，贫困群众的获得感和满意度大幅提升，广大群众无不感恩党和国家对民族贫困地区的关怀与厚爱。

（3）多种手段运用能力的提升

扶贫是一项复杂艰巨的工作，仅用一种扶贫手段是行不通的，循化撒拉族自治县综合运用多种手段，协同合力推进脱贫攻坚。党委政府不仅运用传统政治手段，组建强健有力的干部队伍、下达扶贫指令、制定扶贫政策，还巧妙运用文化治理手段，先后组织了1000余场次群众大会、政策宣讲会、第一书记培训班、宗教界人士培训班等政策宣讲活动，同时在县广播电视台开设专栏，及时发布重要公示公告。大数据平台、公众微信平台每天推送动态信息，重点集镇、公路沿线、村部广场等区域设立大型广告牌，基层单位宣传栏、公示栏、电子屏幕等载体全方位推进政策宣传。经济治理手段方面，利用招商引资、互助资金、帮扶资金等助力经济发展，包括拉面产业、旅游产业、民俗文化产业等，促进就业。在法治手段方面，完善重大行政决策程序制度，明确决策主体、事项范围、法定程序、法律责任，规范决策流程，强化决策法定程序的刚性约束，维持了社会的安定、民族的团结。在旅游扶贫、农牧业扶贫、光伏扶贫项目实施过程中，采取财政补贴、政策支持等手段，以购买服务方式引导企业参与其中，以合同方式约定责任与职能、权利与义务，保证贫困村、贫困人群的受益权。在扶贫扶志过程中，借助撒拉族民族善于经商、敢于创业的精神引导大众创业，借助乡村文化开展感恩教育，借助宗教文化积极向上的人生观、互帮互助与劳动观等内容体系，引导贫困人群树立脱贫致富信念，克服“等靠要”思想，激发发展内生动力。这些手段的综合运用，既推动了脱贫攻坚工作有序开展，也为巩固拓展脱贫攻坚成果提供了长久动力。

第六章 循化撒拉族自治县巩固拓展脱贫攻坚成果的实践探索

习近平总书记指出，防止返贫与继续攻坚同样重要，已经摘帽的贫困县、贫困村、贫困户，要继续巩固，增强“造血”功能，建立健全稳定脱贫长效机制，坚决制止扶贫工作中的形式主义。

党的十八大以来，以习近平同志为核心的党中央把扶贫开发摆到治国理政的重要位置，纳入“五位一体”总体布局和“四个全面”战略布局，举全党全社会之力，在全国范围全面打响了脱贫攻坚战。经过八年的努力，在人类文明历史上和中华民族历史上首次消除了绝对贫困现象，贫困人口全部脱贫，书写了人类减贫史上的辉煌篇章。同时，习近平总书记强调，防止返贫和继续攻坚同样重要，已经摘帽的贫困县、贫困村、贫困户，要继续巩固，增强“造血”功能，建立健全稳定脱贫长效机制。目前，脱贫攻坚取得决定性成就。但是贫困群众经济基础薄弱，如果缺乏科学精准的配套帮扶措施，脱贫不稳定，贫困就会再次侵袭，导致“脱贫又返贫”现象。因此，脱贫后及时巩固拓展已有脱贫成效要从政策层面进行顶层设计，这对于全面打赢脱贫攻坚战具有十分重要的意义。

第一节　循化县巩固脱贫成效实践探索的指导思想和基本原则

一、循化县巩固脱贫成效实践探索的指导思想

脱贫是一个动态过程，少数低收入农户脱贫后，由于各种主客观原因可能会重新返贫，随着脱贫攻坚工作的深入推进，前面已脱贫的农户脱贫难度相对较小，其余未脱贫的农户致贫原因复杂、脱贫成本高、脱贫难度更大，返贫形势也将愈加严峻。巩固脱贫成效是一场持久战，需要久久为功，这离不开政策的持续发力。根据近十年中国农村贫困监测数据显示，“每年贫困人口中约有三分之二在下一年会脱贫，同样下一年的贫困人口约有三分之二是新返贫的人口”，因此要高位谋划巩固脱贫成效的政策，从战略高度建立防范返贫机制，充分认识巩固拓展脱贫攻坚成果的重要性和紧迫性，全面落实党中央、国务院关于脱贫攻坚三年行动决策部署，把稳定脱贫防止返贫摆上更加重要的位置，精锐出战、攻坚克难，确保低收入人口“一人不少、一户不落”地同步进入小康社会。

习近平总书记关于扶贫工作重要论述是我国当前和今后一个时期关于贫困治理的思想引领，其生成的理论基础是“共同富裕”根本原则，现实基础是“全面建成小康社会”宏伟目标。循化县以习近平新时代中国特色社会主义思想为指引，全面贯彻党的十九届二中全会、三中全会精神和习近平总书记关于扶贫工作的重要论述，深入贯彻落实党中央、国务院关于脱贫攻坚的决策部署，全面把握“四个扎扎实实”重大要求，着力推进“四个转变”，充分认识脱贫攻坚工作的重要性，坚持精准扶贫、精准脱贫基本方略，以巩固提升脱贫攻坚成果为重点，以扶贫领域作风问题专项治理

为抓手，以提高脱贫攻坚实效为导向，以实现稳定可持续脱贫、经得起实践和历史检验为工作目标，以部门参与、协同发力为主要发力点，强化政策支持，完善措施办法，狠抓脱贫工作措施不减力、扭住农民增收这个重点不动摇，注重开发式与保障性扶贫并重，凝聚合力，克难攻坚，多措并举巩固拓展脱贫攻坚成果、提升脱贫质量，为全面建成小康社会奠定坚实基础。

二、循化县巩固拓展脱贫攻坚成效实践探索的基本原则

按照《循化撒拉族自治县“十三五”脱贫攻坚规划》确定的基本原则，围绕“脱贫巩固提升”的目标，更加注重精准落地，更加注重综合施策，更加注重激发内生动力，更加注重脱贫质量，做到聚焦脱贫巩固目标到位、思想认识到位、政策保障到位、资金投入到位、产业带动到位、项目安排到位、民生服务到位、社会帮扶到位、责任落实到位。其基本原则有如下七个方面。

（一）坚持党的领导，延续完善体制机制

党的十八大以来，党和政府把扶贫开发纳入国家总体发展战略，不断出台有利于贫困地区和贫困人口发展的政策，针对不同人群组织实施扶贫发展规划。循化县减贫工作之所以能取得今日的成就，离不开一个根本核心：坚持中国共产党的领导。实践也证明“中央统筹、省总负责、市县抓落实”的管理体制，充分发挥县委、县政府总览全局、协调各方的领导核心作用，严格执行脱贫攻坚一把手负责制是行之有效的。同时，更加注重强化基层帮扶力量，夯实基层基础；充分发挥政治优势和制度优势，充分发挥考核评估、督查巡查、督查问责作用，层层传导压力，确保党中央决策部署得到贯彻落实。

（二）坚持脱贫巩固与乡村振兴战略相结合，夯实全面建成小康社会基础

循化县在巩固拓展脱贫攻坚成果工作中，全面落实脱贫巩固与乡村振兴战略相结合的理念，着眼实现“两个一百年”奋斗目标，深刻把握现代化建设新规律和城乡关系变化新特征，顺应农牧民对美好生活新期待，以乡村振兴战略思路开创脱贫攻坚新局面，以坚决打赢脱贫攻坚战夯实乡村振兴战略实施基础，做好脱贫攻坚战与乡村振兴战略的有机衔接。总体上坚持稳中求进的工作总基调，牢固树立新发展理念，落实高质量发展的要求；坚持产业优先，统筹推进生活环境、生态文明、生活富裕建设，让农村成为安居乐业的美丽家园。

（三）坚持精准扶贫、精准脱贫，巩固提升扶贫成效

循化县在巩固拓展脱贫攻坚成果政策的设计中，坚持以“六个精准”统领脱贫攻坚工作，做到扶真贫、真扶贫、真脱贫；强化精准识别，严把贫困人口关，摸清底数，保证不落一个贫困户；强化精准施策，坚持“一户一策”，为贫困户量身定制扶贫措施；强化精准退出，通过建立规范透明的贫困退出机制，组织“回头看”活动，确保扶贫成果经得起检验；切实提高已取得扶贫成果的可持续性，让现有贫困人口尽快脱贫，让全县农牧民群众真正得到实惠，加快奔小康的步伐。

（四）坚持保护生态，绿色发展

生态优先、绿色发展是实现从依靠人口、资源等传统要素发展向绿色发展的根本性转变，既是实现可持续发展的迫切需要，也是提高区域竞争力的现实需要。循化县结合独特的地理生态条件大力推动“生态林业、民生林业、产业林业”建设，推动生态保护与群众增收的协同发展；在坚持保护生态，绿色发展的工作中，循化县认真学习领会习近平生态文明思想，坚定不移走生态优先、绿色发展新道路，开创美丽循化建设新局面，

牢固树立“绿水青山就是金山银山”的发展理念。脱贫巩固不能以牺牲生态为代价，把生态环境保护摆在更加重要和优先的位置，探索生态致富新路子，让群众从生态建设与修复中得到更多实惠。

（五）坚持群众主体，激发内生动力

脱贫攻坚，群众动力是基础。必须坚持依靠人民群众，充分调动贫困群众积极性、主动性、创造性，坚持扶贫和扶志、扶智相结合，处理好国家、社会帮扶和自身努力的关系，培育贫困群众依靠自力更生实现脱贫致富意识，发扬自力更生、艰苦奋斗、勤劳致富精神，充分调动全县干部群众的积极性和创造性；培养贫困群众发展生产和务工经商技能，组织、引导、支持贫困群众用自己的辛勤劳动实现脱贫致富，用人民群众的内生动力支撑脱贫攻坚，对现有贫困群众由偏重“输血”向注重“造血”转变，增强贫困人口自我发展能力。

（六）坚持社会稳定，建设文明乡村

循化县在脱贫攻坚巩固期间，以建设和谐社会为基础，加强农村基层党组织建设，深化村民自治实践，建设法治乡村，全面提升乡村德治水平，建设平安乡村；广泛开展文明村镇、星级文明户、文明家庭的群众性精神文明创建活动；全面提升农牧民精神风貌，通过弘扬传统优秀民族文化，培育文明乡风、良好家风、淳朴民风，不断提高乡村社会文明程度。

（七）坚持扶贫政策的连续性，确保扶贫对象不落人

在脱贫攻坚巩固期间，循化县坚持国家脱贫攻坚各项政策不变，继续筛查全部农村人口，做到返贫人口不落一人；严格落实扶贫政策，以“两不愁三保障”为目标，根据贫困户致贫原因，具体问题具体分析，因户施策，做到全员收益、全员脱贫，不落一人；持续做好宣传工作，形成脱贫攻坚战的浓厚氛围，增强全社会共识，激发群众脱贫致富的内生动力；夯实领导责任，实现各项政策在“最后一公里”落地，完善扶贫机制，形成

合力。打赢脱贫攻坚战役不是一朝一夕之功，确保扶贫政策的连续性，巩固拓展脱贫攻坚成果，实现脱贫后的可持续发展。

第二节　循化县巩固脱贫成效的目标设定与具体举措

一、循化县巩固脱贫成效的目标设定

循化县根据党的十九大提出的全面建成小康社会精神，全面贯彻落实中共中央、国务院《关于实施乡村振兴战略的意见》的部署，继续把脱贫攻坚作为最大的政治任务和第一民生工程，坚持做到一切以脱贫攻坚为目标，一切围绕脱贫成果下功夫，以最优的资源、最强的力量向扶贫一线倾斜。通过专项资金的内部配置和行业部门的外部整合，建立并完善专项扶贫、行业扶贫、社会扶贫“三位一体”的大扶贫格局，在取得现有脱贫攻坚阶段性胜利的基础上，为巩固脱贫攻坚成果以及实施乡村振兴战略制定制度框架和政策体系。

总的来说，要持续增加全县农牧区困难群众（包括已脱贫的建档立卡贫困户、贫困边缘户）的收入，激发群众内生动力，探寻持续稳定增收之路，缩小城乡居民生活水平差距，使农村人口全面同步走向小康生活。其中包括农村基础设施建设继续朝着纵深推进，加大基础设施投资，持续改善农村人居生态环境，继续扎实推进美丽宜居乡村建设；进一步加强以党组织为核心的农村基层组织建设，推动农村基层党建水平持续提升，强化基层党组织的领导核心，进一步完善乡村治理体系；进一步健全党的农村工作领导体制机制；构建起稳定增收机制，扶持发展增收产业，提高贫困户的自我发展能力，坚决破除“等靠要”思想，正确引导、科学帮扶。通过多措并举，持续巩固实现农村贫困和已脱贫的人口“两不愁三保

障”，牢牢抓住“一个核心”、坚持“三个不变”、实现“六大突破”、达到“五个提升”。“一个核心”就是持续增加全县农牧区困难群众（年收入在4000元以下的群众）收入这一核心，确保脱贫人口年人均可支配收入达到国家脱贫标准；“三个不变”即保持领导力量不变，保持包抓责任不变、保持帮扶机制不变；“六大突破”即在生态扶贫建设、金融扶贫支撑、优势产业培育、公共服务提升、基础设施建设、健康扶贫落实上实现突破；“五个提升”是指全县贫困和脱贫人口生活水平明显提升、社会化服务水平明显提升、生态环境建设水平明显提升、城乡统筹一体化明显提升以及县域综合经济实力明显提升。立足于实践经验，循化县巩固拓展脱贫攻坚成果、防止返贫现象发生的工作目标是：

（一）进一步改进基础设施

进一步改善已经脱贫群众的居住条件，实施农村饮水安全巩固提升，进一步提高农村集中供水率、供水保证率、水质达标率，促进城乡公共服务均等化，进一步提高安全用水率；农村公路服务水平上新台阶，重点集镇通达公交客运、出租客运，农村公路网结构明显优化，质量明显提升，提升路况质量和服务水平，推进农村公路养护工作全面健康可持续发展，能够适应全面建成小康社会和新型城镇化的要求，贫困村的道路硬化率要达到100%，全县行政村道路通畅率要达到100%；进一步提升农村电网供电保障能力，进一步统筹城乡电网发展，消除电网发展短板，全面提升农村电网供电能力和服务水平，建成供电保障能力强、运行可靠性高的现代农村电网，为全面建成小康社会提供坚强的电力保障。

（二）进一步完善基本公共服务

推动15年免费教育（学前三年、义务教育九年、高中三年）政策全面覆盖，完善学前教育、义务教育、高中阶段教育的资助政策。争取到2020年，学前三年毛入园率达到81%、学前一年毛入园率达到98.8%，学前三年阶段人口在20人以上的村要实现学前教育全覆盖，县域义务教育均衡发展。

在实现村级卫生室建设全覆盖的前提下，以村级卫生“四室”（诊断室、治疗室、药房、预防保健室）为标准进一步规范村级卫生室，实现村卫生室和乡村医生资质合法化、乡村管理一体化、考核制度化及服务规范化。全面落实医药卫生体制改革各项惠民便民举措，推进县乡村医疗场所标准化建设，加快推进健康循化建设进程，努力减轻城乡居民看病就医负担.以城乡居民基本医疗保险工作提高管理水平为目标，不断创新机制，提高服务质量，逐步构建城乡居民医疗保障体系，提升城乡居民健康水平，形成健全的医疗卫生保健网，使群众看病真正做到“小病不出村，大病不出乡，重病不出县，就医在身边”。

健全乡村公共文化服务体系，实现乡村两级公共文化服务全覆盖，提升服务效能。加快对已建成的村级文化场所进行设施完善，必要的进行升级改造，同时完成农村数字广播电视覆盖、农家书屋提档升级、文化惠民、文化文物遗产保护、农村文化人才培训“五大文化工程”目标任务。

完善社会救助体系，以保障城乡困难群众基本生活为重点，全面开展社会救助精准兜底保障年活动，提高城乡低保、特困人员救助供养、医疗救助、临时救助的水平，深入推进农村低保制度与脱贫攻坚政策有效衔接，进一步健全完善城乡社会救助体系，严把社会救助工作质量关，切实发挥社会救助兜底保障作用，不断推进全县社会救助工作的整体水平。

（三）进一步推动产业发展

稳定发展增收产业，促进多渠道增收是循化县产业持续发展的重点。坚持新的发展理念，以调整结构、转变经济发展方式为主线，突出抓好现代农牧业，进一步实施好“菜篮子”工程，使全县农牧业生产结构进一步优化，自主创新能力进一步提高，科技实力和综合生产能力进一步增强，农牧业生产实现向技术集约型、资源高效利用型、环境友好型转变。坚持生态保护优先，坚持推进绿色发展，从保障生态安全战略出发，因地制宜，优化产业结构。养殖业绿色健康发展，坚持“特色、优质、高效、安全、生态”发展理念，进一步调整优化养殖产业布局，全力推进畜禽禁养限养区规划的实施。

巩固提高种植业增收，发展项目以杂交油菜、地膜洋芋、中药材等为重点，继续做大“一核两椒”产业，坚持因地制宜，做强做大致富产业。大力发展生态养殖业，以山区优势资源为依托，鼓励发展草食动物舍饲养殖和生态养殖。鼓励开展从事农产品加工来增收，通过农产品初加工，实现增值增收的效果。积极开展农产品电商活动，通过网络销售来做大做强民族特色农产品。着力推进农畜产品品牌建设，培植壮大农业龙头企业，坚持示范带动，有序推进。鼓励龙头企业、合作社、家庭农场、种养大户通过品牌嫁接、资本运作、产业延伸等方式，开展跨区域、跨产业的联合共进，打造“龙头企业 + 合作社 + 家庭农场 (大户)”“公司 + 农民专业合作社 + 家庭农牧场 + 小农户”等经营模式，延伸产业链，发挥比较优势，实现各类主体融合发展。

全面建设乡村旅游，大力实施“旅游立县”战略。依托丰富的黄河资源，不断加大黄河水资源保护及开发利用，让旅游业朝着“发展提速、服务提升、比重提高”的方向发展。严格遵循《循化撒拉族自治县旅游发展总体规划》《循化撒拉族自治县全域旅游发展规划》《循化撒拉族自治县乡村旅游发展规划》等具有前瞻性的战略规划，使全县旅游产业的开发有章可循。在科学规划的基础上，着力打造以黄河水资源利用为主的生态景观旅游产品，以撒拉族、藏族民俗风情和红色文化资源为主的特色文化体验旅游产品。合理整合当地旅游资源，将县域内多个旅游景区有机串联，以点带面，全域推进。在充分挖掘景区特色的同时，持续不断地创新旅游宣传推介措施，以大型节庆活动为依托，加大全县特色旅游产业的宣传推广力度，大力营造黄河文化与民族文化氛围，实现以节造势、以节聚客、以节生财。大力发展全县住宿餐饮、黄河水上库区运输游乐、旅游纪念品加工销售为主的旅游服务实体业。在巩固“一核两椒”土特产品、撒拉族服饰、民族刺绣、黄河石画等特色旅游纪念品研发力度及生产规模的基础上，制定更加积极的扶持措施。准确把握旅游产业的发展规律，将循化撒拉族自治县旅游产业打造成为脱贫巩固期间带动群众持续增收的主要产业。

（四）进一步加强生态改善

全县增强做好生态环保工作的责任感和紧迫感，统一思想，提高认识，贯彻落实习近平总书记提出的“绿水青山就是金山银山”“像保护眼睛一样保护生态环境”“像对待生命一样对待生态环境”“扎扎实实推进生态环境保护”的重要指示精神，始终坚持生态优先主基调、绿色发展主战略，并按照标本兼治、综合治理、预防为主、防治结合的工作思路，不断加强环境保护，推进生态文明建设，扎实开展突出环境问题专项整治工作，全县生态环境持续改善。不断深化“天空保蓝、山川增绿、黄河还清、城乡添景”的共识，坚决摒弃以损害和牺牲生态环境换取一时一地经济增长的发展模式，狠抓生态领域改革、重大生态工程和环境整治，保持严厉打击环境违法违规行为的高压态势，着力打造黄河上游生态宜居、环境优美的“撒拉族绿色家园”①。

全面推进大气污染防治工作，确保天更蓝。严格执行国家和省市淘汰落后产能政策，对落后的工业生产企业要依法强制关停，督促工业企业配套实施粪污储存场、渗滤液收集池和沼气池，有效防止重大工业项目污

① 循化撒拉族自治县人民政府：《2018年循化撒拉族自治县生态环境保护工作综述》，调研内部资料。

染，建立健全企业规范准入机制，落实生态恢复保证金制度，守住资源利用上线。健全完善煤炭经营市场管理机制，依法取缔无照经营、零散经营、防尘设施不齐全、煤炭质量不达标等不合格煤炭经营场所，扎实推动"煤改气"进程，全面落实建筑施工场地"5个100%"控尘措施，加大城区道路洒水降尘频次，使扬尘治理工作日趋制度化、规范化。着力规范饮食油烟排放，同步整治夜市露天烧烤现象，加强对机动车的尾气检测和政策引导，逐步上线高安全、低能耗、低污染的环保节能型纯电动公交车取代老款公交车。

深入开展水污染防治工作，确保水更清。全面推行"河长制"，压紧压实96公里流域总河长、分段河长责任、任务和措施，进一步完善"上下游共治、左右岸同治、多部门联治、全社会群治"的河流管理保护机制。综合运用法律、宣传、教育、行政强制执行等多种手段，对无视河道安全、违法违规侵占挤占河道、乱采乱挖黄河干流支流的砂石料场进行持续整治。坚持标本兼治的措施，切实强化巡察、依法整治和规范管理，全面停止冷水养殖新上项目的审批，坚持畜牧养殖"进沟上山"，严格划定沿黄畜禽限养区、禁养区，严把环评审批关。同时，不断加大城乡排污设施建设，加快推进排污管网建设项目和污水处理厂建设项目，达到全县生活污水全收集、全处理，确保"一河清水出县"。

持续开展生态建设与恢复治理工作，确保地更绿。坚持生态造林"下山、进川、入城"思路，大力实施"绿色城乡、绿色通道、绿色河流、绿色屏障、绿色矿山、金山银山"六大工程，不断厚植生态底色，释放生态效应。建立健全城乡环境卫生综合整治长效机制，充分发挥循化撒拉族自治县城镇管理委员会、县农村环境卫生综合整治领导小组和督查组的作用，强化环境卫生整治网格化、属地化管理，细分工作责任段、细化工作时间段、落实工作责任。建立健全完善县、乡、村三级环境保护"网格化”监管体系和执纪执法问责机制、项目前置审查程序，严把新建项目环境保护准入关和选址审查关，严厉打击生态环保违法违规行为，重点强化对河道、矿山和重点排污企业、重大项目工程及未批先建等问题的日常监督检查。

二、循化县巩固脱贫成效的具体举措

（一）以巩固政策为基本原则确保政策不变力度不减

延续脱贫政策是防止返贫、巩固拓展脱贫攻坚成果的重要保障。中共中央办公厅、国务院办公厅印发了《关于建立贫困退出机制的意见》(以下简称《意见》)，明确坚持正向激励，《意见》明确提出贫困人口、贫困村、贫困县退出后，在一定时期内国家原有扶贫政策保持不变，支持力度不减，留出缓冲期，确保实现稳定脱贫。时任国务院扶贫办主任刘永富在新华网、中国政府网《部长之声》栏目中谈到，脱贫不容易，防止返贫也不容易，脱贫以后，我们的政策不能立马就取消。在脱贫攻坚期内所有的扶贫政策都不能变，要扶上马，送一程。为巩固脱贫攻坚成果，提升脱贫攻坚质量，实现稳定可持续脱贫，让贫困群众有更多的获得感，脱贫成果经得起实践和历史的检验，青海省认真贯彻落实中央关于巩固扶贫的决策部署，制定出台《关于加强后续扶持巩固拓展脱贫攻坚成果的意见》，明确了在脱贫攻坚期内贫困县摘帽、贫困村退出、贫困户脱贫后的扶持政策。循化县认真贯彻落实省委省政府《关于加强后续扶持巩固拓展脱贫攻坚成果的意见》，高位谋划制订县级后三年巩固提高工作方案，以巩固政策为基本原则确保脱贫攻坚期间内，扶贫政策不变、力度不减。

1. 支持退出村提升发展水平

统筹整合财政涉农资金和其他相关行业部门资金，结合美丽乡村建设等，加大对退出村水、电、路、网等基础设施和教育、文化、医疗、卫生等公共服务的投入力度，实施巩固提升工程，持续改善发展条件；持续加强村“两委”班子建设、致富带头人培训等工作，提升带动能力；脱贫攻坚期内，联村帮扶双方继续保留结对关系，贫困村退出后第一书记和驻村工作队不得撤离，帮扶力度不能削弱。

2. 扶持脱贫户持续稳定脱贫

在脱贫攻坚期内，对脱贫户继续跟进落实有关脱贫攻坚惠民政策，实现有质量、可持续的脱贫。

（1）资产收益。对以各类扶贫资金项目实施采取资产收益扶贫模式形成的资产，实行动态管理，折股量化的受益权同步落实分配给退出村和脱贫户，优先分配给无劳动能力的低保兜底户、有重大疾病患者家庭、残疾人家庭等特殊困难户；资产收益扶贫项目继续吸纳本地脱贫户劳动力就业，帮助有劳动能力的脱贫户通过就业稳定增收。

（2）就业培训。脱贫攻坚期内，脱贫户继续享受“雨露计划”短期技能培训等相关政策，根据个人意愿和需求，同步进行技能培训，提升就业能力。

（3）教育扶贫。脱贫攻坚期内，脱贫户子女继续享受15年免费教育。对脱贫户家庭在校就读的大中专、中高职学生和新考入的大学生、中高职学生按现有政策给予补助，直至完成学业。

（4）生态脱贫。脱贫攻坚期内，继续保留对脱贫户安排的生态公益管护岗位，享受与贫困人口同等工资待遇。

（5）健康扶贫。在健康扶贫工作中，全面落实“‘三个一批’行动方案”，县(区)内住院实行“先住院，后付费”，出院即时结报制度；对脱贫户继续执行相关医疗扶贫政策，脱贫户医疗救助可根据实际情况分别纳入重点、低收入或支出性贫困医疗救助范围。

（6）低保兜底。按照民政部、国务院扶贫办印发的《关于进一步加强农村最低生活保障制度与扶贫开发政策有效衔接的通知》要求，对于收入水平已超过扶贫标准但仍低于低保标准的，宣布脱贫后继续享受低保政策，做到“脱贫不脱保”；对实现就业的低保对象，可通过“救助渐退”等措施，增强其就业稳定性；对实现脱贫的残疾贫困人口，可根据各地区实际情况，继续享受1年的低保救助；对因遭急难事导致短期生活困难的脱贫户，及时给予临时救助和医疗救助，对救助后仍不能解决的长期性困难，按程序重新审核审批纳入低保制度范围。

（7）金融扶贫。脱贫攻坚期内，对脱贫户继续执行“530”扶贫小额信贷政策，给予“5万元以下、3年以内、基准利率贴息，免抵押、免担保”金融扶贫政策支持；按照每带动1户脱贫户给予10万元贷款的标准，给予辐射带动脱贫户发展产业能力强、已形成一定产业规模的各类经济组织累计贴息政策支持，按银行基准利率全额贴息。

（8）结对帮扶。脱贫攻坚期内，党员干部继续保持联户帮扶关系，着力巩固脱贫成效。

（二）以分类施策为手段坚持精准帮扶

2012年，习近平总书记在河北阜平调研时就提出了扶贫开发要坚持因地制宜、科学规划、分类指导、因势利导的思路。2013年11月，习近平总书记在湘西考察时就扶贫工作做出了“实事求是、因地制宜、分类指导、精准扶贫”的指示，从而提出了“精准扶贫”方略。其中，分类指导是精准扶贫战略的重要组成部分。从研究的角度，可以把“分类指导”及以后提出的“分类施策”“分类帮扶”等要求及相关阐释统称为“分类管理”，对于精准扶贫实践具有重要的指导意义。

分类施策是精准扶贫政策体系中的关键一环，其针对的正是传统扶贫方式的“普惠式”“大水漫灌式”的缺陷。习近平总书记在出席2015年减贫与发展高层论坛时发表的《携手消除贫困促进共同发展》的演讲中提出："我们坚持分类施策，因人因地施策，因贫困原因施策，因贫困类型施策。"国务院2016年印发的《"十三五"脱贫攻坚规划》和2018年发布的《中共中央　国务院关于实施乡村振兴战略的意见》等文件，都提到了我国精准扶贫要"分类施策"。分类施策是指因人因地施策、因贫困原因施策、因贫困类型施策的政策体系，要在对相应地区每一个贫困人口的贫困状况和致贫原因进行精准识别后，通过分析和概括，对贫困人口及致贫原因进行归类管理，针对不同类型的贫困人口施以不同类型的政策措施。贫困的成因具有综合性和复杂性的特征。有效的贫困治理，意味着避免资源错配，增进国家减贫政策供给对于贫困社区和贫困农户差异化需求的回应能力。在习近平总书记关于扶贫工作重要论述指导下，新一轮国家贫困治理体系在顶层设计层面破解了长期制约国家减贫行动中的"资源错配"问题。精准扶贫，要聚焦脱贫致富的瓶颈制约，有针对性地制定扶持措施，解决关键问题。精准帮扶不能千篇一律，要从各乡镇实际出发，按照"一村一策、一户一法"原则，针对贫困村户不同情况，确定扶贫项目，精准施策、精准发力，循化县采取了多方面的举措：

1. 现代农业为精准扶贫"奠基础"

循化县委、县政府与时俱进，始终将发展特色农牧业作为促进农村经济发展、农牧民增收的主导产业，打造"一核两椒"品牌建设特色农业产业带成效显著。进入新时期，循化县紧紧抓住"一带一路"倡议和国家扶持人口较少民族发展的政策机遇，大力实施乡村振兴战略，深入推进农业供给侧结构性改革，着力提升现代农业发展水平，激活农业产业发展要素，加快推动乡村产业振兴，加快建设环境好、产业优、人民富的美丽乡村，提升现代农业发展水平，促进农业经济的快速发展和农民持续稳定增收。

循化县立足资源优势，鼓励扶持贫困群众大力发展以优质核桃、花椒、梨枣为主的特色经济林产业，有效加快了贫困群众脱贫致富步伐。一方面，按照“布局区域化、基地规模化、生产标准化、经营产业化、产品品牌化”的发展思路，以“黄河彩篮”现代“菜篮子”生产示范基地为引领，持续推进“一核两椒”特色种植业；另一方面，大力实施畜牧业“两区五带”工程，鼓励和扶持发展多种形式的适度规模经营，重点扶持白庄养殖园区等养殖基地建设，同时，依托丰富的水域资源优势，扶持发展库区水产养殖。

2. 民族工业为精准扶贫“增动力”

循化县牢固树立绿色、循环、低碳理念，秉持“高新轻优”发展定位，以清真食品(民族用品)产业园区为载体，大力发展民族工业，全县工业经济发展呈现出规模扩大、效益提高、后劲增强的良好态势。

循化县根据青海省清真产业总体发展形势及循化清真产业具备的发展环境和区域优势条件，高标准编制完成了园区总体规划，计划分清真食品加工区、民族用品加工区、农畜产品加工区、文化与旅游用品加工区、现代物流与信息产业区、小微企业创业园六个片区建设，逐步发展成为全省最重要的清真产业发展基地和全省融入新丝绸之路经济带的重要载体。同时，明确了产业园将以清真食品加工及民族用品加工为主导产业，旅游文化用品加工及农畜产品加工为辅助产业的定位，提出了将园区建成全省乃至全国清真食品及民族用品生产加工主要基地和外贸出口示范基地的目标，进一步明晰了园区的功能定位及产业布局。在此基础上，加快推进园区土地储备、规划编制、项目建设、企业入驻等工作，重点实施了园区路网、污水管网、防洪设施等基础设施建设及小微企业创业园标准化厂房和行政服务中心等项目建设，切实增强了园区承载能力和生产配套能力，也为加快推进园区产业集聚创造了良好条件。

3. 特色旅游为精准扶贫“打基底”

循化县依托丰富的自然文化资源和独特的气候资源优势，大力实施“旅游立县”战略，倾力打造中国撒拉族绿色家园5A级景区和国家级休闲旅游度假区，开发撒拉族、藏族民俗风情体验和红色文化体验等特色旅游资源，推动乡村旅游业加快发展，帮助贫困群众就近就业实现增收。立足民族文化独特及旅游资源富集的优势，把旅游业作为带动群众增收致富的支柱产业来培育和打造，通过专业合作社、能人大户、旅游企业带动等模式，实施了撒拉尔故里、十世班禅大师故居、德林撒拉乡村文化体验等5个旅游扶贫产业园区建设项目和街子上坊村、查汗都斯红光村等12个乡村旅游扶贫项目，初步建立了户有增收项目、村有集体经济、县有扶贫产业园的“三位一体”产业扶贫格局，相继打造出三兰巴海撒拉人家、红光村红色文化、乙日亥花海基地、孟达山万亩油菜花、下滩果品采摘基地等乡村旅游景点，串点成线、连线成片，着力构建全域景区、全民旅游格局。特别是把以“农家乐”为主体的乡村旅游业作为贫困群众脱贫致富的重要途径，鼓励和引导农户大力发展集观光、采摘、餐饮、文化、休闲娱乐和农事体验为一体的“农家乐”旅游项目，努力把乡村旅游打造成特色鲜明、吸引力强、带动作用大的富民产业。

循化县查汗都斯乡红光上村、街子镇上房村和清水乡塔沙坡村旅游扶贫项目采取合作经营方式，将各村项目户的200万元资金投入专业合作社，由专业合作社负责统一管理和经营，每年按照项目户投资额的10%左右利润返还，结成联股、联心、联利的共同体。同时，采取龙头企业带动方式，每年按照项目户投资额的10%左右进行利润返还，村委会代表项目户对龙头企业建设和运营进行监督，维护群众投资利益，保障贫困户就业增收。

4. 劳务经济为精准扶贫“筑堡垒”

劳务输出、就业扶贫是群众最直接最有效的增收方式。循化县加大劳务输出力度，促进贫困劳动力转移就业，全方位宣传就业惠民政策，开展到乡村送政策、送培训、送岗位，掀起就业脱贫氛围；多渠道收集用工信息，加强与省外、省内用工企业的劳务输出协作，满足各类贫困劳动力就业择业需求；注重做好贫困劳动力扶志转勤工作，激励贫困劳动力转移就业。充分调动和发挥各方面的积极因素，实现农牧区的劳动力特别是精准贫困劳动力的转移就业。

公益性岗位开发作为一项民生工程，是一项针对城镇就业困难人员的就业援助政策，通过政府购买服务安置解决城镇就业困难人员的就业问题。循化县大力开展公益性岗位开发工作，为加大对就业困难人员再就业的援助力度，便于开展乡村精准扶贫工作，按照《青海省转移就业脱贫攻坚行动计划》文件精神，在全县精准贫困村和乡镇各安排了公益性岗位，岗位补贴及社会保险补贴等费用均由就业局承担，此举将有劳动能力的建档立卡贫困劳动者纳入公益性岗位的安置范围，切实帮助贫困户实现稳定就业，增加贫困户的收入，促进贫困户稳步脱贫。

强化就业技能培训，促进贫困劳动力掌握就业技能。按照青海省转移就业脱贫攻坚行动计划，循化县在 2016 年、2017 年两年，开展了 80 期 3901 人的技能培训，其中贫困村未就业劳动力技能培训 991 人（精准扶贫对象 345 人），超额完成了各项培训指标。培训内容涵盖汽车驾驶，拉面 + 创业，农家乐经营，烹饪，刺绣，挖掘机、装载机驾驶等 12 个工种，基本满足了贫困劳动力特别是精准贫困群众对技能培训学习的需求，有力促进了贫困人员的转移就业。

循化县全力做好“拉面经济”升级版，助推精准扶贫工作。按照增加总量、扩大规模和提档升级、提质增效并举的发展路子，大力培植有能力的劳动力开展拉面馆经营；在全国范围的餐饮行业中开展了“守法经营好、文明经营好、环境卫生好、优质服务好、诚实守信好”的撒拉人家“五好”经营户创建活动；继续推广和打造“撒拉人家”餐饮品牌，做大做强“拉面经济”，引导更多的人走出去开办新的拉面馆，扩大“拉面经济”的总量；培育餐饮龙头企业，为品牌连锁经营打基础，在全国范围内确定部分拉面馆作为提档升级的示范店，予以重点推介。

（三）以防范返贫为重点构筑保障与服务体系

社会保障是巩固脱贫成效工作中的重要内容，对促进贫困人口持续增收、稳定脱贫具有重要意义。循化县始终坚持民生为本，筑牢民生底线，增强群众美好生活获得感，社保相关部门全面贯彻落实中央扶贫部署，坚持精准扶贫、精准脱贫基本方略，针对贫困人口进行高位统筹、多措并举，建立健全保障与服务体系。

1. 优化农村社会保障体系构筑农村社会安全网

社会保险与商业保险互补。充分发挥现行社会化保险政策作用，完善并落实社会保险扶贫政策，提升社会保险扶贫经办水平，助力参保贫困人员精准脱贫。贫困地区现有的社会保险制度主要有新农保、新农合两项制度，失业保险、生育保险、工伤保险制度并未涉及，其中新农保、新农合分别在养老和医疗方面减轻了贫困人群的经济负担。加强“两费”收缴工作的指导和督促、按时足额落实社保各项待遇是巩固脱贫的主要工作任务。研究表明，保险尤其是商业保险在助力脱贫中发挥着重要作用。向穷人提供保险，能够满足其信贷和储蓄需求，构建全面防范风险的制度基石[①]。循化撒拉族自治县积极探索出“保险＋扶贫”模式，其中商业保险在脱贫工作中发挥着重要兜底作用。我国商业保险在扶贫工作中创新并重构

① 马振涛：《保险扶贫：内在机理、工具构成及价值属性》，《西南金融》2018年第10期，第24—29页。

了社会安全网，得到了学界和政府的广泛关注。在接下来的巩固脱贫工作中，利用慈善组织和社会帮扶的资金扶持，投入保险扶贫，由政府主导为贫困群体购买商业保险编织一道保障线不失为一项智举。总而言之，社会保险与商业保险的互补有助于构建以防返贫为重点的农村社会保障体系，提升贫困人群抗风险能力，促进自身发展。

发展型社会救助的战略创新。总体而言，以最低生活保障为核心的农村社会救助体系，在缓解贫困方面发挥了重要作用。农村社会保障尤其是低保制度在精准扶贫过程中发挥着兜底作用，能够有效巩固脱贫成果。但是，低保制度也存在一定的弊端，主要体现在对救助对象的发展影响不足，因此，应广泛借鉴国内外相关经验，积极创新发展型社会救助以应对贫困问题。发展型社会救助，是指从救助设计以及救助结果上增加受救助对象的自我发展能力，包括提高受救助对象自我发展能力、提升救助对象的人力资本、改善救助对象的发展环境、促进救助对象的社会融合、降低救助对象的各种风险，最终表现为提高救助对象的社会适应能力和从市场获得报酬的能力。一方面，确保农村最低生活保障对象的精准识别，稳定农村最低生活保障制度。在救助对象的识别上，应当做好识别工作，确保农村弱势群体的“应保尽保”。在保障水平方面，提出要坚持该制度的最低需求保障性质，即“两不愁”（不愁吃、不愁穿），救助对象的其他需求需靠其他专项救助来解决，以鼓励有劳动能力的救助对象积极就业。另一方面，在巩固脱贫过程中循化县积极运用公益性岗位、以工代赈等措施鼓励救助对象通过就业换取救助，避免“等靠要”思想产生，激发自力更生、艰苦奋斗发展意识。

2. 保持基本公共服务均等化助力农村多元发展

基本公共服务均等化对降低贫困发生率、激发贫困人群的自我脱贫内生动力和可行能力有显著作用。其中公共教育的发展和农村卫生健康问题关系重大，引起循化县政府的高度重视。

优先发展公共教育。教育在精准扶贫精准脱贫中具有先导性、全局性和持续性作用。发展教育是“治愚”和“扶智”的根本手段，通过教育来提升劳动者的综合素质和能力、促进贫困人口就业本领，能够有效阻断贫困的代际传递。虽然循化县在扶贫脱贫过程中高度重视教育并取得了明显成效，但部分贫困村级学校基础设施较为薄弱、设备相对匮乏，且学校教师素质与城市相比差距悬殊等问题不容忽视。循化县在2018—2020年巩固脱贫工作计划中明确表示要优先发展公共教育，贯彻落实“扶智”又“扶志”的工作目标。一是加大投入，彻底改变贫困地区学校办学条件。扎实推进实施“全面改善贫困地区义务教育薄弱学校基本办学条件”项目，加快义务教育学校标准化建设。二是合理配置教师资源，实行城乡教师合理流动到贫困地区支教等政策，重点向贫困村庄小规模学校倾斜。三是大力建设一批标准化寄宿制学校。提高家庭经济困难寄宿生生活费补助标准，降低学生食宿等费用，从而减轻贫困家庭负担。大量劳动力的转移就业必然导致大量留守儿童的出现，寄宿制学校的建设对于解决留守儿童的教育问题显得极为迫切。四是在资助过程中重视情感交流、精神激励和心理关注，有助于贫困家庭子女的健康成长。

健全基本公共卫生服务体系。循化县卫生和计划生育局在健康扶贫后续巩固方案中提出，以农村贫困人口为主要对象，以实施健康脱贫攻坚“十大工程”为抓手，以健康扶贫“六减四优先十覆盖”“三个一批”为重点，着力提升农牧民医疗保障水平和卫生服务能力，让贫困地区农牧民“少得病、看得起病、看得上病、看得好病”，有效减少因病致贫、返贫存量，遏制增量，提高贫困村家庭健康和幸福指数。健全基本公共卫生服务体系，一是优化贫困地区基层公共卫生服务资源的配置与利用，重点完善贫困地区基本医疗、疾病预防控制、健康教育等体系；二是加大财政投入力度，改善贫困地区公共卫生服务机构医疗救助、疾病预防控制等基础设施，实现基本公共卫生服务的全覆盖；三是加快公共卫生服务人才队伍建设，着力培养一批服务于贫困地区基层医疗机构的全科医生，对长期在贫困村工作的乡村医生给予政策倾斜，改善其工作和生活条件。

（四）以激发群众主体动力为抓手推动乡村组织化进程

习近平总书记曾讲过，摆脱贫困首要的不是摆脱物质的贫困，而是摆脱意识和思路的贫困。扶贫必先扶智，治贫先治愚。贫穷不可怕，怕的是智力不足、头脑空空，怕的是知识匮乏、精神委顿。坚持扶贫和扶志、扶智相结合，正确处理外部帮扶和贫困群众自身努力关系，培育贫困群众依靠自力更生实现脱贫致富意识，培养贫困群众发展生产和务工经商技能，组织、引导、支持贫困群众用自己辛勤劳动实现脱贫致富，用人民群众的内生动力支撑脱贫攻坚。循化县作为全国首个少数民族区域性整体脱贫摘帽的县域，县委、县政府高度重视精神扶贫，贯彻落实习近平总书记“扶贫先扶志”“扶贫必扶智”的重要论述，把精准扶贫与扶志扶智结合起来，聚焦农村群众精神层面存在的突出问题，充分调动贫困群众自主脱贫的积极性、主动性和创造性，引导贫困群众大力弘扬自尊、自信、自强、自立的时代精神，树立自力更生、艰苦奋斗、战胜困难的信心和志气，激发摆脱贫困的内在动力，培育贫困群众发展生产和务工经商的基本技能，提高贫困群众自我发展能力，从思想上拔穷根，消除精神贫困，最终达到物质与精神共同富裕，物质文明与精神文明协调发展。

1. 特色鲜明的扶贫扶志模式

作为全国唯一的撒拉族自治县，县委、县政府坚持宗教中国化方向，坚持各民族团结，共同发展的理念，教育引导伊斯兰教提倡的爱国爱教、敬主爱人的根本宗旨，与国家法律法规、社会主义核心价值理念等完全融合。伊斯兰教宗教活动过程就是对信教群众思想教育过程。全县重点清真寺经常利用主麻日聚礼时机，通过讲“瓦尔兹”方式，对信教群众进行爱党爱国、遵纪守法、保护环境、控辍保学、精准扶贫等方面教育。查汗都斯乡红光清真寺依托宗教界爱国主义教育基地、红色教育实践基地优势，结合群众路线教育实践、“三严三实”专题教育、“两学一做”学习教育、“感恩政府、感恩社会、幸福生活来之不易”的教育，经常承担省内外宗教界人士、党员干部思想教育任务；广大信教群众围绕伊斯兰教义教规，对子女从小进行文明礼貌、讲卫生、讲团结、尊重别人等方面的思想教育。

2. 深入民心的移风易俗措施

针对存在的婚葬嫁娶高额支出等问题，县民宗局出台了《循化撒拉族自治县伊斯兰教领域移风易俗倡议书》《循化撒拉族自治县伊斯兰教领域移风易俗实施方案》。一是深化宣传教育工作，面向社会广泛深入开展移风易俗主题宣传活动。以乡镇为单位，以村(社区)为重点，采用多种形式，大力开展移风易俗宣传教育，通过印发《推动移风易俗树立文明新风倡导书》，加强对移风易俗宣传教育工作的指导。通过典型案例开展教育，增强农牧民群众参与移风易俗的自觉性、坚定性。充分发挥宗教界人士的积极作用，利用宗教界各项活动，进行移风易俗主题宣传，在倡导树新风、移风易俗、崇尚节俭、扶贫助困、民族团结、生态环保等方面做好思想引导工作。二是实现村(社区)红白理事会全覆盖，发挥群众组织推动移风易俗树立文明新风的积极作用。建立村(社区)红白理事会组织机构，坚持把政府推动与村民自治结合起来，在村“两委”积极推动下，发挥红白理事会在刹歪风、正民风方面的作用。村(社区)红白理事会成员由党员、村民代表选举，吸收本村德高望重的老党员、老干部、老教师和新乡贤参加。重视发挥宗教界人士和寺管会成员在红白理事会中的作用。制定红白理事会章程，明确组织形式、工作范围、操办事务等，做到易记易行。县财政将移风易俗工作经费列入年度财政预算，给予一定的宣传工作经费，对红白理事会成员及社会监督员给予一定补贴，确保红白理事会在农村地区叫得响、立得住、起作用。三是制定村规民约，有效遏制高价彩礼、婚丧喜庆大操大办等陋习蔓延。村（社区）在严格遵守县相关行业主管部门明确界定的婚丧喜庆事项基础上，按照乡（镇）推动移风易俗树立文明新风实施方案，召开党员和村民代表会议，依据当地社会经济发展和农民收入情况，共同商讨婚丧喜庆事项的操办规模和随礼标准等，形成“婚丧喜庆公约”，以村规民约形式公告乡邻，引导村民遵守。注重引导婚丧喜庆公约，柔性制定，充分尊重和听取群众意见。用村规民约填补制度漏洞，发挥其在社会治理中的积极作用，使之对陈规陋习具有刚性约束。[①]

3. “扶智”为本的教育扶贫策略

“扶贫先扶智”是习近平总书记新时期对坚决打好、打赢脱贫攻坚战的新论断之一。让贫困地区的孩子接受优质教育，是扶贫开发的一项重要决策。作为增强贫困人口自身发展能力的重要手段之一，循化县委、县政府高度重视教育工作，充分发挥教育在“后扶贫”时代所起到的重要作用，循化县以推进城乡教育均衡发展、办人民满意的教育为目标，以扩大普及成果、提升教学质量为工作重点，凝心聚力，开拓创新，艰苦奋斗，圆满完成了岗位目标各项任务，教育事业得到了长足发展，在巩固脱贫方面发挥了重要作用。主要做法是：一是狠抓“控辍保学”工作。循化县始终把提高普及程度作为发展教育事业的首要任务来抓，调整充实了县“控辍保学”工作领导小组和乡（镇）教育工作委员会。积极研究国家关于发展学前教育的相关政策，采取公办、民办、公建民营、公办民助和小学附设学前班等多种形式，努力扩大学前教育资源覆盖面。同时，积极争取政

---

① 部分资料来源于循化撒拉族自治县民宗局精神扶贫工作总结，调研内部资料。

府购买学前教育服务资金，有效调动了各幼儿园和广大教师的工作积极性，促进了学前教育的健康发展。克服高中办学资源紧张的困难，努力扩大普通高中招生规模。通过优化专业设置、加强特色专业等，进一步增强职业学校的吸引力。二是狠抓基础设施建设，努力改善办学条件。基础设施方面，全面完成了“十三五”教育项目建设规划编报及各年份续建项目，积极实施全面改薄，学前教育、职业学校、义务教育学校建设项目。大力投资学校设施设备，为多所学校配备了热水器，解决了学生的用水问题；安装采暖锅炉，对老旧取暖设施进行改造，充分保证了学校的教育教学活动；同时为全县中小学更新配置成套课桌椅，对学校食堂进行标准化改造，对特殊教育学校配置了全套康复设备。同时县财政投资为全县中小学配备了计算机教室，配置班班通设备；积极与县电信公司合作，实现了教学点 50 兆宽带网络校校通和完小以上学校 50 兆宽带网络班班通，教育信息化迈出了跨越性的一步。三是认真落实各项教育惠民政策，助推教育事业健康发展。循化县认真落实 15 年免费教育政策。在全面实行“两免一补”的基础上，对全县所有农村建档立卡贫困户和城镇低保户子女实行 15 年免费教育，全力帮助建档立卡贫困户家庭学生无障碍上学，确保其入学生活无忧，安心就读。认真落实营养膳食计划，县教育局按生均每日 4 元标准给全县农村牧区义务教育阶段学生提供营养午餐，用于提高供餐质量，改善贫困地区农村学前教育儿童营养健康水平。加大贫困生资助力度，积极做好助学贷款工作，每年为贫困大学生发放贫困助学贷款，争取中再公司贫困大学生资助资金，对每年考入本科院校的学生进行了一次性补助。同时，积极争取兴旺集团、嘉里集团郭氏基金会、共青圆梦、国酒茅台、彩票公益基金、雅居乐等各种社会救助资金，对成绩优秀或家庭经济困难的大学生、中小学生进行资助。[①]

纵看历史，撒拉族先民凭着坚定的信念。跋山涉水，历经千辛万苦到异域寻找乐土，在山大沟深、十年九旱的贫瘠土地上，在与周围强势民族的竞争中不仅没有迷失自己，反而从最初的几十人发展成为十六万之众，进而成为祖国民族大家庭中备受关注的一员。以出奇的意识觉醒和理念转换，触摸到了改革开放的历史先机，成功地搭上了通往彼岸的航船，成为市场经济大潮中勇立潮头的弄潮儿。“吃苦耐劳，敢于拼搏”的撒拉精神在脱贫攻坚中发挥了积极作用。勤劳勇敢的撒拉人对脱贫攻坚任务高度认同，将脱贫攻坚与县域发展相结合，无数撒拉人在脱贫工作中发扬着不怕苦不怕难的精神，广大党员干部能够深入一线、扎根一线，了解扶贫工作的实质，了解群众的需求，想群众之所想，急群众之所急。广大困难群众能够树立自力更生、艰苦奋斗、战胜困难的信心和志气，近八百年大浪淘沙般的艰辛奋斗中沉淀下来的撒拉精神，成为脱贫攻坚过程中撒拉儿女引以为豪的精神动力，在当今现实主义坐标上用这种精神为循化撒拉族自治县的脱贫工作注入了强大的活力，代表了循化县的精神风貌，这种精神在巩固循化县现有脱贫成果上发挥了重大作用。在稳定脱贫工作中，着力推进撒拉精神的践行，使循化县在撒拉精神的引领下不断焕发新的活力。在新的时代全面奔小康的道路上撒拉精神更加弥足珍贵，这笔巨大的财富无疑会成为推动改革发展，改变循化县面貌的强大动力。循化县通过思想引导、狠抓教育、推进移风易俗，开启了群众的立志思维，坚定脱贫信心，激发了广大群众的内生动力，进一步发挥了中华民族传统文化的教化作用，团结县域各民族群众，凝心聚力，为着共同的脱贫致富目标而努力奋斗，改变了乡村以往“原子化”结构，重塑了乡村社区秩序，个体与集体

---

① 部分资料来源于循化撒拉族自治县教育扶贫工作总结，调研内部资料。

又紧密联系在一起，公共事务的村民参与度也日渐提高。村庄集体行动能力的提升，将对村民的生产生活产生重要影响，推动农村的经济、政治、文化、社会等全面进步，推动着循化县乡村社会朝着更加组织化的方向发展。

第七章　循化撒拉族自治县摘帽后减贫问题与发展瞻望

习近平总书记在全国脱贫攻坚表彰大会上明确指出，脱贫摘帽不是终点，而是新生活、新奋斗的起点。在新发展阶段，循化县要在新发展理念指导下，着眼于巩固拓展脱贫攻坚成果同乡村振兴有效衔接，着眼于解决县域内部发展不平衡不充分问题，实现县域经济社会高质量发展和全体人民共同富裕。在面对新经济、新动能、新业态经济的快速发展和乡村振兴战略的实施，循化县要做出新的选择，承担起新的历史使命，迈向新的目标。在继承脱贫攻坚经验的基础上，循化县搭建低收入人群生产生活帮扶机制，要持续优化减贫益贫政策体系，借助外部发展援助形成内生发展格局，在乡村振兴乃至共同富裕的道路上继续探索，打造乡村振兴与共同富裕的循化模式。

第一节　循化县脱贫摘帽后减贫形势与挑战

一、摘帽后减贫新形势

（一）新经济、新动能、新业态的快速发展

经济形态是指人类在一定历史发展阶段上的经济基础，即一定的生产

关系的总和，目前，我国新经济形态主要有数字经济、智能经济、绿色经济、创意经济、流量经济、共享经济等。经过近几年的脱贫攻坚工作，循化县的经济得到快速发展，摆脱了以前纯粹的种植养殖小农经营方式，实现了种植养殖业产业化经营，通过扶贫扶持，循化县在查汗都斯乡新建村、团结村、积石镇河北村扶持建立线辣椒生产基地 1500 亩，通过中央和省级扶贫扶持资金投资 780 万元，对街子镇孟达山村、苏瓦什村、白庄镇米牙亥村、下科哇村、团结村等 17 家规模养殖场进行扶持，促进其快速发展；投资 65 万元建成了 13 家家庭牧场；投资 80 万元建成了 12 处中小型农产品贮藏窖。同时，经过循化县农牧局的新型职业农民培训，职业农民可以更好地服务于产业化经营新模式。规模化经营不仅使贫困户享受到了土地流转福利，还增加了其就近务工收入，拓宽了农民增收渠道。

传统动能不仅涉及高耗能高污染的制造业，还更宽泛地覆盖利用传统经营模式经营的一二三产业。新旧动能转换就是以供给侧结构性改革为根本，以新技术、新产业、新业态、新模式的“四新”经济为手段，推动传统产业改造升级，最终实现经济高质量发展。循化县抢抓“国扶办光伏扶贫试验点”和全省光伏扶贫试验点的机遇，利用光资源丰富、山地面积广、电力输出方便等优势，聚集光伏产业扶持政策，积极发展光伏产业，在吾士斯山建成了 30 万千瓦光伏发电站，且已经并网发电，探索出了一条农村生态保护和经济发展相结合的经济发展新模式。

业态是指针对特定消费者的特定需求，按照一定的战略目标，有选择地运用商品经营结构、店铺位置、店铺规模、店铺形态、价格政策、销售方式、销售服务等经营手段，提供销售和服务的类型化服务形态。循化县的经济结构得到了不断优化，县政府在坚持农牧业基础地位不动摇的原则下加快构建现代农业产业体系，生产体系和经营体系，新型经营主体不断涌现。农区畜牧业产业化水平进一步提升，构建了清真食品工业园区，12

家小微企业入园孵化，园区集聚效应明显增加。

近几年，经过政府扶持，循化县的旅游经济快速发展。乡村特色旅游业已经成为贫困村贫困户脱贫致富的产业支撑，截至2017年底循化县政府共投资7500万元实施了撒拉尔故里、十世班禅大师故居、德林撒拉乡村文化体验和积石镇农工贸旅游扶贫产业园建设项目。投资1800万元实施了白庄乙日亥村、下白庄村、清水石巷村，积石镇托坝村、下草村、查汗都斯大庄村乡村旅游扶贫项目。这些新兴旅游项目的发展吸纳了贫困劳动力就近就业，促进了贫困户增收致富。乡村旅游已经成为循化县域经济的支柱产业。循化县属于少数民族聚居区，当地也有很多非物质文化遗产，这是循化人民的宝贵财富。近几年，循化县文旅局组织人员完成了全县第三次全国文物普查及第一次可移动文物普查工作，通过对古建筑、古风俗的修缮和维护，进一步保持了其旅游特色，促进旅游经济的快速发展。

循化县大力围绕“一带三区”旅游资源开发布局，统筹交通、文化、生态等建设项目，旅游基础设施建设完善。同时，光伏发电项目，电子商务经营项目也促进了经济的可持续发展，使得循化县新经济、新动能、新业态快速发展。

（二）乡村振兴战略的推进与实施

经过近几年的脱贫攻坚，循化的乡村振兴战略得到进一步推进和实施，特色产业快速发展，县域生态环境进一步改善，乡风文明建设突飞猛进，乡村治理有效开展，人民生活进一步兴旺发达。

1. 农村基础设施日益完善

循化县政府以改善基层群众基本生产生活条件为侧重点，突破制约发展的“瓶颈”。在脱贫攻坚期间，农村基础设施建设在量和质的方面均有大幅度提升。全县91个撒拉族行政村均实施了以村道硬化、通村公路、便民桥等项目建设，告别了“行路难”的日子；人畜饮水安全方面，82个行政村达到人饮安全的要求，占规划村数的90%；91个行政村全部实现了通电、通电话、通广播电视，其中83个村通了宽带，占总数的91.2%；循化县政府结合脱贫攻坚工作持续加大了对农村基础设施建设的集中投入和建设力度，实施了36个高原美丽乡村建设和4446户农村危房改造。这些措施的实施极大地提高了农村基础设施水平。

2. 人居环境改善

循化县通过加快污水设施建设助推“人居环境”，循化县立足县情实际，以“砸锅卖铁”的决心推进污水处理设施建设，自“环保督查”工作开展以来，循化县污水管网快速延伸，建设始终走在全市前列；循化县污水处理厂、查汗都斯“黄河菜篮”污水处理厂及街子工业园区污水处理厂的扩容、提升、新建使全县污水处理能力达到1.5万吨/日，环境承载力明显提高；文都片区、白庄片区污水主干管的实施，各中心镇将真正实现污水处理设施的全覆盖；循化县污水处理厂提标，率先在全市实现出水水质一级A排放。2017年完成全县县域住房安全普查和污水管网综合普查，为全县污水处理规划提供了有力的资料佐证，更科学合理地推动雨污分流、管道提标改造、清淤等工作。同时循化县自加压力，在全市率先开展户厕改造和入户管道建设工作，逐步从源头上解决污水直排现象，有效提高了污水收集率和处理率，增强了污水治理的效果。除了污水治理还有人民群众生活垃圾处理，循化县加快环卫设施建设助推“环境整治”，随着循化县城乡环境整治工作的深入，垃圾保洁工作向农村进一步延伸，垃圾收集以每年8%的速率递增，日收集清运量达到500余吨，村收、镇运、县处理的垃圾收集处理系统进一步完善。循化县第二垃圾填埋场已于2017年10月投入使用，有效缓解了县城垃圾处置难题。截至2018年，全县各乡镇垃圾中转站逐步全部覆盖。已建成的街子、文都、白庄、查汗都斯生活垃圾填埋场和尕楞、道帏生活垃圾场及县城建筑垃圾处理厂，提高了垃圾处理能力，减少了对周边环境的影响。

3. 乡风文明建设有效推动

在乡风文明建设中，循化县将移风易俗工作作为社会建设的重要载体，视移风易俗为深化精神文明建设的重要抓手。长期以来，党领导人民群众坚持不懈地对社会环境、文化习俗和人的生活习惯、思想道德等方面的陈规陋习开展移风易俗教育，特别是党的十八大以来，以习近平同志为核心的党中央高度重视精神文明建设，把培育和践行社会主义核心价值观作为推进中国特色社会主义伟大事业、实现中华民族伟大复兴中国梦的战略任务，作为凝魂聚气、强基固本的基础工程来抓，融入国民教育全过程，落实到经济发展实践和社会治理中。循化作为一个总体发展水平较低的少数民族县份，一直认真贯彻中央关于“物质文明、精神文明两手抓，两手都要硬”的要求，下大力气抓城乡精神文明建设，大力弘扬中华优秀传统文化、传统美德，群众文明素质和整个社会的文明程度得到了大幅提升。但也不可否认，随着市场经济的快速发展，一些庸俗的观念不断泛起，一些传统礼仪在日常生活中逐渐异化，婚丧嫁娶大操大办、讲排场、比阔气，人情消费持续攀升，让绝大多数群众在重压之下，苦不堪言，更多的群众迫于传统习俗和人情世故等因素，不得不被迫接受随波逐流。更为可怕的是，这种丑恶的风气就像一只无形的手，正在扭曲整个社会的价值观和道德观。因此，移风易俗已经被看作群众普遍易于接受、社会广泛认同的有效实践，贴民心、接地气，是把社会主义核心价值观落细、落小、落实的重要载体。通过移风易俗循化县的精神文明建设得到进一步发展，人民群众尤其是贫困群众的幸福感得到加强。除了移风易俗方面的改善，近几年循化县宣传部通过文化下乡活动给人民群众送去了营养丰富的精神食粮，开展了文化惠民服务工作。根据县委、县政府扶贫工作方针，

2018 年宣传部组织文工团、文化馆、图书馆深入 5 个乡镇开展了流动送戏、送文化、送图书下乡活动，通过文艺节目、现场书画、赠送图书等形式宣传了精准扶贫相关政策；同时根据乡镇文化站及村级文化室免费开放工作要求，为全县 9 个乡镇 154 个行政村落实了 86.2 万元的免费开放及文体活动经费，文化下乡惠民演出活动不仅进一步丰富了群众精神文化生活，而且对当地的公共文化服务事业的发展起到了积极作用。

4. 打造“绿色名县”品牌

循化县坚持以规划为指导，打造绿色循化，积极拓展积石、街子及白庄等主要乡镇的绿化面积，重点实施道路沿线、庭园、广场等城镇绿化建设，结合绿色名县工作，推广清洁生产、绿色交通、绿色建筑，实现城镇生态的良性循环和人居环境的持续改善，促进人与自然的和谐共存，营造接近自然的生态城镇。生态兴则文明兴，生态建设是功在当代、利在千秋的事业。循化县住建局紧紧围绕生态县创建工作，克难攻坚、努力创新，着力“绿水青山”与“金山银山”的无缝对接，继续挖掘生态潜力，激发生态活力，让循化的绿水青山充分释放生态红利。

（三）统筹协调的综合治理体系完善与治理能力提高

循化县在脱贫攻坚过程中，将脱贫攻坚与县域治理体系和治理能力提升，以及县域全面深化改革相衔接，以持续的体制机制创新为脱贫攻坚保驾护航，实现了改革与发展的统一。

第一，坚持通过抓好党建促扶贫，党的领导是中国特色社会主义事业赢得胜利的关键性因素。

过去 40 多年间，循化县的扶贫事业取得了重大成就，基本的经验就是始终坚持党建工作对扶贫开发的引领和带动作用。首先，脱贫攻坚，涉及众多的行动主体，循化县通过加强党的领导形成统一的认识、统一的行动，集中了各类资源，聚合了积极力量，形成了脱贫攻坚的广泛合力。其次，循化县通过动员“党员干部下乡”，打破了传统的行政体制，促进了国家精准扶贫各项政策在社区层面、农户层面有效落实，并将一线的信息迅速反馈到决策层面，为进一步优化各项政策提供了基础。再次，脱贫攻坚有别于一般性的工作，需要党员干部在工作中不断提升能力，驾驭各种复杂局面，协调各方关系，党员干部下乡，在实践中历练，有助于干部自身的成长。最后，抓好党建扶贫夯实了基层组织建设，使得贫困社区党组织建设成为带领村民，特别是贫困农户脱贫增收的“红色引擎”，在脱贫攻坚过程中通过党建凝聚民心、民智、民力，密切干群关系，增加了农户对党和国家政策的认同，从而加强了党的执政基础建设。

第二，坚持通过体制机制创新，为脱贫攻坚工作有效开展破除障碍。

循化县坚持脱贫攻坚与体制机制创新相结合，在体制创新中坚持建立依法行政与宗教团体、民俗民约相结合的行政机制，县域治理是国家治理在基层的体现，也是国家治理体系和治理能力现代化的重要基石。随着我国县域建设的进一步推进，对县域治理的发展也相应地提出了更高的要求。依法行政是基础，民俗、宗教文化源于社会，是维系人民群众人缘关系的情感纽带，也是约束人民群众生活的道德规范。优秀的宗教、民俗文化对建构县域良序和增进县域福利具有重要作用，能够进一步实现县域善治的目标，促进县域和谐社会的建设。循化县坚持依法行政与宗教势力、民俗民约相结合的行政机制，有效地实现了县域治理的规范化；坚持完善正向激励机制，有效的正向激励是调动政府工作人员积极性，激发他们的主动性、创造性和执行力的重要途径。循化县在坚持建立正向的激励机制，进一步激发干部干事创业的活力方面，做到了以下几个方面：首先，大力选拔使用敢于担当的扶贫干部。习近平总书记指出，“用一贤人则群贤毕至，见贤思齐就蔚然成风。选什么人就是风向标，就有什么样的干部作风，乃至就有什么样的党风”[①]。《循化县新一轮第一书记和驻村工作队管理办法》规定第一书记的人选必须是中共党员，是县直机关选派科级或科级后备干部，各级企事业单位选派优秀中层干部；工作队员人选，必须是优秀年轻干部和重点培养对象，到民族地区工作的优先选派懂“双语”的干部。其次，循化县乡镇党委政府及组织部门和选派单位每年定期看望慰问驻村干部，经常与驻村干部谈心谈话，了解其想法，激发工作激情；充分利用报刊、电视、广播、网络等新闻媒介大力宣传驻村帮扶的先进事迹、有效做法和成功经验，树立鲜明导向，让广大党员干部学有榜样，做有标杆，凝聚脱贫攻坚正能量。最后，坚持健全绩效考核机制和规范监督问责机制，循化县严格按照规定对驻村干部进行考核，考核评定为优秀等次的直接作为原派单位的考核结果，不占用原单位名额，对于考核没有通过的，两年内不得提拔使用、晋升职级、评先评优，也不得评级转任其他重要岗位。

循化县将脱贫攻坚与政府行政体制创新有机结合，为脱贫攻坚乃至县域治理奠定了基础。

第三，坚持政府、市场、社会三方形成合力促进脱贫攻坚良性循环。

贫困治理是一项复杂的系统工程，合理有效的贫困治理需要充分发挥我国的政治优势和制度优势，需要实现政府各部门的协同、联动，需要综合合理运用政府、市场和社会三种资源、三种手段。

我国精准扶贫政策实施以来，循化县政府积极响应党和国家的号召，深化党建引领，县政府主导，扶贫局协调，各个政府部门、企事业单位同抓共建，形成合力，有效提高了政府工作效率。科学谋划、合理布局，使得政府、市场、社会主体各司其职，各显神通，三种机制得到了合理有效

---

① 习近平：《建设一支宏大高素质干部队伍，确保党始终成为坚强领导核心》，《人民日报》，2013年6月30日。

的应用，集聚了资源，形成了各主体互相补位，有序参与的格局，为取得脱贫攻坚战的胜利，奠定了治理结构的基础。而这种治理结构的安排，统一在县域脱贫攻坚统揽经济社会发展全局要求的贯彻中，不仅使得各部门、各主体围绕着打赢脱贫攻坚战，各尽其责，形成了强大的合力，也为后续我国县域治理体系的优化提供了借鉴。

（四）循化贫困问题新表现

经过近几年的脱贫攻坚，循化县的脱贫攻坚工作取得了阶段性成果，但是，我们也应该看到循化县的贫困问题已经由收入贫困转向能力贫困。在表现形态上，循化县农村贫困问题已经从原发性的绝对贫困进入一个以转型性的次生贫困为特点的新阶段，已经从原生贫困向再生贫困转变，再生贫困即返贫问题将成为扶贫开发长效性的主要障碍。原生贫困是指在一定的社会生产方式和生活方式下，个人或家庭依靠其劳动所得和其他合法收入不能维持其基本的生存需要，这样的个人或家庭被称为贫困人口或贫困户。次生贫困化学术界没有给出明确的界定。次生即第二次生成的、派生的、间接造成的。次生是跟原生相对应而存在的，原生是指最初的、最早的，次生贫困化简单地讲可以理解为第二次生成的物质生活和精神生活贫乏窘困的现象。

因此，新时期循化县贫困问题的有效缓解直至消除应该是让人民群众有更多的机会、做出更多的选择，让人民群众尤其是贫困群众更多依靠自身的能力实现长期有效脱贫。经过艰苦卓绝的脱贫攻坚，循化县已经实现全县脱贫，农民后续发展的资金支持不强、产业初期成效不大、部分农民后续发展动力不足等问题依然是限制循化县经济发展的重要因素。

二、摘帽后减贫与发展面临的困难与挑战

（一）扶贫政策的可持续性与代价

2016年，习近平总书记在参加青海代表团审议中提出，脱贫攻坚要更加注重提高脱贫效果的可持续性。从“可持续性”的概念上来看，它是指一种能够长期维持下去的过程或者一种能保持稳定发展的状态，从这个层面上说，精准脱贫政策的可持续性则是指贫困户完成贫困退出后，精准脱贫政策的实施能够使他们有足够的收入、能力和信心来长期维持当前已脱贫的状态，保持自身的持续、稳定和长效发展，这也是精准脱贫本身理应具有的内在要求。但是，目前为止，循化县就政府层面来讲扶贫政策可持续发展和执行机制并不完善，仅仅是依靠光伏产业、几个特色产业等并不能实现经济的可持续发展；社会方面，目前循化县的精准扶贫工作依然是政府主导，社会力量参与极其有限，贡献也是十分微弱，而且就是目前已经参与进来的企业也是在国家政策大环境下做出的选择，如果国家政策退出，社会力量是否愿意继续加入减贫工作中来有待考证。循化县自然环境相对恶劣、自然灾害频发、人民群众尤其是边远地区人民群众的思想意识相对比较落后，抗风险能力不强等原因导致贫困户的“造血”功能不足。例如，在脱贫摘帽后循化县相当一部分人已经富起来，但是对于贫困户中的“603861”部队，由于他们自身的“造血”功能不强，对政策的理解性和接受性以及实践性都不强，这些原因在很大程度上降低了扶贫政策的可持续性。

循化县的扶贫工作是举国家和全社会之力，在扶贫工作中投入了相当大的人力、物力、财力，2015年至2018年共整合财政资金27950万元投入脱贫攻坚，其中上级下达专项财政资金22554万元，县级财政资金5396万元。全县累计整合各类涉农资金94786万元投入脱贫攻坚，为154个行

政村落实 4020 万元互助资金；2018 年新选派 71 名第一书记、142 名工作队员，可以说是集合全县政府的力量在搞扶贫工作。如此大规模的人与物的投入在循化扶贫史上都是首次。在脱贫摘帽以后我们要考虑到后续资金扶持不会像脱贫攻坚时期力度那样大，在缺少资金支持的条件下，循化县是否还能维持发展，之前投入与产出的比率是否能促使其发展。今后要解决的主要问题是在“输血”之后，是否能强壮自身的“体魄”，形成自身的“造血”功能。

（二）市场和社会的参与能力和获利空间

循化县的扶贫工作中市场与社会参与主要有：中再集团的“保险＋扶贫”项目、东西部对口扶贫“梁溪—循化”项目、信用社的“金融扶贫”项目。大地保险循化支公司在 2017 年到 2018 年累计投入 4100 万元，推出了以保险扶贫为核心，健康扶贫、产业扶贫、危房改造、教育扶贫等相结合的扶贫策略，但是，在采访过程中我们也了解到，大地保险循化支公司在循化县的业务大部分都是扶贫，自身开展的商业保险业务很少，一直处于亏损状态。我们应该考虑的是在国家扶贫政策退出后，仅仅依靠社会责任感能否把农村保险做好，很显然是不能的，我们要考虑到农村保险事业的保障机制建设，使保险公司有一定的获利空间，这样才能使得农村保险事业长久发展。金融扶贫和东西部合作也是一样的道理，循化县政府在脱贫摘帽后必须要考虑的就是在扶贫政策退出以后，是否能够真的保证市场和社会机制的长久性参与。

（三）如何由行政主导转向公共服务提供

改革开放以来，循化县的减贫实践先后经历了开发式扶贫、精准扶贫两个主要阶段，这两个阶段中循化县的精准扶贫工作具有明显的“行政主导型”特征，遵循“发展主义”逻辑并取得了显著的减贫成效，摘帽后循化县存在一批低收入群体，行政主导下的“发展主义”减贫逻辑将会失效，低保、“五保”、临时救助也无法解决致贫的根本性问题。只有在政府、社会和市场的“三手协奏”之下，通过完善的社会公共服务和社会保障，构建起低收入人群的正式和非正式社会支持网络，才能全面有效帮扶。

但是，目前循化县的公共服务机制构建不完善，从政府层面来讲在脱贫工作中循化县政府依然处于一个“唱戏人”的角色，而实际上在公共服务中政府应当充当一个戏台的作用，应该充当好管理协调者，搭建好市场、社会参与减贫的协调平台和资源对接平台，而将“唱戏”的任务交给市场和社会；从公共服务中各主体间的关系方面，循化县目前依然是以政府为主导的自上而下的格局，社会和市场对政府具有很强的依附性，并没有实现通过制定公共规则，实现政府、社会、市场等多元主体间的合作共治。三是从职责分工来说，在社会公共服务中，循化县没有将政府、社会和市场这三大主体各自的优势形成互补，在循化公共服务未来的发展中，市场“这只看不见的手”在社会资源的初次分配中应该发挥越来越重要的作用。政府“这只看得见的手”要加强社会资源的再分配调节，通过公共资源向贫困地区和弱势人群的投放，逐步缩小贫富差距、实现社会公平正义。社会这只“第三只手”，应该有效地应对减贫治理中的“政府失灵”和“市场失灵”，要促进贫困地区和贫困人口在减贫过程中的决策参与，凸显其主体性地位。

循化县的公共服务还面临着发展不平衡的局面。公共服务就是提供公共产品和服务，包括加强城乡公共设施建设，发展社会就业、社会保障服务和教育、科技、文化、卫生、教育等公共事业，发布信息等，为公众生活和参与经济、政治、文化等活动提供保障和创造条件 。基于此，我国公共服务的范围可以概括为以下 10 个方面：公共安全、公共教育、医疗卫生、社会保障、基础设施、公共交通、环境保护、公共信息、文体休闲、科学技术。公共服务的不均衡表现在：首先，脱贫攻坚以来循化县公共服务倾向于公共教育、社会保障、基础设施方面，对其他方面的关注不够，导致公共服务发展不均衡，例如在公共安全领域的支出明显少于基础设施方面的支出；其次，城乡公共服务发展不平衡，城市占有更多的公共服务资源，比如，循化县仅有的两个二甲级医院都是分布在县城里。

目前，循化县已经全县脱贫，贫困问题更加复杂，贫困人口分布趋于分散和边缘化，在新形势下如何促进全面小康社会的建设、实现全面小康社会的总目标，如何在公共服务体系发展不完善、不平衡的情况下实现减贫工作行政主导转向公共服务提供，这是循化县政府需要思考的问题。

（四）制度建构运行与现代基层治理能力提升面临诸多困境

制度建构运行包含制度改革、执行和监督，基层治理能力提升主要包含基层治理方式的转变。在脱贫摘帽以后，循化县政府急需解决的问题有管理制度的改革和执行监督以及基层治理方式的转变。

第一，管理制度的改革促进了我国社会的发展，在平衡经济发展与资源配置上发挥了重要的作用。在深化行政管理制度改革中，必须要坚定党和国家的领导，坚持管理制度现代化建设，坚持结合创新精神，挖掘出符合我国实际情况的改革内容，以此来逐步推动行政管理制度的完善。其次，管理制度完善后的执行监督机制建设也是极其重要的。纵观我国国家治理，有很多制度并没有得到有效的执行，究其原因就是我国的政策监督执行机制不健全。循化县在脱贫攻坚过程中通过一系列的执行监督机制强化了脱贫攻坚工作的真实性和有效性。目前需要思考的是脱贫摘帽后，如何将好的执行监督机制保留和巩固下来。

第二，循化县目前的制度建构与运行面临着很多棘手问题。首先，在制度改革中，循化县乡镇政府的主体意识有待增强。乡镇政府是我国管理制度改革的先锋，因为基层政府有着贴近实际情况、贴近人民群众的天然优势，更能找到结合当地实际、适合当地发展的管理制度。其次，循化县是少数民族聚居县，各个少数民族都有各自的信仰和本土文化，这些信仰和本土文化是一把“双刃剑”，既能起到维护国家稳定、民族团结的积极作用，同时由于文化差异，循化县在管理制度改革以及监督执行的过程中必须要考虑到各民族的信仰和本土文化，考虑到一切以民族团结为前提实行管理制度改革和监督执行。

第三，基层治理能力提升是一个过程，需要全面统筹、综合发展。

首先，提升基层治理体系，我国的乡村社会需要经历一个由“分”到“合”的转化阶段，要完成由分化到整合，由分散到合作的转变，必须依靠相应的治理体系的变革。结合整个乡村社会正在发生重大转变，乡村治理体系也必须进行总体性的结构转换，其基本思路是建立以乡村共治为基本内容的治理结构。

乡村共治就是在乡镇党委政府的领导下，以村“两委”为基础，由村民、村办企业、农村社会组织、外部企事业单位及社会组织等多元主体共同参与的协同治理模式，乡村共治充分调动村民自我管理、自我教育、自我服务、自我监督的积极性，乡村共治通过以德治为支撑、以法治为保障、以自治为核心的理念，构建了乡村政治、经济、文化、生态文明、社会和党建等方面治理体系和治理能力齐头并进的良好局面。目前由乡政村治到乡村共治的转变，适应了我国乡村社会发展的基本情况，为我国乡村社会发展提供了坚强有力的政治保障，同时也丰富和发展了中国特色社会主义治理理论和治理体系。近几年来，随着循化县基层社会管理体系改革和治理理念的不断深入，村民大会制度、村民代表大会制度、村务监督委员会工作制度、红白理事会等逐步完善，初步形成了多元主体参与乡村治理的体制机制，以党员活动室为载体，为多元主体参与乡村治理提供平台雏形。但是，新的乡村共治框架体现了治理理论的思维视角，治理理论所强调的社会自治、公共服务、民主参与、主体多元化和权力双向互动运行应该在乡村治理中得到充分体现[①]。而循化虽然形成了初步的体制机制，在运行方面依然存在村级党组织弱化、多元主体参与不明显、农村事业组织以及企业单位发育十分缓慢、乡镇政府职能转变不到位、乡村干部的综合素质和能力难以满足现代乡村治理需求等问题，要想实现乡村共治的基层治理体系变革，循化县应该从以上几个方面着手。

其次，提升基层治理能力需要利用现代科技，创新管理模式，提高管理手段。精准扶贫工作中的乡村事务精细化管理是我们的一个思路，循化县通过村级档案、乡村事务的精细化管理，开拓了乡村行政"最后一公里"的新局面，缓和了干群关系，让干部真正地走进群众、了解群众、帮助群众，同时也让群众更具体地了解了我们党员干部的工作作风、工作纪律和工作能力。

实现乡村管理精细化，第一，需要借助于数字化管理技术。2013 年 11 月 12 日中国共产党十八届三中全会审议通过的《中共中央关于全面深化改革若干重大问题的决定》指出："全面深化改革的总目标是完善和发展中国特色社会主义制度，推进国家治理体系和治理能力的现代化。"这要求我国政府在原有行政改革基础上进一步探索出对政府治理行之有效的治理方法。2015 年 3 月，国务院总理李克强在《政府工作报告》中首次正式提出"互联网 +"的战略构想，2015 年 7 月，国务院印发《关于积极推进"互联网 +"行动的指导意见》，制定"互联网 +"行动计划的顶层设计，积极推进传统产业与互联网的深度融合。其中，发展政府基于线上线下的网络化公共服务成为"互联网 +"的热点话题，线上（数字治理）的公共服务提供方这些都表现了党中央对数字化管理的重视。在循化县的基层治理中，县政府也应坚持将村级治理与网络大数据相结合，运用到基层

---

① 胡宗山：《农村社区建设："三农"协调发展与乡村共治的生长》，《当代世界与社会主义》2008 年第 1 期，第 126—130 页。

治理实践中去，促进我国基层管理技术创新。第二，基层管理精细化需要发挥基层干部的主创性和积极性。在乡村治理中，农村基层干部发挥着重要作用：一是农村干部通过学习培训对国家的了解比较多，领悟相对于村民更加透彻；二是农村干部对本地区的资源、环境以及发展中的优劣条件更为清楚。因此，在基层治理方法转变中要依托于农村干部的把脉作用，结合基层实际制订有效方案。近几年，通过扶贫工作队的潜移默化，循化县基层干部的综合素质和能力得到了显著提升，但是，也应该看到面对乡村治理复杂的形势，我们要看清自身的不足，戒骄戒躁，砥砺前行。

最后，循化是一个少数民族聚居县，基层治理方式的转变要结合少数民族实际和宗教信仰习惯，借助宗教力量推动基层治理方式的转变，我们在访谈循化县下拉边村时就发现下拉边村的村民会议和就业培训以及各种扶贫宣传活动都是在清真寺里举行的，驻村工作队员联合清真寺阿訇对村民进行感恩教育和拉面烹饪培训、法制宣传等，这种方式既方便召集村民，村民接受度也很不错，最重要的是驻村工作队通过一系列的宣传教育，将先进的基层治理理念传输到了农村，有效地促进了现代基层治理能力的提升。

第二节　循化县摘帽后政策展望

一、巩固拓展脱贫攻坚成果与乡村振兴有效衔接的政策创新

（一）转变观念：由脱贫走向乡村振兴

扶贫观念决定了后续工作流程的整体走向和最终实施效果。在扶贫的观念方面，循化县需要改变绝对贫困时期的以大力、全面发展经济为主，救济式扶贫为辅的扶贫方式，建立一个新的应对巩固拓展脱贫攻坚成果与

乡村振兴有效衔接的战略框架。着眼将来，循化县巩固拓展脱贫攻坚成果与乡村振兴有效衔接主要任务是巩固拓展好脱贫攻坚成果和探索民族地区乡村振兴之路。

（二）创新发展路径：以外源拉动力为主——内生动力与外源拉动合力

外源拉动力主要是依靠外部力量改善基本生存、生产和生活条件，主要是以“输血”为途径，包括国家、政府援助、各类市场主体援助等，不仅仅有资金支持，还有政策、技术等支持。通过外源拉动力，可以在短期内有比较明显的成效。长期以来容易导致低收入群体的过于依赖心理，导致内生动力不足。只有内生动力和“造血”功能不断增强，循化县的发展才具有可持续性。“授人以鱼，不如授人以渔。”必须加强脱贫村脱贫人群扶志扶智，强化“造血”功能，通过发展生产力提高低收入人群自我积累和自我发展能力，是贫困地区减贫和发展的有效途径。同时，它也是减贫工作长期坚持的基本方针。任何一种减贫政策或减贫措施都应当有助于激发低收入人群通过自身的努力去摆脱和战胜贫困的积极性、主动性和创造性。巩固拓展脱贫攻坚成果与乡村振兴有效衔接应关注低收入人群自我“造血”功能的增强，低收入人群自我发展机制的建立，以及低收入人群的赋权。

1. 低收入人群外部援助与内生动力有机结合

（1）倡导参与式发展，提升低收入人群的主体意识。在乡村振兴过程中，应树立低收入人群的主体意识，突出低收入人群的主体地位，积极提倡参与式发展。赋予农户知情权和监督权：鼓励农户在减贫过程中参与乡村发展项目的决策、实施和监督：开发性项目的选择、策划与实施应立足于和满足低收入人群的实际需求。各级领导干部、专家、农技人员、积极参与减贫开发的社会各界人士，应成为低收入人群的朋友，为其提供发展所需的信息和其他各种必要的外部条件以及公共服务。只有这样，才能提高低收入人群自我发展的能力，才能实现巩固拓展脱贫攻坚成果与乡村振兴的有效衔接。

（2）加强农村劳动力培训，不断提高转移输出的组织化程度。一是将农村劳动力培训转移纳入年度考核，以此提高各级政府对此项工作的重视程度，使其能够真正起到领导、指导、组织协调和督促的作用。二是从人员编制、硬件设施等方面改善培训机构的工作条件，使农村劳动力培训转移工作逐渐制度化和规范化。三是进一步加强有关信息工作，实现劳务用工信息渠道由乡到村到户的“三畅通”。四是提高农村劳动力输出转移的自主化程度，促进农村劳动力有序转移。五是劳务部门要采取分层次、多途径、开放式的办法，对农村劳动力进行不同层次的知识教育、职业教育与技能教育，以增强其在人力资源市场的竞争力。

（3）提高低收入人群的基本素质和能力，大力增加培育和提升人力资本方面比如基础教育、基本医疗卫生服务以及其他基本社会服务的投入，这是必须坚持并努力实现的基本政策目标，也是乡村振兴实施的题中应有之义。真正的机会平等必须通过能力的平等才能实现，能力发展取决于知识、技能的不断更新。因此，需以提高个体能力为中心，提高其受教育年限，提升其可行能力。

2. 村庄自我发展与外部援助有效衔接

首先，借助换届机会，重点选举政治素质和业务能力双强的村组领导人员，发挥能人带动效应，带领村民通过农牧业、养殖业、拉面等其他产业共同致富。为进一步完善村委会选举质量，县政府应该促进政治精英基层村委流动、调动村民参选积极性、提高选民对提名过程的参与、限制代理投票、加大监督和查处力度等。

其次，结合财政扶贫资金和涉农资金管理重心下沉，在为村级组织团结和带领村民脱贫致富提供资源的保障和支撑的条件下，提升村级集体经济的发展能力和服务能力。提升集体经济发展能力和集体经济服务能力，不仅有利于村级公共产品的生产和维护，也有利于增进村级组织凝聚力以及村庄内生动力的培养。发展好农村集体经济需要正确处理农民集体、农村集体经济组织和村民自治组织之间的关系，农村集体经济产权制度改革与新型集体经济发展之间的关系，还要把握好农村集体经济的三大特性，即：农村集体经济产权社会化、农村集体经济组织多元化和农村集体经济产品市场化。

3. 东西部协作与县域发展充分结合

循化县首先要抓住东西部协作发展的重大机遇，进一步增加两地教育、卫生等专业技术人才支教支医和教育培训名额，加强循化县干部到梁溪党政机关、街道社区、重点企业挂职锻炼，帮助干部提升基本能力和综合素养，组织人员去梁溪（“中国民族工业和乡镇企业的摇篮、苏南模式的发祥地”）学习，学习梁溪改革开放取得的巨大成就和成功经验，提升自身发展能力。认真分析自身县域经济发展现状；找准定位，从特色产业、特色旅游方面下手，寻求县域经济发展的突破口；优化营商环境，提升县域经济发展竞争力；创新驱动，激发县域经济发展活力。

（三）提升低收入人群共享度

1. 提升产业扶贫项目益贫性

部分地区产业扶贫项目益贫性低的原因有两种，一种是常见的扶富不扶贫，即所谓的“精英捕获”现象，通常见于各类产业扶贫项目，由于产业扶贫通常都有一定的门槛，例如种养殖规模达到一定程度或者有一定基础的发展能力，这本身就已经将大部分原贫困人口剔除在产业扶贫政策的目标之外。通过这类扶贫项目实现收入增长的，只能是一些条件相对较好的农户，甚至并非原贫困户，导致政策执行出现偏差，离预期目标很远。

另一种是由于脱贫人群在整个扶贫项目的实施过程中参与程度较低，导致获利较少。如何能够实现较好的益贫性，需要在未来的实践中不断通过机制创新去解决。总体来看，核心在于不断完善利益联结机制、不断完善脱贫人群的参与机制，形成外部资金、内部资源、脱贫人群三者的利益联结机制，扩大带动贫困人口增收的能力。可以按照资金整合、互利共赢的原则，积极探索外部资金，内部资源，企业、合作社、大户等主体与贫困人口建立利益联结机制，不断发挥其带动贫困人口增收的能力，形成一定的资源共享。

2. 提升产业扶贫项目参与度

不同的产业发展模式，其益贫性本身存在一定的差异，低收入人群参与其中的难度也不尽相同。因此，应当谨慎选择产业发展的具体模式，充分尊重低收入人群的主体性地位和发挥其能动性。同时，不断增强脱贫地区和脱贫人口的参与条件，最大可能使其能够在发展项目中获利。“尤其是一些以外部推动力量扶持贫困地区发展的扶贫政策，应当不断扶持贫困人口的参与能力，基层政府在其本身职责范围内，通过一定的政策支持，通过技术培训等能力提升手段，不断增强贫困地区和人口的参与能力，拓展其参与条件。”①

二、城乡一体化扶贫模式构建

城乡一体化是中国现代化和城市化发展的一个新阶段，城乡一体化就是要把工业与农业、城市与乡村、城镇居民与农村村民作为一个整体，统筹谋划、综合研究，通过体制改革和政策调整，促进城乡在规划建设、产业发展、市场信息、政策措施、生态环境保护、社会事业发展的一体化，

① 张琦、万君、黄承伟：《扶贫机制创新的理论与实践》，湖南人民出版社 2018 年版，第 236 页。

改变长期形成的城乡二元经济结构，实现城乡在政策上的平等、产业发展上的互补、国民待遇上的一致，让农民享受到与城镇居民同样的文明和实惠，使整个城乡经济社会全面、协调、可持续发展。

城乡一体化是随着生产力的发展而促进城乡居民生产方式、生活、居住等方式发生变化的过程，使城市和农村在人口、技术、资本、资源等要素方面相互融合，互为资源，互为市场，互相服务，逐步达到城乡之间在经济、社会、文化、生态、空间、政策上协调发展的过程。

城乡一体化，是一项重大而深刻的社会变革。不仅是增长方式和发展思路的转变，也是产业布局和利益关系的调整；不仅是体制和机制的创新，也是领导方式和工作方法的改进。城乡一体化对于巩固脱贫攻坚成效具有显著作用，未来循化应着力于城乡一体化扶贫模式的构建。

（一）构建城乡联动的产业发展模式

城乡一体化首先是产业的发展，循化县构建城乡联动的产业发展模式要着重发展有效益、有需求、有利于环境保护的可持续发展产业。要因地制宜，量力而行，夯实基础，稳步推进，走具有内涵式发展的新型城镇化道路。尊重客观经济社会发展规律，要注重消费和投资相辅相成，缺一不可。在科学规划的前提下，县政府着重提供更多的优质公共资源，改善基础设施，使企业家和劳动者及其家属能有一个较好的生活环境来创业、发展、安居。在城乡联动产业发展中循化县要在积极发挥财政资金的引导作用的同时积极推广政府与市场主体合作模式，鼓励社会资本通过特许经营等方式参与城市基础设施等的投资与运营，参与社会事业，建立多元化可持续的城镇化建设资金保障机制。

目前，循化县的主要产业是农牧业、拉面、光伏、旅游等，在这些产业的发展中农牧业和拉面经济是循化传统产业，已经比较成熟，但是都是小规模经营，欠缺规模化效益，在带动农户就业方面还需要加大挖掘潜力。

第一，农牧业方面。政府应该在进一步完善家庭联产承包责任制的基础上培训新型农业经营主体，积极发展专业大户、家庭农场、农民专业合作社、农业龙头企业以及各类专业化社会服务组织，促进农牧业产业良好发展。

第二，"拉面经济"方面。如果要想使单一的家庭经营转变为产业化经营，首先要解决拉面老板融资难的问题。其次需要将先进的现代企业管理知识运用传输给个体经营者，培训中不仅培训专业知识，还要注重企业经营知识的培训，各地办事处对拉面老板进行企业运营专业知识培训，提高经营技能。结合与同村、同县其他经营状况比较好的学习经验，进一步促进"拉面经济"可持续发展。

第三，光伏和旅游业方面。目前，光伏已经形成规模，初见效益，后续经营方面政府需要做好监督工作，保证企业运营与扶贫工作正常运行。旅游业刚刚起步，融资、运营、收益以及怎样与扶贫相结合、后续的监督方面政府都要做好。牵一发而动全身。目前，循化县旅游业很多产品都是在建阶段，如何实现建成后盈利并且保证与扶贫相对接，都需要县政府做好监督协调工作。特别在旅游产业发展方面，县委、县政府确定了旅游强县战略部署，应该侧重于打造品牌，提高知名度，借助旅游产业黏性，带动经济社会全面发展。循化县作为唯一的撒拉族自治县，而街子镇作为撒拉族最早的栖息地和发祥地，集中体现了撒拉族彪悍拼搏、开放兼容、达观进取的民族精神。撒拉族充分肯定各种产业共同发展的价值和意义，鼓励每个人要通过自己辛勤的劳动创造财富，而且撒拉族在商业观念上同样也深受着伊斯兰教重视鼓励商业的影响。浓厚的商业文化鼓励着每一个撒拉人积极创业，通过自己的努力走向致富的道路。当地政府可以打造"创客修养地"或"创客栖息地"，积极挖掘背后创业经商的民间故事，借助文化展览、实景演出、场景塑造、创客讲坛等形式，为大众创业、万众创新背景下成千上万的创业者们提供精神疗养地和修身养性地。以此为契机，将重商文化与旅游扶贫相结合，借助当地已有的旅游文化资源，拉动民俗文化体验、特色农牧产业销售、特色餐饮推广等全域旅游发展，带动招商引资和经济发展，实现旅游立县、工业强县、服务业富县联动发展。

（二）建立农村低收入人群流入地帮扶机制

建立农村低收入人群流入地帮扶机制包含移民安置区帮扶机制和农村低收入人群劳动力流入地的帮扶机制。设置移民搬迁是迅速解决扶贫问题的捷径，但是，在搬迁过程中我们应该考虑到搬迁的目的是什么、适合搬迁的条件是什么、搬迁后农民如何养活自己、如何实现搬迁户生计方式转换的过渡和缓冲等问题。要合理地的设置流入地帮扶机制建设，政府不能好心办了坏事，建议循化县政府建立并监督后续产业发展到户体系，安排公益性岗位，加强搬迁户就业培训，切实帮助搬迁户就业。

关于低收入人群劳动力流入地帮扶机制，当地政府首先应该制定相应的保障条例，监督企业低收入家庭劳动力运用情况、工资发放情况、保障情况；其次应该组织低收入家庭劳动力就业培训，提高自身专业技能和法律维权意识；最后加大力度关注县域以外尤其是省外就业务工人员劳动福利、子女教育、就业创业等方面服务工作。

三、强化社会保障兜底扶贫机制建设

20 世纪 80 年代中期实施开发式扶贫以来，循化县农村贫困治理基本分两条路 : 一条是利用贫困地区的自然资源进行大规模开发性生产建设，逐步形成贫困地区和贫困户的自我积累能力和发展能力。开发式扶贫针对的对象是有劳动能力、有劳动意愿且收入水平低于国家贫困线的农村居民和家庭。另一条是由民政等部门负责、以社会救助等为核心内容的救济式扶贫制度安排。救助对象则是丧失劳动能力，在生活和生产中主要依靠外部力量接济的农村贫困人口。在这两条路中，第一条是循化农村贫困治理的主要路径。循化县依托扶贫开发经济高速增长带动、政府大规模投入、扶贫对象自我努力，农村减贫工作取得了巨大成就，贫困人口持续大规模减少。但是，随着县域农村减贫事业的推进，有劳动能力的扶贫对象日益减少，丧失劳动能力的贫困人口占总贫困人口的比例相对提高，开发式扶贫很难使这些“最贫困”的农村人口有效摆脱贫困。因此，救济式扶贫显得越来越重要。在 2015 年 11 月中央扶贫工作会议实施“五个一批”工程中，针对贫困人口中完全或部分丧失劳动能力的人群，提出由社会保障来实现兜底扶贫。我国社会保障体系包括社会救助、社会保险、社会优抚安置、慈善事业等。在精准扶贫脱贫攻坚中，社会保障兜底扶贫的制度体系涉及社会救助、社会保险和社会福利三个重要内容。

（一）完善社会福利体系

目前，农村贫困地区社会保障制度发挥着最基础的兜底扶贫作用，其中社会救助在精准扶贫中发挥着最直接的兜底作用，社会保险制度发挥的作用则不断在扩大，而社会福利制度的兜底扶贫作用相对较弱。[①] 循化县也普遍存在着这一现象，针对此现象，循化县政府要提高对贫困地区社会福利建设重视程度，明确福利事业的责任，加大福利事业财政投入，鼓励社会力量积极参与社会福利事业，在社会福利事业发展中给以政策、资金等支持，并通过购买社会服务方式积极发展社会福利事业。在社会保障中贫困老人、残疾人、儿童是社会福利服务保障的重点。要对贫困地区老年人给予较高的福利津贴，积极推进老年福利中心、养老院、敬老院等养老机构的建设，在此基础上逐步提供老年人文娱设施和服务平台，满足老年人精神文化需求。在残疾人劳动就业、疾病康复以及接受特殊教育等方面

① 公丕明、公丕宏：《精准扶贫脱贫攻坚中社会保障兜底扶贫研究》，《云南民族大学学报（哲学社会科学版）》2017 年第 6 期。

提供福利，提高残疾人自我发展能力。在儿童教育方面应该在义务教育阶段免除学费的基础上，进一步提高农村教育津贴，免除农村学生的书本费和杂费等相关费用，同时在儿童身心健康、医疗以及发展等方面加大投入力度，确保儿童德智体美劳全面发展。

（二）健全扶贫工作与社会保障衔接机制

农村社会保障兜底工作的运行涉及卫生、民政、财政、社保等多个职能部门，各职能部门之间很容易相互分割、各自为政，导致社会保障事业难以统筹整体发展。扶贫工作与社会保障事业需要加强协调与合作，简化工作流程，切切实实做到扶贫工作与社会保障科学高效有机结合，降低扶贫工作与社会保障联动的边际成本。扶贫部门精准识别保障对象，建立精准进退扶贫系统机制。民政部门负责统筹建立社会救助服务体系，大力引导社会力量积极参与社会救助事业。人力资源和社会保障部门应该大力实施农村养老保障政策。医疗卫生部门落实合作医疗、医疗保险和疾病应急救助政策。财政部门做好贫困地区各项社会保障预算资金的合理安排，逐步提高贫困地区社会保障资金比例，强化贫困地区社会保障资金监管。此外，还要统筹加强农村社会保障经办机构人才队伍建设，充实工作力量，提高贫困地区社会保障经办机构和人员的专业水平。

（三）完善低收入人群特殊福利体系

充足持续的财政投入是低收入人群特殊福利体系优化的根本动力。特殊福利的核心问题是资金问题，实质上是关于特殊福利体系资金筹集、给付和管理等一系列制度设计。脱贫地区社会保障制度发展缓慢的最主要原因是政府财政责任的长期缺位。没有政府强有力的财政支持，农村社会保障体系建设和完善难以开展。因此，应多渠道增加脱贫地区社会保障资金投入。积极稳健地建立和完善社会保障在中央与地方两个层次上的筹资模式，为脱贫地区社会保障筹集充足资金。同时积极引导社会资金投入，如通过慈善基金和扶贫筹资等来拓宽脱贫地区社会保障资金的筹集渠道。一方面，在一定程度上财政投入的大小直接决定着社会保障兜底扶贫作用的大小。对于脱贫地区由于经济发展和财政能力处于先天弱势，需要加大中央财政的支持力度，加快实现脱贫地区社会保障的全覆盖，提高社会保障待遇水平。政府加大对贫困地区社会保障体系建设的转移支付力度，提高中央和省级政府的农村低保投入比例，保证配套资金的足额落实到位，制定向低收入人群倾斜的政策，扩大社会保障的覆盖范围，降低农村低收入群体入保门槛或是降低或免除低收入人群入保所要缴纳的费用。另一方面，在政府承担托底救助责任的同时，积极支持和引导社会力量参与对贫困人口救助，促进政府救助与社会力量参与救助的协调合作。一是激发市场参与活力。合理借鉴市场机制的有利因素，积极引入社会保险，拓宽社会保障资金筹集渠道，在一定水平上提高社会救助效率和水平。二是大力发展慈善事业。现代慈善事业在帮助困难群体、改善贫困人口基本生活方面发挥着重要补充作用。因此，应整合公益组织、慈善事业组织等设计募集项目，构架社会认同感高的扶贫服务平台，提高扶贫开发与社会保障的联动效率。

完善低收入人群特殊福利体系应完善低收入人群社会保障的监督管理机制。首先，确立完整严格监管机制，完善部门监管协调机制。一方面，应监管脱贫地区社保扶贫资金的使用，分离社会保障的行政管理、基金管理和业务管理，明确各方责任，确保资金的财政转移和分发到户，确保专款专用，防止地方政府擅自挪用、占用甚至贪污款物，由国家审计机构定期对社会保障经办机构管理进行监督检查，使每一笔脱贫地区社保方面的扶贫资金都能用到“刀刃”上。另一方面，在统一农村社会保障机构下，明确各监管主体的责任，加强监管主体之间的协调与合作，强化联系与沟通，相互积极配合，进行有序管理，共同促进农村社会保障事业的发展。

其次，确保低收入人群社会保障基金保值增值。农村贫困地区社会保障基金由专门基金管理运营机构负责管理运营，通过资本运营实现保值增值，政府部门监管资金收缴、支出、投资，出台规范社保基金投资管理的法律法规，保证资金运作安全。建立公开、透明的基金运作模式和严格的信息披露制度，社保基金运营机构应及时向公众披露基金投资运营的成本、收益以及其他重大事项，确保社会保障资金实现保值增值。

最后，充分发挥社会监督作用，提升脱贫地区社会保障兜底的质量和效率。充分发挥社会对脱贫地区社会保障的监督作用首先需要相关部门机构公开披露脱贫地区社会保障资金相关信息。因此，应建立完善脱贫地区社会保障资金信息公开披露制度，社会保障经办机构应对社会保障收支结余情况及时、准确地向社会公开，接受社会各界监督。对于骗取、套取脱贫地区社会保障资金的行为，应充分发挥新闻媒体的监督作用，及时对这些违法违规行为进行报道，增强舆论监督效果，对潜在不良行为施加舆论压力，同时对这些违法违规行为加大处罚力度，提高违法违规成本，从而降低违规违法行为发生率，提升脱贫地区社会保障兜底扶贫质量和效率。

第八章 总结与启示

回顾循化县脱贫攻坚历程，循化扶贫模式形成于中国共产党领导下的社会主义国家，充分体现了社会主义制度优势。循化模式特色核心之处在于强大的内生动力，在于依托于大扶贫格局的“造血式”扶贫。强大的内生动力来自党建引领、优秀传统文化与民众脱贫致富愿望，大扶贫格局得益于专项扶贫、行业扶贫、社会扶贫的有力推进，透射出“文化自信基础上的传统再造”“多元主体协同发展”“益贫式的利益共享”“群众路线与赋权于民”的内源式扶贫独特之处。循化脱贫致富之路告诉我们：在未来的乡村振兴乃至共同富裕道路上要把党的重要战略部署作为县域工作的根本指引和工作指南，要坚持从实际出发因地制宜的基本方法，要把强化党的领导与县域治理现代化有机结合，要搭建自主发展为主的多元主体参与的协同发展机制，要坚持以人民为主体的新发展理念，只有这样方能把新的蓝图变成现实。

第一节 循化内源式扶贫模式的基本内容

精准扶贫工作启动以来，以习近平总书记扶贫重要论述和视察青海时的“四个扎扎实实”指示精神为指引，结合青海“一优两高”战略，从少数民族自身发展实际出发，立足传统，用活政策，将地方民族文化、生态环境、产业资源等转化为扶贫优势，形成了党建引领、民族团结、“拉面经济”、移风易俗、自主发展的“五位一体”内源式扶贫模式，实现了循化人精神提振、贫困人群的主体作用发挥和优势资源的再配置，走出了一条可持续内源式发展之路。

一、内源式扶贫概述

（一）内源式扶贫的起源

美国社会学家列维认为，早发展国家是内源发展者，后发展国家是现代化的后来者。早在20世纪50年代，随着殖民地与半殖民地国家和地区的独立，其发展问题日益引起社会关注。一直到20世纪70年代，在反思后发国家“贫困”的原因时，以阿根廷社会学家普雷卫士为代表的学者认为，根本原因在于后发国家处于边缘地位，其发展是一种依附发展。内源式发展便是“对于20世纪70年代以来强调经济增长、功利主义等的发展理论体系及其工业化、城市化、资本全球化实践引发的欠发达地区发展停滞和乡村（包括欧洲、日本等发达国家的乡村）衰弱的反思”[①]。它体现出了发展中国家在经济社会发展领域的诉求；后来成为西方社会学领域常用的话语，广泛运用于农村发展领域。内源式发展在发达国家与发展中国家有着不同的理解，西方发达国家则偏重于本土资本开发，而亚洲国家等更重视“传统再造”和“多元主义”。在国际减贫领域，减贫与发展是两个无法分开的概念体系。和参与式扶贫等概念类似，内源式扶贫的概念是借鉴内源式发展概念体系的基础上延伸出来的新概念。

（二）内源式扶贫的内涵

“内源式发展理念是一种‘本土导向’的发展变迁过程。在发展方式

① 黄承伟、覃志敏：《我国内源式扶贫：理论基础与实施机制》，《中国农村研究》2015年第2期，第129—146页。

上强调自力更生和发展过程的本地主导，但不排除与外部的互动合作。在发展形式上，注重通过建构将各类资源整合的结构和组织平台以实现本地社会动员。在发展成果上，强调确保发展效益的本地所得。”[①] 其特色在于以本土为导向，在扎扎实实保护生态环境的基础上，将地方民族文化、生态环境、产业资源等转化为扶贫资源，强化本土资源的开发与发展效益的本土获得。内源式扶贫非常注重引导多元主体参与和实现对本地传统的再造，其关键在于人的精神提振、人民群众的主体作用再发挥和乡村资源的再配置。

（三）内涵式扶贫的特点

内涵式扶贫体现了新发展思维、新生态思维、新文化思维、新制度思维，即大胆承认贫困人群是经济发展的推动者和受益者，推动扶贫扶智，积极保护生态，推进内源式发展带动扶贫；准确把握人与自然的新关系、新契约，特别注重保护生态。新文化思维表现为本民族文化自信，借助撒拉族民族精神，维护民族文化的独立性和特色。新制度思维表现为三点：多元主体参与的意识、组织与保障的制度体系、多元主体参与的责任、规则制度体系和乡村精英参与其中的制度体系和贫困人群参与其中并受益的规则体系。它所具有的政策倡导体系：注重本地文化传统再造，注重挖掘地域优势资源，注重借鉴外来知识、技术和制度，注重建构各类资源整合的结构和组织平台，注重追求社会秩序和发展的可持续性。因此，它具有如下特点：主张多元主体参与，建立健全利益共享参与机制，优化农村人力资源，赋权给贫困人群并鼓励其参与其中，注重农村人力资源开发，倡导扶贫、扶志、扶智三者结合，同时更要提升贫困人群的风险承担能力。

---

① 黄承伟、覃志敏：《我国内源式扶贫：理论基础与实施机制》，《中国农村研究》2015年第2期，第129—146页。

二、内源式扶贫的基本内容

（一）党建引领，构造内源式扶贫的强大思想合力

1. 强化党建引领，凝聚党员干部脱贫攻坚思想共识

将抓党建促脱贫作为目标考核重要内容，以西路红军精神广泛凝聚思想共识，增强担当意识。实施农村党组织带头人培育储备工程，筑牢基层党组织战斗堡垒。层层落实扶贫责任，完善奖惩体系，构建“一联双帮三治”工作机制，把党的政治优势、组织优势转化为推动脱贫攻坚的红色“引擎”，为脱贫攻坚提供一套高效的组织体系、一支作风扎实的工作队、一支永远带不走的攻坚队伍。

2. 再塑民族品格，激发各民族创业就业激情

挖掘传统故事，再塑撒拉族精神品格，再造家庭副业经商传统。塑造典型，增强能人引领示范效应。借助民间传帮带互助合作，提升脱贫致富自我发展的意识，增强就业创业能力，坚定自力更生脱贫致富奔小康内在动力。

3. 完善扶智体系，提升贫困人群自我发展能力

以“不让一个孩子失学”为目标，实施控缀保学，落实“六凡六一律”政策，斩断贫困代际传递。落实“3456”教育补助政策，健全贫困学生救助体系。开展贫困家庭“职业教育 + 就业”帮扶项目、“带薪在岗实训 + 创业”项目，强化技能培训，实现扶精神、扶文化、扶技能，提升贫困人群自我发展能力。

（二）因地制宜，构造内源式扶贫的特色产业支撑

1. 坚持“大众创业 + 劳动力转移”，“拉面经济”成为脱贫主业

完善政府服务体系，强化政策指导，提供融资担保、基金保障、跟踪服务、品牌打造等扶持，将“拉面经济”升级为民族餐饮产业。亲帮亲、

邻帮邻，“输出一人、带动一片”，形成3.6万人7500家拉面馆走向全国、走出国门的增收效应，综合收入占全县劳务总收入的67%，“拉面经济”成为脱贫主业，贫困群众走上了“一年当跑堂、两年变拉面匠、三年当老板”的脱贫奔小康之路。

2. 创新“股份分红 + 劳动就业”，文化旅游扶贫成为增收新渠道

依托丰富自然文化资源优势，实施“旅游立县”战略，投入近4亿元支持发展100多家撒拉族特色农家院，重点实施撒拉水镇、撒拉故里民俗文化产业园等重点项目。创新“文化旅游 + 体育”新业态，举办国际抢渡黄河极限挑战赛。创新“股份分红 + 劳动就业”新手段，新增就业劳动力4500人，文化旅游业成为增收新渠道，实现“富县”和“富民”的双重目标。

3. 构建“‘三位一体’ + 共享收益”模式，特色产业扶贫成为创业就业新路径

打造县有产业园、村有集体经济、户有到户产业的“三位一体”扶贫产业体系。大力发展以“一核两椒”为主的特色种植业和“牛羊繁殖”为主的农区畜牧业。孵化小微企业，打造特色小微企业发展高地，培育国家和省级扶贫产业化龙头企业，成为全省发展小微企业重点县，小微企业释放出“小产品、大市场、高就业”的带贫效应。实施村级集体经济“破零”工程，实现村级集体经济扶持壮大资金全覆盖。建档立卡贫困户5400元到户产业资金全覆盖，通过就业、入股、联合经营等方式，畅通贫困人群参与渠道，健全共享受益机制。构建完善“企业 + 基地 + 农户”、扶贫车间的利益联结机制，赋予村级集体与贫困人群受益权，增强特色产业扶贫效应。

（三）民族团结，营造内源式扶贫的和谐社会环境

1. 创建全国民族团结进步示范县，为内源式扶贫创造稳定社会环境

创建全国民族团结进步示范县，践行“三个离不开”，提升“五个认同”，营造民族团结氛围。着力解决群众反映强烈的社会问题，维护团结稳定。加快发展和改善民生，让各族群众共享民族团结进步带来的政策红利与发展红利，为脱贫攻坚创造稳定的社会环境。

2. 率先开展移风易俗，为内源式扶贫建设良好社会秩序

实施以扶志扶智为主的精神脱贫工程，在全省率先开展了移风易俗、树立文明乡风等活动，通过政府引导、民间运作等方式，破除陈规陋习，摒弃“等靠要”思想，减少群众负担，引导贫困人群树立文明、节俭、环保、理性的生活风尚，重塑乡村社会公序良俗。循化经验在青海省全面推广。

3. 改善农村人居环境，为内源式脱贫夯实社会发展基础

全面落实各类惠民政策，统筹整合脱贫攻坚、乡村振兴和较少民族项目，大力实施电商扶贫工程、美丽乡村建设、道路硬化畅通、便民桥建设、农网升级改造等民生工程，改善交通出行、生态保护、环境卫生、住房保障等人居环境，全面改善农村生产生活条件，夯实内源式脱贫的社会发展基础。

（四）政策扶持，创造内源式扶贫的最佳攻坚成果

1. 用好扶持人口较少民族发展政策，补齐内源式扶贫短板

实施人口较少民族扶持政策，以县域经济社会整体发展为政策导向，突出撒拉族聚居区各族群众全面小康目标，补齐基础设施建设短板，调整优化特色产业结构，全面改善以撒拉族为主的各民族民生福祉，实现了小民族、大发展，推动内源式扶贫效果提升。

2. 落实帮扶政策，丰富内源式扶贫资源保障

落实“123”帮扶政策，增加贫困村资源供给。开展“百企帮百村、百企联百户”行动，加大贫困群众帮扶力度。落实好东西部协作扶贫和定点帮扶政策，引入先进地区人才智力、产业发展、基础教育、公共卫生、文化旅游等先进经验，提升协作扶贫效果。中投公司和中再集团积极履行社会责任，投资25.7亿元创新以“保险扶贫”为核心，产业扶贫、教育扶贫等为配套的“1+N”帮扶模式，率先探索商业保险兜底扶贫机制。

3. 完善社会保障政策体系，兜住内源式扶贫底线

多渠道保障扶贫资金，深入推进贫困人口参保全覆盖工程。落实补贴代缴政策，对全县建档立卡未标注脱贫的贫困人口、低保对象、特困人员等困难群体实现应保尽保。提升社会福利、生活救助、教育资助等水平，全方位保障贫困群众基本生活，减少内源式扶贫效果制约因素，发挥兜底保障功能。

第二节　循化内源式扶贫模式的启示

一、践行党的重大战略部署

（一）党的重大战略部署是根本指引和工作指南

循化脱贫攻坚样本深刻体现“四个全面”。党的十八大以来，党中央从坚持和发展中国特色社会主义全局出发，提出并形成了全面建成小康社会、全面深化改革、全面依法治国、全面从严治党的战略部署。全面建成小康社会是奋斗目标，全面建成的小康社会是补齐短板、区域协调发展的小康，是一个也不能掉队的小康，又是贯彻创新、协调、绿色、开放、共享发展理念指引下的高质量发展的小康，是经济建设、政治建设、文化建

设、社会建设、生态文明建设“五位一体”齐头并进的小康。循化脱贫攻坚所产生的经济、政治、文化、社会、生态各方面综合效应，就是最好的证明。循化脱贫摘帽背后的运行保障机制包含着强有力领导体制、有效组织动员机制、公平与效率兼顾资源投入机制和多元主体参与绩效监控机制，这些机制的构建与有效运行就是深化改革的根本体现，充分体现了全面深化改革的基本要义。全面深化改革就是直面党的建设、政府机构、经济发展、环境保护等深层次问题，就是要抛弃“头疼医头，脚疼医脚”的单一治理，实现协同综合治理。全面依法治国则为脱贫攻坚各项工作提供了坚实的制度法律保障。党的十八大以来，在以习近平同志为核心的党中央坚强领导下，广泛征求意见，先后出台了一系列顶层制度设计，以抓铁有痕狠抓政策落实，强化责任担当勇于创新，为各项改革推进提供思路、方法与路径。全面从严治党是实现目标的根本保证，是消除非法利益壁垒深化改革的基本选择，是全面依法治国的政治保障和组织保障。没有全面从严治党，伟大的战略部署就会因没有政治意识、大局意识、核心意识、看齐意识而无法得到有效贯彻，就会因部门利益壁垒森严、群体利益博弈激烈、个人利益争夺无序而导致政策无法落实，就会因不良作风的干扰而无法实现真抓实干，就会因利益侵占让人民群众无法得到实惠。“四个全面”战略布局，如果全面从严治党抓不好，其他三个全面就无从谈起。

（二）从实际出发因地制宜是基本方法和路径选择

党的十八大以来的战略部署是顶层设计，青海省、海东市、循化县增强“四个意识”，坚定“四个自信”，坚决做到“两个维护”，勇于担当作为，以求真务实作风把党中央决策部署落到实处，确保了指示精神与战略部署的有效落地。2016 年 8 月，习近平总书记视察青海，反复强调指出，青海是国家安全的战略要地和重要的生态屏障，做好青海的工作，事关国家安全和发展战略全局，事关实现全面建成小康社会奋斗目标、实现中华民族伟大复兴的中国梦，要求必须扎扎实实推进经济平稳健康发展，必须扎扎实实推进生态环境保护，扎扎实实保障和改善民生、加强社会治理，扎扎实实加强和规范党内政治生活。习近平总书记立足青海实际，客观准确定位青海的“国土空间”和发展阶段，明确了青海一段时期内的重要任务，那就是狠抓党的建设、保护与挖掘生态综合效益，实现经济社会健康发展，保障改善民生。青海省第十三次党代会提出了着力推动四个转变：加快从经济小省向生态大省、生态强省转变，是立身之本，核心是实现可持续发展；加快从人口小省向民族团结进步大省转变，是省情之要，核心是凝心聚力；加快从研究地方发展战略向融入国家战略转变，是强省之策，核心是提高站位；加快从农牧民单一的种植、养殖、生态看护向生态生产生活良性循环转变，是富民之计，核心是“三农”转型发展。循化县委、县政府认真落实“四个转变”，结合本地优势，以创建民族团结进步先进县、全国生态文明示范工程试点县作为重要抓手，做好创新民族进步先进县，着力挖掘开发本地生态资源、民族文化资源，以旅游立县推进“三位一体”的旅游扶贫，同时加快农牧业产业扶贫，协调推进区域发展与脱贫攻坚工作，加快实现富县、富乡、富村、富民。在具体工作中，广泛动员民族精英、宗教精英人士参与脱贫攻坚工作，挖掘民族文化，激发和提升自我发展能力，走出一条顶层设计与上下互动的有机结合之路。

二、全面加强党的领导

（一）中国共产党是完善治理体系的组织者和倡导者

循化率先脱贫摘帽离不开在党的全面领导下各负其责、各司其职的责任体系，离不开以领导小组和指挥部为主体的精准扶贫精准脱贫的工作体系，离不开县乡村协作联动、统一协调的政策体系，离不开国家、省、市及县级大量的资金投入和强有力的人力，离不开因地制宜、因村因户因人施策的帮扶体系，离不开广泛参与、合力攻坚的社会动员体系，离不开多渠道全方位的监督体系和最严格的考核评估体系。在这八个体系中，核心在于党的全面领导。循化脱贫摘帽的经验告诉我们，党的领导是统揽全局、协调各方，完善国家治理体系的有力倡导者、组织者和监督者。党的政治领导与组织领导是实现行动一致、上下联动的有效保障。在党的领导下循化人民代表大会、政治协商会议、民族宗教组织、基层组织被有效动员，充分发挥统一战线、群众路线、协商民主、专家学者等力量，将党的理论优势、群众优势、组织优势和思想教育优势转化为政治、法律、制度治理优势，提升了多元主体的决策、创新与执行能力，决策部署、基层探索、全程督导配合日益娴熟。

（二）中国共产党是国家治理能力提升的制度建构者与践行者

勇于自我革命，通过自我革命实现社会革命是中国共产党提升国家治理能力的路径选择。在多元主体协商共治的治理时代，多元主体为什么要参与、如何参与、如何实现合力、如何实现共赢，都是制约国家治理能力提升的重要内容。明确回答这些问题，需要超越多元主体、基于国家整体利益、社会公共利益之上的制度建构，需要凝聚智慧、凝聚人心、统一共识、通力协作，这项工作的完成只有全心全意为人民服务的中国共产党才能完成。历史证明，中国共产党能够把握人类社会发展规律和社会主义发展规律，在不同时期根据人民利益诉求和事业发展需要，提出富有感召力和凝聚力的奋斗目标和宏伟蓝图，并能不断创新理论、道路、文化和制度，改革创新制度原则、理念、目标和具体举措。加强党的建设，通过自我净化、自我完善、自我革新、自我提高，确保国家治理的正确方向，确保多元主体共同参与规则与共享制度的合理性、科学性与合法性，提升制度规则顶层设计的执行度。中国共产党是中国特色社会主义事业的践行者，也是完善国家治理、提升国家治理能力的践行者，在党的纲领性文件和国家法律框架下，通过优化国家机构设置，优化政府职能，完善政府治理体系，提升政府治理的科学化与规范化。通过强化新型经济组织与社会组织中党的建设，引领“两新组织”积极投入脱贫攻坚乃至全面建成小康社会战略任务之中，提升经济组织、社会组织参与的积极性、整体性与协同性，确保治理体系充满活力、和谐有序。

三、强调自主发展的多元主体整合与协作

（一）文化整合是前提基础

文化是一个国家与民族的灵魂，是国家和谐发展的精神支撑。在现代化背景下，因为社会分工带来的利益分化是一个无法阻挡的趋势，职业文化多元化加上传统的民族文化、宗教文化、地域文化、传统文化与现代文化，多元文化交织，导致价值冲突、道德规范冲突、制度文明冲突成为现代社会的一个面孔。如何挖掘不同文化之间的和谐因素，将因不同意识形态所分离的人群整合在一起是达成共识、整合协作，提升治理能力的关键。文化作为一个群体特有的行为观念与态度，是被群体所认同并自觉遵守的价值偏好、生活方式与行为准则。在多民族共存的青海循化，脱贫攻坚目标的率先实现取决于凝聚不同人群的共识，而前提基础就是相互了解与相互尊重，党政系统上下级尊重包容，统一国家意识形态背景下的民族文化互融互促，国家、市场与社会三大领域之间的价值导向承认、尊重与包容，不同行业之间的尊重与协作都依赖于求同存异。

循化脱贫攻坚的样本告诉我们，只有彼此尊重才能统一共识，只有统一共识，才能携手共进，才有让渡生存与发展空间、让渡部分利益、让渡权利承担责任，才有了部门联动、资源整合、协同共治，才能打赢脱贫攻坚战，全面建成小康社会。

（二）构筑命运共同体是关键

在社会利益分化的今天，民主自由权利让很多人更多地认同个体利益、群体利益和阶层利益，公共利益的实现成为全球治理难题。而社会主义中国为什么能够在减贫领域取得巨大成就，为什么边远的循化会率先脱贫，更多地取决于社会主义中国各民族群众均有着很强的集体意识与责任担当意识。长期的历史发展经验使得社会各界普遍认同和谐稳定是第一位的，在民族自我认同、群体文化自我认同的基础上，更加认同于一损俱损、一荣俱荣的命运共同体，认同于国家统一、社会主义制度、中国特色社会主义道路与社会主义文化体系，国家认同、制度认同、道路认同、理论认同和民间的集体意识与责任担当精神，使得中华文明政治共同体、民族共同体、文化共同体观念指引下命运共同体构建更加可行易行，使得国家大力推进精准扶贫精准脱贫战略的过程中，能够较快地认同于党和政府的舆论引导与制度要求，能够自觉担当、自觉奉献，投身于脱贫攻坚一线。

费孝通先生将“和而不同”的理念引入民族关系之中，倡导各民族之间要“各美其美、美人之美、美美与共，天下大同”[①]。其实，费孝通先生的这种理念不仅适用于民族关系，更适用于现代社会利益分化背景下的群体关系和阶层关系处理。因此，我们要不断倡导和而不同的理念，彼此承认合法利益诉求并尊重包容文化价值，寻求不同群体至上的公共利益、整体利益，营造公共舆论，建构公共规则，建设公共社会。这样，才能和谐团结进步发展，才能实现中华民族的伟大复兴。

（三）规则建构是整合协作基本框架

打赢脱贫攻坚战，实施乡村振兴战略，推动均衡充分发展，全面建成小康社会，这背后都需要在党的领导下，整合政府、企业、社会组织、社

---

① 费孝通：《创建一个和而不同的全球社会》，《九十新语》，重庆出版社 2005 年版，第 114 页。

区、家庭等多种资源。但是如何整合资源、参与其中并共享经济社会发展成果，需要有达成共识之上的规则建构。全面加强党的领导，不仅仅是组织领导、思想领导，更多的是在政治领导下借助中国共产党广泛的群众基础、代表最广大人民的根本利益、基于历史选择与伟大成就至上的强大权威和全社会对党的认同的合法性基础，凝聚共识，统一信念，构建全面、均衡、共享的资源整合、行为引导与参与、利益分配的顶层设计与地方规则。在国家治理体系中，元治理的核心就是需要有个主体来推动共识达成、规则建构、制度实施、目标实现，这就是循化样本背后的精髓，这就是中国减贫取得巨大成就的法宝。

四、突出经济社会的人民主体性与益贫性

人民对美好生活的向往，就是我们的奋斗目标。

——习近平在十八届中共中央政治局常委同中外记者见面会上的讲话

他们的生活存在困难，我感到揪心。他们生活每好一点，我都感到高兴。

——习近平在2015年减贫与发展高层论坛上的讲话

消除贫困，改善民生，实现共同富裕是社会主义的本质要求，是我们党的重要使命。

——习近平在中共十八届五中全会、中央扶贫开发工作会议上的讲话

要通过逐户销号的方式，脱贫到人，脱贫成效要让群众来算账，要让群众认账。

——习近平2016年7月26日在中央扶贫开发工作会议上的讲话

政策好不好，要看乡亲们是笑还是哭。如果乡亲们笑，这就是好政策，要坚持；如果有人哭，说明政策还要完善和调整。

——习近平2015年6月考察遵义的讲话

党的十八大以来，习近平总书记多次提及上述内容，不断回答为谁而奋斗、为谁而发展的核心问题，体现了“以人民为中心”的发展理念。人民主体思想是习近平新时代中国特色社会主义思想的价值导向，是当代中国社会发展的根本价值指引，为新时代中国社会如何发展、坚持什么样的发展取向指明了方向。

（一）思想来源

习近平总书记的人民主体思想既是对马克思主义关于人民群众是历史的创造者、社会变革与发展的主要推动者、马克思主义政党的最高价值追求等系列思想，也借鉴了世界共产主义运动兴衰经验与教训，创造性发展中国传统文化爱民惠民的民本思想，浓缩了中国共产党长期革命建设过程中的群众利益至上的理念和群众路线制胜法宝，创新性发展了社会主义本质与中国共产党执政理念，是习近平总书记治国理政的核心理念。

（二）内容体系

1. 相信群众

在国家发展乃至全球发展领域，一直存在谁是发展创新的核心力量的争论，精英主义和平民主义是其典型代表。在发展成果分配领域，存在着为了谁的争论，公平与效率争论背后的分配效果是集中体现。在减贫领域，同样存在“贫困人群是无法以自身来摆脱贫困”还是突出贫困人群主体性的争议。

2. 赋权群众

在精准扶贫精准脱贫制度设计中，精准识别精准帮扶就是发现真正的贫困人群，找准贫困原因，靶向治疗补齐短板不足，通过公开公示赋予民众以知情权、监督权。以贫困人群需求为导向，通过精准派人精准帮扶，实现精准满足需求，赋予乡村与贫困人群脱贫项目选择权、自主权和参与权。在精准退出方面，以贫困人群满意不满意、答应不答应、高兴不高兴作为衡量尺度，为人民群众搭建参与扶贫成效考核的环节和平台，将群众代表的合理意见纳入扶贫绩效考核指标体系，就是赋予民众的监督权与参与权。

3. 让群众共享

脱贫攻坚就是通过做好扶贫开发工作，支持困难群众脱贫致富，帮助他们排忧解难，使发展成果更多更公平惠及人民。

通过上述相关内容，无论是创建民族团结进步先进县还是脱贫攻坚，都以人民为主体，通过政策倾斜、基础设施改善、公共服务供给和创业就业，强调益贫性导向。贫困人群通过就业、入股、家庭资产收益等方式共享发展成果，这是确保脱贫攻坚目标实现的核心经验。建构规则让利于民，强化制度执行赋权于民，鼓励民众参与突出主体、精准识别帮扶惠及于民是其成功的法宝，也是未来巩固脱贫奔小康的基本法宝。如果能够坚持这一做法，脱贫攻坚成果就能可持续巩固，广大脱贫地区的乡村振兴目标就一定可以实现。

后 记

习近平总书记在2021年新年致辞中指出，2020年全面建成小康社会取得伟大历史性成就，决战脱贫攻坚取得决定性胜利。历经8年，现行标准下近1亿农村贫困人口全部脱贫，832个贫困县全部摘帽。这是中华民族历史上首次整体意义上消除绝对贫困问题，是中华民族发展史上的惊人业绩，也是人类减贫史的丰功伟绩。伟大的成就来自科学的顶层设计。在习近平总书记关于扶贫工作重要论述指引下，以脱贫攻坚统揽经济社会发展全局为理念，以“精准扶贫”为方略，用顶层设计塑起扶贫工作的“四梁八柱”，着力解决“扶持谁”“谁来扶”“怎样扶”“如何退”四大难题，形成了“六个精准”和“五个一批”的基本思路。壮丽的画卷由可歌可泣的扶贫干部绘就。近300万县级以上机关、国有企事业单位干部，200多万乡镇扶贫干部及数百万村干部深入一线精准扶贫精准脱贫，经受了考验、得到了锤炼，党的基层组织凝聚力与战斗力得到提升。历史性的丰功伟绩由人民创造。12.8万个贫困村、2948万贫困户、8962万贫困人口，不等不靠，自己而为，用自己的勤劳和汗水，铺就了脱贫致富奔小康之路。人民是最大的受益者，更是脱贫致富的主体性力量。

为了真实记录中国脱贫致富奔小康波澜壮阔、砥砺前行的生动实践，全面宣传脱贫攻坚的历史成就，评估县域脱贫攻坚综合效益，总结提炼脱贫县脱贫摘帽的典型经验，为丰富发展中国特色扶贫开发理论提供案例支撑，河南大学受国务院扶贫办委托，承担了贫困县摘帽案例研究（循化）任务，成立了以哲学与公共管理学院田丰韶副教授为组长、由社会学、经济学、公共管理、政治学等多学科教师组成的课题组。课题组通过查阅与循化有关的图书与各类文献，整理而成30多万字系统化的循化脱贫攻坚资料。第一次调研于2018年12月23日至29日展开，在汪来杰教授、田丰韶副教授的带领下赴循化县展开相关实地调研工作，其调研内容涉及循化县脱贫攻坚历程、脱贫摘帽的典型性与特色、内在运行机制、典型案例。在循化县委、县政府的大力支持下，召开两次县级集体座谈会，对循化县委、县政府、人大、政协等主要党政领导以及26个单位进行走访，召开座谈会，收集资料。除此之外，采取深度访谈、座谈会、问卷调查等方式深入到查汗都斯乡、道帏乡、积石镇和白庄镇进行调研。参与此次调研任务的教师是：汪来杰、田丰韶、马翠军、凌文豪、南晗、修路遥六位教师和河南大学哲学与公共管理专业研究生刘超辉、刘玉灵、张燕、王晗、张威超、董玉青、李燕鸽、张笑笑、李琳、张莹、刘咪咪、卢玉洁、王玉杰、李梦琪、王耀辉、孙琪、唐莉晶17名研究生，这些同学也参与了前期资料收集工作，在此感谢各位老师和同学们的积极参与和辛勤付出。第二次调研于2019年1月24日至28日进行，调研组由田丰韶、修路遥、刘超辉、刘玉灵、张泽民、吴柯豫六人组成，主要围绕街子镇和白庄镇两个典型乡镇进行专题调研，对两个乡镇的主要领导和典型村的村党支部书记进行深度访谈，走访参观特色产业，并对下拉边村“拉面经济”进行专题调研。在调研中对工业与商务局、农牧局、大地保险、公安局、文化旅游局、就业服务局、创建民族团结进步先进县办公室等7家单位进行回访。2019年5月课题组负责人田丰韶副教授再赴循化，就循化特色扶贫模式总结与循化县委、县政府主要领导进行深入研讨。在此，对循化县委原书记李发荣、县长韩兴斌、副县长冶兰及其他县委、县政府、人大、政协等领导表示敬意和感谢，被扶贫局原局长韩忠国、现任局长韩忠勇等扶贫干部功成必定有我的责任感、攻坚克难的勇气、砥砺前行的担当所感动。

在课题组很多老师的脑海中，有三个循化：一是神秘的循化。在承接课题之前，曾对循化的孟达天池、佛教文化和撒拉族精神充满向往。二是拼搏的循化。通过深入一线，感受到了循化上上下下脱贫致富奔小康的拼搏与奋斗，感受到了循化扶贫局等职能部门工作的高效率和有效的职能衔接，听到了太多令人潸然泪下的忘我事迹。三是充满内生动力的循化。在调研中，曾为循化扶贫干部一心一意而感动，曾为循化红光上村支部书记马乙四夫等先富群体带领大家脱贫致富而感动，曾为白庄镇下拉边村村民创出的“拉面经济”产业而钦佩，为循化无处不在的篮球达人而兴奋。再次一并向课题研究提供支持的循化父老乡亲表示感谢，祝福循化明天会更好，祝愿生活更加幸福。

本书是一项集体成果，参与本书编写工作的人员主要由河南大学哲学与公共管理学院师生组成。全书由田丰韶和汪来杰两位教师负责总体构思，并多次组织对各章节内容进行研讨和修改。具体分工如下，第一章：南晗、刘超辉、刘玉灵；第二章：田丰韶；第三章：汪来杰、王玉杰、唐莉晶；第四章：田丰韶、凌文豪、董玉清；第五章：马翠军、孙琪、唐莉晶；第六章：修路遥、王耀辉；第七章：田丰韶、刘玉灵；第八章：田丰韶。书稿初步完成后，张泽民、吴柯豫、王治超协助进行第三章的统稿工作。在国务院扶贫办宣教中心指导下，书稿几易其稿，统稿工作由田丰韶副教授负责，在此特对国务院扶贫办宣教中心原主任、现中国扶贫发展中心主任黄承伟，骆艾荣副主任等领导表示感谢，对参与具体组织工作的闫艳处长等工作人员表示感谢，对参与本书编写工作的老师和研究生们表示深切的感谢。中国农业大学人文发展学院左停教授、华中师范大学社会学院吕方教授对书稿进行了认真审读并提出了修改意见，在此表示敬意。在出版过程中，研究出版社的编辑老师付出大量心血，一并表示感谢。希望该书对从事反贫困、“三农”工作、乡村振兴等相关领域的实务工作者和理论研究者有所启发，也期待有更多的研究者能够投入“三农”问题及乡村振兴的相关研究中去。

由于作者能力与精力所限，本研究所呈现的事实和表达的观点难免存在疏漏偏差，所有文责由本书编写组负责，不足之处望得到读者的包涵和指正（课题负责人联系方式：tianfengshao@163.com）。

本书编写组

2021 年 2 月